Helmut Dumler

Wanderungen in Umbrien

mit Gran Sasso und Nationalpark Abruzzen

40 Touren mit fünf Stadtrundgängen
und zwei großen Radtouren

Mit 102 Fotos,
35 Kartenskizzen
und einer Übersichtsk

Bruckmann

Einband/Vorderseite:
Stadtbild von Assisi mit der Ober- und Unterkirche von San Francesco im Vordergrund. Rechts der Monte Subasio.

Innenklappe:
Aufstieg über die Sella di Monte Aquila zum Corno Grande im Gran-Sasso-Massiv.

Einband/Rückseite:
Abenddämmerung über Gubbio.

Seite 2/3:
Ausblick von Sant'Ubaldo oberhalb von Gubbio. Links der lohnende Monte Ansciano, rechts der Talboden um Gubbio.

Die Zusammenstellung und Beschreibung der Touren erfolgte mit größtmöglicher Sorgfalt und nach bestem Wissen und Gewissen des Autors. Nach dem Erscheinen des Buches kann sich an Wegführung, Unterkünften, Adressen etc. einiges ändern; eine Gewähr für die touristischen und bergsteigerischen Informationen wird nicht gegeben. Die Begehung der Touren nach den Vorschlägen in diesem Band geschieht auf eigene Gefahr.
Hinweis: Das Stichwort »Höhenunterschied« im Tourenschlüssel bezieht sich immer auf die zu bewältigende Steigung.

Gedruckt auf chlorarm gebleichtem Papier

Die Deutsche Bibliothek – CIP-Einheitsaufnahme

Dumler, Helmut:
Wanderungen in Umbrien : mit Gran Sasso und Nationalpark Abruzzen / Helmut Dumler. –
München : Bruckmann, 1993
(Erlebnis Wandern)
ISBN 3-7654-2611-3

Gesamtherstellung: Bruckmann, München
Druck: Gerber + Bruckmann, München
Printed in Germany
ISBN 3-7654-2611-3

Inhaltsverzeichnis

Unversehens taucht am ersten Tag der Weitwanderung die stumpfe Kuppe des Monte Cucco auf.

Die Erwartung des nächsten Schrittes…

reicht von Umbrien über den Gran Sasso bis zum Nationalpark Abruzzen. Luftlinie rund 200 Kilometer – Licht und Weite, aus denen die Faszination der Erde besteht. Zum Empfang der Gäste rollt Umbrien einen grünen Teppich aus. Saftig und breit hingelagert, geschmückt von urwüchsigen Dörfern, organisch gewachsenen Städten voll antiker und mittelalterlicher Atmosphäre, mit Geschichte behangen, Heiligenlegenden erzählend, blühende Kunstepochen darbietend, nicht nur in Orvieto, Assisi oder Perugia.

Umbrien, *»il cuore verde dell'Italia«*, zeigt inspirierende Wirkung: grünes Herz Italiens. Man kann getrost die Zeit vergessen. Gaumenlustwandeln. Tagelang über die freien Höhen des Apennin laufen, sanfte Glückseligkeit genießen.

Obwohl morphologisch vielfältig, zeigt die Landschaft einen einheitlichen Hügelcharakter, dessen weiche Bewegtheit im Einklang mit den Tälern steht. Sogar die Hauptkette des Mittleren Apennin huldigt dem optisch bescheidenen Schönheitsideal und entspricht alpinem Vorgebirgsniveau. Ihr spröder Reiz liegt in weltabgeschiedener Stille, in fernen Horizonten, an denen stets heller Dunst die Konturen verwischt, als locke dahinter ein samtenes Märchenreich. Südlich, an der Nahtstelle zum Appennino Centrale, steigen die sagenumwobenen Monti Sibillini über 2400 Meter an.

Das historische Kernland Umbriens wird zwischen oberem Tiber und Apennin lokalisiert. In diese Gegend hatten wahrscheinlich die Etrusker das Umbrervolk vor rund 2900 Jahren von der tyrrhenischen Küste verdrängt. Kaiser Diokletian vereinte um 300 v. Chr. die augusteische Region Umbria mit Etrurien und schuf daraus die Region »Tuscania«. Erst im 16. Jahrhundert setzte sich Umbrien als selbständiger geographischer Begriff wieder durch, zunächst auf das Herzogtum Spoleto begrenzt, nach der nationalen Einigung 1860 für die heutige Region. Auf einer Fläche von 8456 Quadratkilometern, knapp drei Prozent des italienischen Staatsgebietes, leben 810700 Menschen in den Provinzen Perugia und Terni: elf Prozent sind arbeitslos, bei den Jugendlichen ein Drittel.

Die ländlichen Ecken von Umbrien haben den Fremdenverkehrsboom glatt verschlafen. Man sollte froh darüber sein, denn Öko-Idyllen sind gefragt. Und davon existieren sehr viele. Sie dem Besucher näher zu bringen, ist eine Aufgabe dieses Buches.

Die Region Abruzzen wartet mit ganz anderen, hochalpinen Dimensionen auf. Der Gran Sasso reicht nahe an die Dreitausend-Meter-Grenze heran. Ein Gletscher beiläufig in der Höhe Roms und nur knapp eine Autostunde entfernt von der Adria. Starke Kontraste! Auch an Ort und Stelle, wo Wiesenmatten emporsteigen in felsiges, scheinbar himmelhohes Reich. Tausend-Meter-Wände! Die Nordseite des zentralen Gran Sasso erinnert an die »Steinerne Rinne« im Wilden Kaiser. Leichte Wanderpfade, Klettersteige, Felsrouten in sämtlichen Schwierigkeitsgraden sind bergsteigerisches Angebot und Leckerbissen.

»*Terzo mondo*«, Dritte Welt, nennt man die Abruzzen, weil an ihnen das italienische Wirtschaftswunder, abgesehen von den Küstenstrichen, vorbeihuschte, und Subventionen wie im Süden nicht zur Debatte stehen, was jedoch dem Besucher durchaus positiv erscheint, auch wenn liebliche Italienklischees in der rauhen Schale fehlen.

Schließlich das Reich der Bären und Wölfe im Abruzzen-Nationalpark: 44000 Hektar, touristisch vernünftig erschlossen und wirkungsvoll geschützt. Nirgendwo anders in Mitteleuropa verlaufen Wanderwege noch in der Wildbahn von Raubtieren, die man zwar kaum zu Gesicht bekommt; alleine das Wissen um ihre Anwesenheit löst aber schon prickelnde Gefühle aus.

Die Sehnsucht nach Natur, sann Bert Brecht, kommt von der Unwirtlichkeit der Städte. Deshalb schafft sich zerfallende Zivilisation zwangsläufig Naturdenkmäler, erhebt Natur in den Stand jener heilen Unschuld, welche sie in der Gesellschaft vermißt. Vieles entdecken und schätzen wir erst dann richtig, wenn es vorüber ist – aber so sollte es uns mit der Natur nicht ergehen!

Helmut Dumler

Am Monte Calvario: Blick über Campitello zum Monte Acuto (links) und Monte Catria.

Grande Escursione Appenninica (GEA)

Tratto Appenninico Umbro: Der Apennin-Höhenweg in Umbrien

Die umbrische Apennin-Route bildet einen Bestandteil der Gesamtstrecke der »Grande Escursione Appenninica« (GEA) von den Ligurischen Alpen zur »Stiefelspitze« und damit ein Teilstück des rund 5000 Kilometer langen »Sentiero Italia« mit beiläufig 350 Etappen sowie des Europäischen Fernwanderweges 1 zwischen dem Nordkap und Sizilien.

Der 1988 in Perugia offiziell vorgestellte Tratto Appenninico Umbro beginnt an der Bocca Trabaria, dem Bindeglied zum toskanischen Apennin-Höhenweg (425 km), und endet in der Forca Canapine.

Von den 11 Teilstrecken der rund 220 Kilometer langen, rot-weiß-rot markierten Umbrien-Wanderung stellen wir in diesem Buch sieben Etappen vor, und zwar das Kernstück zwischen Monte Cucco und Monte Vettore (146 km), also den interessantesten und eindrucksvollsten Teil der GEA.

Mit Ausnahme der fünften Etappe kann man in Gasthöfen bzw. Hotels nächtigen. Obwohl die 1992 erschienene Kompasskarte trotz kleiner Abweichungen zuverlässig ist und die vorhandenen Markierungen als einwandfrei gelobt werden dürfen, verlangt ihr Finden hier und dort Konzentration (deshalb mancherorts eine sehr detaillierte Beschreibung). Jede Etappe, ausgenommen Tour 5, eignet sich auch als Einzelwanderung, sofern man am Endpunkt ein Auto postiert. Das ist nicht unbedingt erforderlich beim Monte Vettore.

Folgende Gliederung hat sich in der Praxis bewährt:

Tour 1: Scheggia – Val di Ranco
3¾ Stunden 14,5 km

Tour 2: Val di Ranco – Valsorda
6 Stunden 21 km

Tour 3: Valsorda – Bagnara
6¼ Stunden 25 km

Tour 4: Bagnara – Colfiorito
3¼ Stunden 13 km

Tour 5: Colfiorito – Saccovescio
8 Stunden 29 km

Tour 6: Saccovescio – Castelluccio
8 Stunden 26 km

Tour 7: Castelluccio – Forca di Presta
6¾ Stunden 17,5 km

Das Abschlußstück zur Forca Canapine, etwa 3 Stunden, ist nur für Wanderer von Interesse, die auf dem »Grande Sentiero d'Abruzzo« weiterlaufen.

Beste Jahreszeit: Bis Castelluccio, der letzten Station vor dem Monte Vettore, kann die Route ab Ende Mai gemacht werden. Der Monte Vettore ist erfahrungsgemäß erst Ende Juli schneefrei. Im August sind die meisten Übernachtungsgelegenheiten belegt.

1 Von Scheggia in das Val di Ranco

Zum Monte Cucco

Tourencharakter: Unschwierige Wanderung. An Wochenenden im Juli/August wird das Schottersträßchen zum Pian delle Macinare häufig befahren.
Höhenunterschied: 800 Meter.
Reine Gehzeit: 3¾ Stunden.
Beste Jahreszeit: Ende Mai bis Herbst.
Markierung: Rot-weiß-rot.

Südöstlich von Scheggia, im Naturpark Monte Cucco, nimmt der umbrische Apennin Formen an, wie sie sein nordwestlicher Teil ab der Bocca Trabaria vermissen läßt. Und diese Formen gipfeln letztendlich im Monte Vettore der Sibillini-Gruppe.

Als erste Dominante macht der Monte Cucco mit 1566 Meter Höhe seine Aufwartung. Er ist Italiens höhlenreichster Berg, mit Grotten, die eine Ausdehnung bis zu 922 Meter erreichen. In seiner Umgebung könnte man bereits eine Wanderwoche verbringen. Ihm wird ein separates Kapitel (Tour 11) gewidmet.

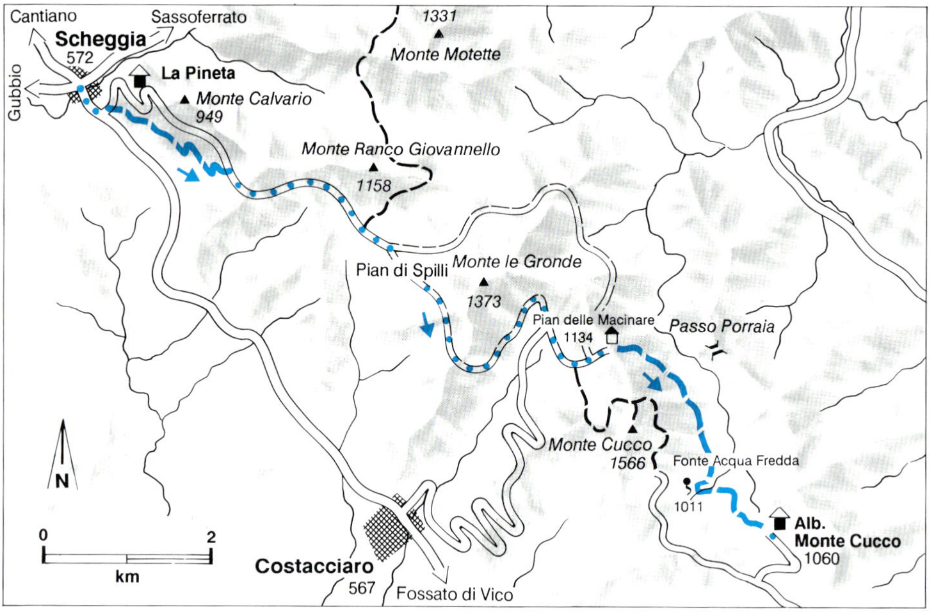

Der Wegverlauf

In **Scheggia** vom Parkplatz bei der Kirche zunächst auf der *Via Flaminia* etwa 400 Meter in Richtung Rom, dann links ab und etwa 5 Minuten auf dem Sträßchen ansteigen. An der Linkskurve weisen Markierungen auf die GEA hin (hierher vom Albergo La Pineta 5 Minuten Abstieg). Von Scheggia ¼ Stunde. Nun dem breiten Hangweg folgen. Nach 40 Minuten in der Linkskurve weiter, in langen Schleifen zur Schotterstraße. Sie wird am Auslauf des Monte-Calvario-Südrückens betreten. Jenseits des Kammes ducken sich die Häuser von Campitello. Nördlich beherrschen Monte Acuto (links) und Monte Catria die Szenerie im märkischen Apennin.

In der Folge ist die Straße bestimmend. Vor dem Westrücken des Monte Ranco Giovannello wendet sie sich halb rechts und durchmißt die Südwestflanke des Berges. Bald erkennt man schwach südwestlich die Burgruine auf dem Monte Ingino oberhalb von Gubbio. An der Gabelung (1056 m) auf dem **Pian di Spilli** geht es halb rechts, jetzt durch die Südwesthänge des *Monte Le Gronde,* dessen Wiesen bis zum Gipfel reichen. Nach 5 Minuten an einem gemauerten *Hüttchen* (Unterstand) vorbei. Ungefähr 2 Stunden nach dem Aufbruch führt die Route links um die *Punta Sassopecoraro* herum. Plötzlich tritt der Monte Cucco ins Blickfeld.

Kurz darauf haben wir den vorerst höchsten Punkt (1200 m) gewonnen. Die Straße senkt sich in das waldbestandene Hochtal **Pantanella**. Vom Talboden heißt es wieder ansteigen, geradeaus. Vor dem Valrachena, durch das ein Steig auf den Monte Cucco leitet, links, östlich, auf den lieblichen **Pian delle Macinare** (1134 m); Unterstand im ehemaligen Almgebäude auf der Wiese. Von Scheggia 2½ Stunden.

Hier beginnt der schattige *Wanderpfad.* Links unten liegt die wilde Gola Rio Freddo. Vorbei an einer grauen Felswand. Dann verliert man an Höhe, etwa 120 Meter. Im Vorblick erscheinen die Telefonanlagen auf dem *Montarone.* Links sieht man den Fahrweg aus der Ortschaft Piaggia Secca zum Passo Porraia. Am tiefsten Punkt (1000 m), 20 Minuten nach dem Pian delle Macinare, geradeaus: angenehme Gegensteigung. Rechts oben dräuen die Kletterwände des *Monte Cucco.*

Am fünften Tag auf der Grande Escursione Appenninica: Abstieg nach Croce. Am linken Bildrand steigen die Hänge des Monte Moricone an, an denen der sechste Tag beginnt.

Nach $1/4$ Stunde wird ein tiefer Bachtobel gequert und wenig später das Brunnenhaus der **Fonte Acqua Fredda** (1011 m) erreicht. Hinter dem *Wassertrog* links halten. Nach $1/4$ Stunde die Linkskurve ausgehen und in das **Rancotal** (1048 m).

Ferienhäuser verstecken sich im Wald. Aufwärts zum *Albergo Monte Cucco* (1060 m). Beim Wirt Alberto Beni sind Wandersleute bestens aufgehoben, zumal er und seine Frau Uschi, eine Karlsruherin, keinerlei Sprachprobleme aufkommen lassen. Überdies ist Alberto nicht nur Drachenflieger und Speläologe, sondern kennt die hiesigen Wanderwege und Schluchtklettereien wie seine Hosentasche. Im gemütlichen Speisesaal sitzt man neben dem Stamm einer 300 Jahre alten Buche und genießt die »*cucina casalinga*«.

Nützliche Informationen

Anfahrt: Ab Gubbio 12,5 km (Staatsstraße 298), ab Gualdo Tadino 24 km (Staatsstraße 3), ab Senigallia 76 km (Staatsstraße 360). Gute Busverbindungen. Nächster Bahnhof ist Fossato di Vico (15 km, Busse).
Ausgangsort: *Scheggia* (572 m): Ortschaft und Verkehrsknotenpunkt (unter den Römern »*Statio ad Aesim*«) an der antiken Via Flaminia Rom – Adria bzw. den Staatsstraßen 3, 360, 298.
Zielpunkt: *Val di Ranco*, südöstlich des Monte Cucco. *Albergo Monte Cucco* (1060 m), Ostern bis Anfang November, Tel. 075/ 9177194, 9177108. *Albergo Cappelloni*, Ostern bis Ende September, Tel. 075/ 9177131, 9177106. In das Rancotal führt von Sigillo eine asphaltierte Straße (9,5 km). In Sigillo Taxi, Tel. 075/9177242.
Parken: Bei der Kirche, an der Umgehungsstraße (SS 360) oder wie bei Unterkunft.
Gehzeiten: Insgesamt $3^3/_4$ Std. Scheggia – Pian delle Macinare: $2^1/_2$ Std. Macinare – Fonte Acqua Fredda: 40 Min. Fonte Acqua Fredda – Albergo Monte Cucco: knapp $1/2$ Std.
Unterkunft: *Albergo-Ristorante La Pineta* (650 m), oberhalb von Scheggia am Monte Calvario, Ostern bis Mitte Oktober, Tel. 075/ 9259142. Zufahrt 1,2 km: Von Scheggia 400 m auf der Straße in Richtung Rom, dann links ab.
Nächster Campingplatz: *Rio Verde*. Ab Costacciaro (10,5 km südöstlich von Scheggia, an der Staatsstraße 3) westlich über La Badia, 3 km; Tel. 075/9170138.
Verpflegung: *Ristorante El Paso* (Via Roma). Lebensmittelgeschäft.
Sehenswürdigkeit: Beim Albergo La Pineta, am Ende des Kreuzweges, ein 1682 erbautes *Marienkirchlein*; im Altarraum Kruzifix aus der Zeit um 1600.
Wanderkarte: Kompasskarte 1:50000, Blatt 675 (Sentiero Europeo E1, Tratto Umbro).

2 Zwischen Monte Cucco und Valsorda

Luftiger Gipfelreigen

Tourencharakter: Unschwierige Wanderung. Bei Nebel stellenweise problematische Routenfindung.
Höhenunterschied: 850 Meter.
Reine Gehzeit: 6 Stunden. Ohne Monte Maggio $5^1/_4$ Stunden.
Beste Jahreszeit: Mai bis Herbst.
Markierung: Rot-weiß-rot. Zusätzlich »A. G.« in gelbem Feld.

Dieser »*tratto*«, die Strecke Montarone – Monte Testagrossa – Cima Filetta – Valico di Fossato und abschließend über den herausragenden Karstgipfel Monte Maggio in das Valsorda, führt uns erstmals auf die Höhen des Appennino Umbro-marchigiano. Verde Umbria! Grün in allen vorstellbaren Schattierungen. Wie ein Drang zum Leben. Friedlicher Wettstreit ewiger Zeiten: Berge und Himmel, sich scheinbar in der Ferne berührend, begrenzend – verwischend im Dunst des heißen Tages. Frei weidende Pferde stieben mit geballter Kraft und fliegenden Mähnen unbeschwert durch ihr Paradies. Hinter dem Valico di Fossato warten die Monti di Gualdo des umbrisch-märkischen Apennin, die Berge von Gualdo Tadino an der römischen Via Flaminia, einem Zentrum des antiken Umbrervolkes. Versöhnender Ausklang für ständiges Auf und Ab ist schließlich das Eindringen in den Hochtalkessel Valsorda, wo bis

Vom Montarone überschaut man fast den gesamten zweiten Wandertag bis zum Monte Maggio.

spät am Nachmittag die Sonne hineinscheint. Valsorda verzögert den Schritt! Schon schwirrt der nächste Tag durch den Kopf.

Der Wegverlauf

Vom *Albergo Monte Cucco* ansteigen, am **Albergo Cappelloni** vorbei. An der Rechtskurve wird das Sträßchen links verlassen gemäß Wegnummer 9. Mit schwacher Grasspur bergan, rechts am Leitungsmast vorbei und weglos hoch zu einer Straße. Aus dem Tal grüßt Sigillo. Links weiter (obere Trasse) zum **Montarone** (1208 m), auf dem Bauten der Telefongesellschaft SIP stören. Die Kuppe wird rechts umgangen. Nordwestlich füllt der Monte Cucco das Blickfeld. Im Süden zeigen sich technische Anlagen auf der Cima di Mutali, von der wir noch 3½ Stunden entfernt sind.

Gipfelreigen! Auch ohne Markierungen kann man den Kammverlauf nicht verfehlen. Vom **Monte Testagrossa** (1175 m) trennt uns ¼ Stunde. Über seinen Südrücken in gut 5 Minuten hinunter zum Paßsattel (1080 m) eines Schottersträßchens, das schräg links gekreuzt wird. Südöstlich benötigt man noch 20 Minuten zur flachen Kuppe des **Monte Pratiozzo** (1124 m). Der Kammverlauf biegt in Südrichtung ein. Rechts senkt sich der Fosso Vetorno nach Purello an der Via Flaminia. Der aus dem Grat ragende, felsdurchsetzte Aufbau von *Punkt 1100* wird rechts umgangen. Auf der **Cima Filetta** (1120 m) steckt ein Grenzstein. Nordöstlich im Tal liegt das Dörfchen Cupo.

Am grasigen Südostrücken der Cima Filetta wird 10 Minuten später der felsige *Sasso Grande* (1030 m) »gemeistert«. Abwärts in den Sattel (880 m) vor dem Monte della Rocca. Halb rechts auf schattigem Hangweg zum nächsten Sattel (885 m) am oberen Rand einer Hochtalmulde. Südlich lockt der Monte Maggio, erkenntlich an seinem Gipfelspitzchen. Vom Albergo Monte Cucco 1¾ Stunden.

In der Mulde absteigen. Man hält sich an die rechte Flanke und peilt ein Häuschen an. Rechts vorbei (links breiter Weg zu Brunnentrog). Etwa 5 Minuten bergan, worauf sich der breite Weg senkt, schwach rechts haltend, um eine Kuppe halb links herum. Acht-

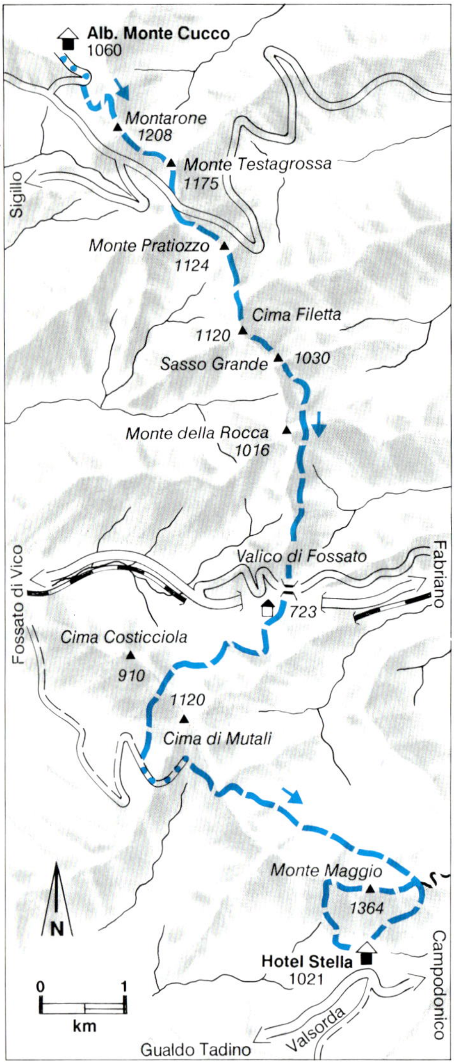

geben! Rechts ist an Steinen das Rot der Wanderroute gepinselt. Abermals bergwärts, geradeaus, dann links durch Gesträuch zur Kuppe von *Punkt 832*. Anschließend schräg rechts über die Wiese (Nebelstangen) und durch Wald steil in den **Valico di Fossato** (723 m). Es ist der alte Paß der Straße Umbrien – Ancona. Die laute Superstrada führt in Tunnels über die Wasserscheide. Das Haus der ehemaligen Bar kann als Unterstand benutzt werden. Vom Albergo Monte Cucco 2½ Stunden.

Die GEA setzt sich jenseits der Straße fort, identisch mit den Wegnummern 123 und 9, auf breitem Fahrweg. Nach 5 Minuten an der Gabelung halb links. Etwas später beginnt eine lange Hangtraverse. Zusätzliche Markierung: »A.G.« in gelbem Feld. Der Monte Cucco wird wieder sichtbar. Ungefähr 40 Minuten nach dem Valico di Fossato darf man die halb links abzweigenden *Farbzeichen* nicht übersehen! Sie begleiten, von Baum zu Baum, eine *Grasspur* in wenigen Minuten zu einem *Querweg* vor der Wiesenkuppe *Cima Costicciola*. Links, aber nicht mit der Linkskurve und dem breiten Weg, sondern hinter der Kurve rechts, erneut nur mit rot-weiß-roten Markierungen, welche sicher leiten, auch anschließend auf dem breiten Panoramaweg, vorbei an einem *Wasserbehälter*.

Auf der asphaltierten Straße links bergwärts, etwa 10 Minuten. In der Linkskurve rechts weiter, auf dem Fahrweg um den Südrücken der *Cima di Mutali* (Sendeanlagen) herum. In den begrasten Senale-Nordhängen ist schon der Weiterweg erkennbar. Wir folgen dem Staubsträßchen. Bald rechts abwärts und Gegenanstieg in die Flanke, wo seit 1992 Hochspannungsleitungen stehen. An der Gabelung – 1½ Stunden vom »Valico« – nehmen wir den *linken Weg*, schräg durch die Nordosthänge der *Senalekuppen*. Nach ½ Stunde oberhalb an einem Wasserbecken vorbei, angesichts der Monte-Maggio-Kuppe. Erneut durch Strauchwerk, das uns ¼ Stunde später wieder freigibt. Südöstlich erscheinen die Monti Sibillini.

Südlich tritt der Monte Serra Santa ins Blickfeld. Bei den Eisenmasten eines *Holztores* (1170 m) mündet links *Wegnummer 125* von Cacciano. Die Originalroute führt geradeaus, in 25 Minuten geht es hinab nach Valsorda.

Schöner: rechts, am Zaun entlang, in 25 Minuten auf den **Monte Maggio** (1364 m), einen glanzvollen Aussichtsplatz. Vom Valico di Fossato 2¾ Stunden.

Abstieg westwärts, parallel zum Zaun in Richtung der benachbarten, verkarsteten *Cima delle Balze*. Der Fels ist angereichert mit Limonit (Brauneisenstein), einem der wichtigsten Eisenerze, das durch Verwitterung anderer eisenhaltiger Minerale entsteht. Im Mai

Abstieg vom Monte Maggio in den Hochtalkessel des Valsorda.

blüht die Dichter-Narzisse, in Italien *»narciso dei poeti«* genannt, im Juli Alpen-Hauswurz, Weißer Affodil und als Rarität die Tyrrhenische Lilie *(iris chamaeiris): giglio tirrenico.*

Nach ¼ Stunde sind wir in der Mulde vor der Cima delle Balze. Links, durch Strauchwerk. Etwa 10 Minuten später links über eine Wiese. Abschließend auf einem Fahrweg in den **Valsordakessel**.

Nützliche Informationen

Ausgangspunkt: *Val di Ranco,* siehe Tour 1 bei Zielpunkt.
Zielpunkt: *Valsorda* (1021 m): Hochtal nordöstlich von Gualdo Tadino (Hotels, Straße 5,5 km). Busverbindungen im Juli/August, erster Bus von Gualdo 8.45 Uhr, letzter nach Gualdo 18.30 Uhr. Bar Clelia. Hotel Stella, ganzjährig, Tel. 075/91 32 82.
Gehzeiten: Insgesamt 6 Std. Albergo Monte Cucco – Montarone: 20 Min. Montarone – Testagrossa: ¼ Std. Testagrossa – Monte Filetta: 40 Min. Monte Filetta – Valico di Fossato: 1¼ Std. Valico di Fossato – Monte Maggio: 2¾ Std. Monte Maggio – Valsorda: 40 Min.
Wanderkarte: Kompasskarte 1:50 000, Blatt 675 (Sentiero Europeo E1, Tratto Umbro).

3 Aus dem Valsorda nach Bagnara

Durch den Appennino Gualdese

Tourencharakter: Unschwierige Wanderung. Bei Nebel Orientierungsprobleme!
Höhenunterschied: 850 Meter.
Reine Gehzeit: 6¼ Stunden.
Beste Jahreszeit: Mai bis Herbst.
Markierung: Rot-weiß-rot.

Auch die Berge südlich des Valsorda gehören zum Appennino Gualdese, so benannt nach dem westseitigen Talort Gualdo Tadino. Wenn auf den freien Höhen kalte Ostwinde blasen – im Frühsommer keine Seltenheit – und massige, weißgraue Wolken jagen, huschen ihre schwarzen Schatten geisterhaft über das makellose Grün der Wiesen. Sobald Regenschauer peitschen, wird man an alpine Verhältnisse erinnert, obwohl die höchsten Gipfel dieser Etappe gerade 1400 Meter messen. Links und rechts des Kammes fließen

Landschaften, Täler und Bergketten wie in einem breiten Strom. Der Wanderer auf dem Kamm, das dunkle Pünktchen in spürbarer Weite, fühlt sich in goldener Mitte – an der Naht zwischen Wirklichkeit und Traum.

Der Wegverlauf

Etwa 100 Meter westlich des **Hotels Stella** beginnt links der Aufstieg auf einer geschotterten Einbahnstraße. Nach 600 Metern links weiter. An der Gabelung halb rechts, hoch zur breiten Schotterstraße, die schräg links gekreuzt wird. Entlang der Holzpflöcke zu einer Straßenkurve. Etwa 10 Meter auf der Straße, dann rechts zur **Chiesa di Serra Santa** (1348 m). Balkon über Gualdo Tadino! Hierhin flüchteten sich im 6./7. Jahrhundert zivilisationsmüde Eremiten wie San Facondino. Ihre Blüte erlebte die Einsiedelei während des 13. Jahrhunderts. Südwestlich, tiefer im Hang, erforscht der »Gruppo Speleologico Gualdese« den Buco Bucone; »befahren« sind bisher 217 Meter. Unsere Tour ist südlich über Monte Nero und Monte Maiore einsehbar.

Ostwärts 150 Meter zur Mündung der Schotterstraße. Nun halb rechts auf dem Weg, den eine Kette sperrt. Er quert die Südflanke des *Monte Serra Santa* (der auch überschritten werden kann!). Nach 5 Minuten der *Grasspur* konsequent folgen! Sie führt in einen leicht ausgeprägten Sattel auf den *Pian delle Vescole*. Auf dem Fahrweg schwach rechts halten, abwärts, links an einer Viehtränke vorbei.

In der breiten Mulde setzt die Gegensteigung an. Die Farbzeichen umgehen zwar die erste Kuppe, den Purello (1405 m), die zweite, den **Monte Nero** (1410 m), sollte man aber unbedingt besteigen, wenn auch dort die Originalroute im Westhang traversiert. Seine Grashaube schenkt uns ein 360-Grad-Panorama. Nordwestwärts Blicke durch das Valle del Fonno und die Rocchettaschlucht auf das uralte Städtchen *Gualdo Tadino*. Südlich, in der Ferne, die beiden Gipfel des *Monte Pennino*, zu dessen Füßen der heutige Abschnitt endet. Südöstlich der Monte Maiore, die nächste Station, und rechts davon die Spitze des Monte Penna. Von Valsorda 2 Stunden.

Südöstlich hinab in den **Perosattel** (1340 m). Jenseits schwingt sich der von felsigen Schrofen besetzte Monte-Maiore-Nordostrücken auf, an dem die Farbzeichen entlanglaufen. Eine Viertelstunde nach dem Monte Nero haben wir die bescheidene Kuppe des **Monte Maiore** (1411 m) gewonnen.

Der Abstieg führt durch den Südhang, umgeht eine flache Kuppe rechts und bringt einen kurzen Anstieg. Die folgende Abzweigung verlangt Aufmerksamkeit, denn sie verläßt den breiten Weg halb links. Bei gutem Wetter leiten die *roten Holzpflöcke* sicher über die Wiesen. Ungefähr 45 Minuten nach dem Monte Maiore tauchen *Almgebäude* auf. An der Gabelung halb rechts, jetzt nur mehr 100 Meter dem breiten Weg folgen, dann rechts und über Wiesen – *Piaggia del Trivio* – abwärts. Rechts unten ist am Auslauf des Fosso della Venna das Dorf *Boschetto* eingebettet. An der römischen Konsularstraße Via Flaminia liegt die Ortschaft *Gaifana*.

Die Markierungen kreuzen den *Almgüterfahrweg*. Wo er neuerdings betreten wird, folgt man ihm links. Nach 100 Metern links abzweigen auf einen breiten Wiesenweg. Den Vorblick füllt die Kuppe des *Pormaiore*, um den die Route einen Rechtsbogen macht. Vorerst läuft man nach den Farbzeichen in den Sattel **Trivio di Luticchio** (869 m). Von Valsorda knapp 3¼ Stunden.

Am Ende der Rechtskurve des Fahrsträßchens links einschwenken in einen Schotterweg. Auf ihm kurz bergan, worauf sich die Markierungen erneut links halten. Der Kuppe des *Colli* (884 m) rechts ausweichen. Hinunter zu einer quer gelagerten Mulde und jenseits an den Waldrand. Geradeaus in den Laubwald bzw. linkshaltend bergwärts. An der nächsten Gabelung ebenfalls gerade, an der zweiten links oder rechts, dann halb links empor auf den promenadeähnlichen Hangweg. Er führt rechts, das heißt durch die Westseite des Pormaiore. Nördlich erscheint der Monte Cucco. Gualdo Tadino wird jetzt nordwestlich sichtbar. Bald biegt der Weg

Bei Alago tritt der Monte Pennino in ganzer Größe vor Augen. Er kann am vierten Tag überschritten werden.

Dritte Etappe der GEA. Rückblick vom Monte Serra Sante auf den Valsordakessel mit dem Monte Maggio (Bildmitte) und den Senale-Kuppen (links).

links in Südostrichtung ein, durchmißt einen Sattel zwischen zwei Kuppen und wird von einer Mulde aufgenommen. Wo der Laubwald rechts endet, heißt es an der Wegeteilung halb links gehen, ansteigend auf die *Kuppe 1041*. Dahinter benötigt man noch 25 Minuten zur Straße, die rechts in 5 Minuten den tiefsten Punkt des **Passo del Termine** (865 m) erreicht. Von Valsorda 4¾ Stunden.

An der Südseite der Straße zur Gabelung des Weges. Dort halb rechts. Rechts an einer grünen Wellblechhütte vorbei, halb rechts über die Wiese. Nun steiler, und eine flache Wiesenkuppe ohne Spur überschreiten zu einem Querweg. Rechts zur Straße. Der letzte Anstieg – heute – führt nach **Alago** (945 m) auf dem Pian delle Stelle mit einem kleinen Ristorante. Von Valsorda 5¼ Stunden.

Schräg gegenüber dem Ristorante nimmt man den Fahrweg südostwärts an der linken Seite eines lieblichen Hochtales. Nach 10 Minuten links, nur etliche Schritte, vor dem Viehtrog rechts über die Wiese zum nächsten Farbzeichen. Parallel zu dem Sträßchen, das 10 Minuten später gekreuzt wird. Hinter dem Quellbrunnentrog das Sträßchen wieder betreten und etwa 20 Minuten absteigen. An der scharfen Rechtskurve geht es links in den Wanderpfad, womit eine lange Straßenschleife abgekürzt wird. Wieder auf der Straße, folgt man ihr diesmal 400 Meter. Erneut links, vollends hinunter zur Pfarrkirche Santa Lucia des 150-Seelen-Dörfchens **Bagnara** (634 m). Bei der Piazza Fulvio Sbaretti auf der Durchgangsstraße rechts gehend, wird der Wanderer im *»Pennino«* von Arnaldo Buriani begrüßt. Er führt das sogar in der deutschen Presse empfohlene Speiselokal (Trüffelspezialitäten) mit seiner Frau Rita; Signora Ida, treue Seele des Hauses, übernimmt die Dolmetscherdienste. Fragen Sie den Chef nach seiner *»Cantina«*. Stolz zeigt er ihnen den Wein- und Vorratskeller.

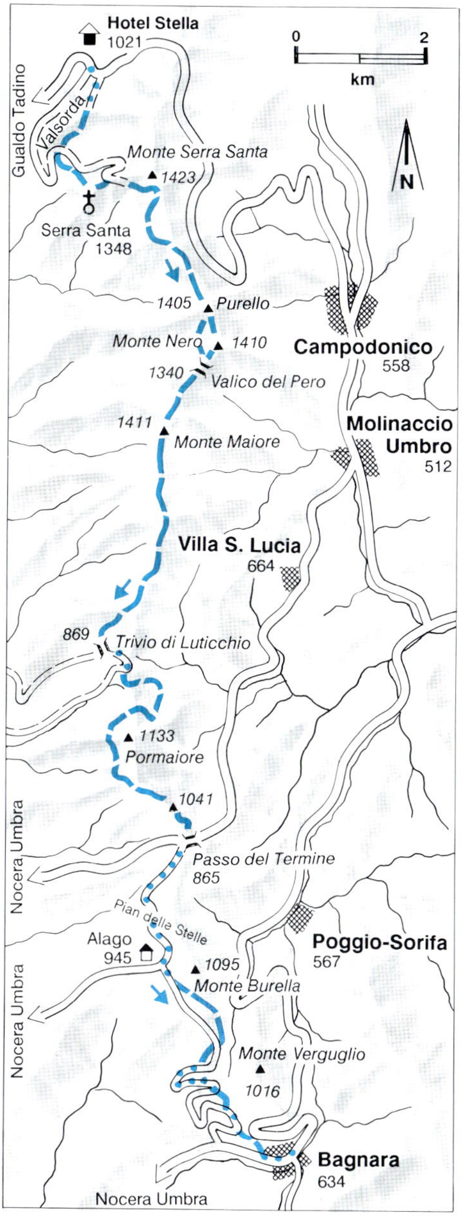

Nützliche Informationen

Ausgangspunkt: *Valsorda* (1021 m), siehe Zielort bei Tour 2.
Zielort: *Bagnara* (634 m): Fraktion von Nocera Umbra (8 km, Bahnhof, Busverbindungen), Staatsstraße 361. Lebensmittelgeschäfte. Albergo-Ristorante Pennino, ganzjährig, Tel. 07 42/81 89 91.
Gehzeiten: Insgesamt $6\frac{1}{4}$ Std. Valsorda – Monte Nero: 2 Std. Monte Nero – Trivio di Luticchio: knapp $1\frac{1}{4}$ Std. Trivio – Passo del Termine: knapp $1\frac{1}{2}$ Std. Passo del Termine – Alago: $\frac{1}{2}$ Std. Alago – Bagnara: 1 bis $1\frac{1}{4}$ Std.
Einkehr unterwegs: *Ristorante Alago*, geöffnet Juni/Juli/August täglich; Mai, September, Oktober nur Sonntag. Hierher Asphaltstraße (5 km) von Nocera Umbra. Etwa 150 Meter entfernt: *Taverna di Cinicchia*, ganzjährig, Montag geschlossen.
Wanderkarte: Kompasskarte 1:50 000, Blatt 675 (Sentiero Europeo E1, Tratto Umbro).

4 Von Bagnara nach Colfiorito

Am Monte Pennino

Tourencharakter: Unschwierige Wanderung.
Höhenunterschied: 350 Meter.
Reine Gehzeit: $3\frac{1}{4}$ Stunden. Die Besteigung des Monte Pennino verlängert die Tour um etwa 4 Stunden.
Beste Jahreszeit: Anfang Mai bis Spätherbst; Überschreitung des Monte Pennino ab Ende Mai.
Markierung: Rot-weiß-rot.

Für Leistungshungrige gleicht die Strecke zu den lieblichen Hochebenen um Colfiorito einem Rasttag. Es sei aber schon jetzt verraten, daß er sozusagen die Ruhe vor dem Sturm ist, denn die beiden nächsten Etappen sind erheblich strenger und entsagungsvoller. Wenn Sie vorher trotzdem hoch hinaus wollen, kann der Monte Pennino »gemacht« werden: fast 1000 Höhenmeter, auf Schotterstraßen, die im Sonnenlicht glühend heiß sind, zu einem Berg, der vor mehr als 2000 Jahren als Altar diente, denn auf dem Gipfel fanden Hirtenbuben mehrere Statuetten, die offensichtlich einst Göttern geopfert wurden. In der Kompasskarte ist die Route genau eingezeichnet. Sie führt in Bagnara zunächst 500 Meter nordwärts, biegt dann rechts ab und erreicht ihren Zenit zwischen dem Hauptgipfel (1571 m) und dem kreuzgekrönten Colle della Croce (1560 m).

In jedem Falle wird man in Colfiorito die Gastfreundschaft von Signor Delicati, dem Besitzer der Villa Fiorita, genießen, ganz zu schweigen an heißen Tagen vom Schwimmbad des Hotels. Schließlich ist nun Schluß mit dem *»dolce far niente«*, dem süßen Nichtstun!

Der Wegverlauf

Gegenüber dem Lebensmittelgeschäft auf dem Sträßchen in das **Valle Egna** marschieren. Hinter den letzten Häusern kündet links eine romanische Apsis von der ehemaligen Pfarrkirche San Antimo. An den Hängen des Monte Pennino – auf der Karte »Grotte di S. Angelo« – lebten früher Eremiten.

Nach 35 Minuten, 400 Meter nach einem Marienbildstock, verläßt die Wanderroute das Sträßchen vor dem Bach: halb links. Etwa 10 Minuten später – *Markierung* rechts am Baum – geht es links die Böschung hoch. Dann rechts weglos, bald wieder von Farbzeichen geleitet. Nordwestlich erscheinen die *Steinbrüche* am Monte d'Acciano. Sie versorgen die Zementfabrik Bagnara.

Ungefähr 1 Stunde nach Bagnara wird ein breiter Weg erreicht. Er führt rechts in wenigen Minuten zum Monte-Pennino-Sträßchen. Rechts abwärts. An der Kreuzung *(Marienbildstock)* geradeaus. Nordöstlich grüßt das Kreuz vom Colle della Croce, dem Nebengipfel des Monte Pennino. Kurz hinter der Kreuzung halb rechts, direkt in das bäuerliche Dörfchen **Colle Croce** (872 m). Auf dem Platz beim Waschbrunnen wurden 1944 drei einheimische Widerstandskämpfer von deutschen Soldaten hingerichtet.

Links, die Straße überqueren zu dem 1988 geweihten Mahnmal für gefallene Freiheitskämpfer; dahinter die *Bar Leonardi*. Links von der Gedenkstätte folgt man dem breiten

Weg. Er führt rechts auf eine flache Kuppe. Dort links (südlich), am rechten Rand der Wiese. Unten breitet sich die Hochebene Piano di Colle Croce aus. Am Monte Pennino sind die Schleifen der Straße zu erkennen. Rechts davon der Monte Acuto. Etwa 10 Minuten nach dem Dorf erfolgt ein leichter Anstieg, 5 Minuten zum Laubwald am Nordrükken des *Monte d'Annifo*. Bei der Wegeteilung halb links und durch den Osthang des Monte d'Annifo in 1/4 Stunde zur Straße, die überquert wird. Abwärts. Nach 5 Minuten rechts zur Bar Centrale in **Annifo** (874 m), Ortsteil *Ville*. Von Bagnara knapp 2 Stunden.

Am schilfbestandenen Palude di Colfiorito vorbei führt die GEA zum Etappenziel Colfiorito.

Vor der Bar links, unterhalb der Pfarrkirche vorbei, die Umgehungsstraße kreuzen (Bar, Lebensmittelgeschäft) und 150 Meter zum Brunnentrog im **Ortsteil Colle**. Geradeaus, etliche Schritte links, dann rechts, aber nicht hinunter zum Torbogen, sondern an der Hausecke rechts. Am Ende des *Maschendrahtzaunes* links, jetzt abwärts entlang einer Hecke, bis man wieder auf *Markierungen* und eine breite *Spur* stößt. Bergan. Der Weg wird schmaler. Etwa 10 Minuten nach dem letzten Haus geht es an der Gabelung abwärts zu einem breiten Weg. Auf ihm rechts, 20 Meter, dann links, jedoch nur 50 Meter, bis halb links die schmale, *markierte Route* vom breiten Weg ausschert. Den Dornensträuchern kann man links, oberhalb, ausweichen. Eine Wiese wird erreicht. Schwach südöstlich glitzert der Wasserspiegel des Palude di Colfiorito. Unsere Richtung! Nahziel ist ein runder Tümpel: hinunter zu den Wiesen. Dort rechts über ein gemauertes Bachbrückchen und an das Westufer des *Tümpels*. Von Annifo 35 Minuten.

Monte Pennino von Südwesten, aufgenommen am Piano di Colle Croce, den die GEA am vierten Tag durchläuft.

Am südseitigen Ufer gabeln sich die Wiesenwege (links Markierungszeichen). Rechts halten, der breiten Spur über den *Piano d'Annifo* in 20 Minuten zur Straße folgen. Links entlang am stark verlandeten Rest des von der letzten Eiszeit zurückgelassenen Sees: **Palude di Colfiorito**, Feuchtbiotop, Tier- und Pflanzenparadies, 1840 Hektar, seit 1977 Naturschutzgebiet. Oberhalb der Straße steht das Croce di Cassicchio. Nach 10 Minuten an der Gabelung links, auf der Via del Lago 500 Meter zum *Hotel Villa Fiorita* in **Colfiorito**.

Nützliche Informationen

Ausgangsort: *Bagnara* (634 m), siehe Zielort bei Tour 3.
Zielort: *Colfiorito* (760 m): 500 Einwohner, Fraktion von Foligno, an der Staatsstraße 77. Von Foligno (Bahnhof, Busse) 26 km.
Gehzeiten: Insgesamt 3¼ Std. Bagnara – Colle Croce: 1¼ Std. Colle Croce – Annifo: 40 Min. Annifo – Colfiorito: 1¼ Std.
Einkehr unterwegs: Colle Croce (Bar), Annifo (2 Bars, Bar Centrale dienstags Ruhetag; die

andere Bar gehört zu einem Lebensmittelgeschäft und ist mittags geschlossen).
Unterkunft: *Hotel Villa Fiorita* (Via del Lago 9), ganzjährig, Tel. 07 42/68 11 25. *Hotel Lieta Sosta* (Durchgangsstraße), ganzjährig, Tel. 68 11 27. Pension Stella (Ortskern), 3 Zimmer, Tel. 68 12 50.
Verpflegung: Der Autor war im *Hotel Villa Fiorita* (Restaurant dienstags geschlossen) sowie in der *Locanda Plestina* (Ristorante-Pizzeria, 500 m vom Zentrum, dienstags geschlossen) zufrieden; Hotel-Ristorante Lieta Sosta, Montag Ruhetag. Im Ort Lebensmittelgeschäfte. Faßbier in der Bar von Renzo Cellini an der Hauptstraße, vor der sich das »Leben« in Colfiorito abspielt.
Wanderkarte: Kompasskarte 1:50 000, Blatt 675 (Sentiero Europeo E1, Tratto Umbro).

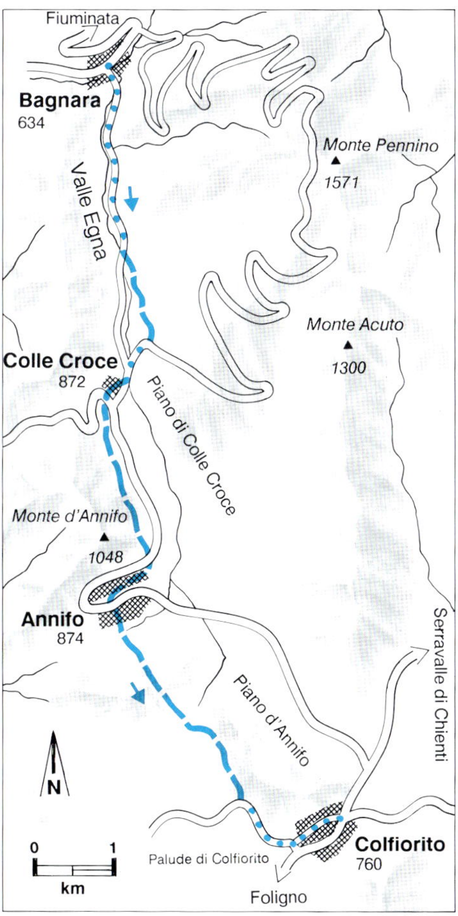

5 Von Colfiorito nach Saccovescio

In der Einsamkeit des Apennin

Tourencharakter: Unschwierige Wanderung. Bei Nebel Orientierungsprobleme! In Colfiorito mit Lebensmitteln versorgen, da es, Mulini di Visso ausgenommen, erst wieder am übernächsten Tag in Castelluccio ein Restaurant mit »Alimentari« gibt.
Höhenunterschied: 1200 Meter.
Reine Gehzeit: 8 Stunden.
Beste Jahreszeit: Mai bis Spätherbst. Im Sommer sehr heiß.
Markierung: Rot-weiß-rot.

Über den Piano di Colfiorito zog während des Zweiten Punischen Krieges das 40 000-Mann-Heer Hannibals und plünderte die Heimstätten römischer Kolonisten.

GEA-Wanderer streben ihrem längsten Marsch entgegen: zwei Tage ohne Bett, ohne »Lebensmittelnachschub«, lediglich nach 7 Stunden eine Trattoria. Viehtränken sind die einzigen Wasserstellen. Schatten ist ein oftmals ersehnter Komfort. Nagelprobe für Zivilisationsverwöhnte! Abgesehen von der Mühsal wird die größtenteils menschenleere Strecke bis Castelluccio zum nachhaltigen Erlebnis. Starkes Empfinden und sinnliches Spüren von Stille!

Der Wegverlauf

Rechts neben dem **Hotel Lieta Sosta** folgt man der Straße ostwärts, Richtung Visso. Rechts erhebt sich markant der kreuzgezierte Monte Trella. Eine Viertelstunde zur **Basilica di Plestia** (760 m), wie die »Chiesa di Santa Maria« genannt wird. Leider wurden Altarraum und Apsis bei der Neugestaltung verschandelt. Die ursprünglich romanische Kirche aus dem 10. Jahrhundert steht an der Stelle eines Tempels der umbrischen Göttin *cupra dea*. Ihre Verehrung geschah in einer Form, die den griechischen Geographen Strabo zur Gleichsetzung mit Juno veranlaßte, der bedeutendsten Göttin im alten Rom. Säulenreste des Tempels dienen als Stützen des zweiseitigen Umganges. *Plestia* (ital. *Pistia*) hieß das umbrisch-römische Municipium, das im Sommer 217 v. Chr. durch Hannibal nach der siegreichen Schlacht am Lago Trasimeno dem Erdboden gleichgemacht worden war, nachdem die Mauern von Spoleto den Karthager mangels schwerer Belagerungsgeräte abgewiesen hatten. »Da er aus der Stärke einer einzigen ohne Erfolg angegriffenen Koloniestadt den Schluß zog, welche schwierige Aufgabe die Einnahme Roms bedeute, wandte er sich nach dem Gebiet um Picenum (Ancona, Anm. d. Verf.), das nicht nur an Früchten jeglicher Art Überfluß hatte, sondern auch reichliche Beute versprach...«, wissen wir von dem römischen Schriftsteller Titus Livius.

Die überlebenden Plestini bauten ihre Stadt wieder auf. Sie findet zuletzt unter dem deutschen Kaiser Otto III. (980–1002) Erwähnung und wurde dann verlassen, möglicherweise infolge dauernder Überschwemmungen des Piano di Colfiorito, gegen die das Mittelalter im Gegensatz zur Antike keinen Rat wußte.

Rechts von der Straße sind die Grundmauern einer römischen Villa erhalten. Nach etwa 200 Metern verläßt man Umbrien, genau gesagt die Provinz Perugia, und wird von der Provinz Macerata (Region Marken) übernommen. Und ¼ Stunde später sind wir am Rand des Bauerndorfes **Taverne** (758 m). Bar und »Alimentari« mußten 1992 schließen, weil die Leute auswärts in Supermärkten einkaufen, klagt der einstige Besitzer. Seiner Familie war das Geschäft 120 Jahre lang Lebensgrundlage.

Rechts auf der Straße – an der Gabelung nach 400 Metern halblinks – in 20 Minuten nach **Dignano** (885 m), einem ehemals mit Trümmern aus Plestia befestigten Bergdörfchen, das für hundert Menschen Heimat ist.

Links an der Kirche San Lorenzo und an der Bar vorbei, am *Waschbrunnentrog* geradeaus und an der nächsten Gabelung halb links zu den letzten Häusern. Dort halb rechts in 5 Minuten zur **Fonte dell'Aria**. Auch hier rechts. Erst wenige Minuten später wird der breite Weg links verlassen (Farbzeichen an den Bäumen oberhalb). Bergan, vorerst auf dem breiten Nordrücken des *Monte il Castello*. Schöne Rückblicke über den Piano di Colfiorito auf den Monte Pennino. Nordöstlich ist der Einschnitt des Val Sant'Angelo ausgeprägt.

Die Route führt rechts durch die Westflanke des »Castello«. Etwa ½ Stunde nach Dignano senkt sich der Weg 5 Minuten lang ziemlich steil in das Tälchen. Ab dem betonierten *Wasserbunker* wieder bergan. Einige Minuten später zweigt die Route links vom breiten Schotterweg ab, gut markiert auf einem Pfad. Nun neben dem Bächlein, das mehrmals überschritten wird, talein bis zur gemauerten *Brunnenstube*. Von Dignano 50 Minuten.

Jetzt wird das Tälchen linkshaltend verlassen, in 5 Minuten empor zu einer betonierten **Schaftränke**. Linkshaltend den Farbzeichen folgend erreicht man in 10 Minuten eine Schotterstraße. Dignano und der Monte Pennino sind wieder ins Blickfeld getreten.

Links etwa 100 Meter mit der Straße. Dann rechts, am *Weidezaun* entlang über die Wiese, eine lange Schleife der Straße abkürzen, die den Weiterweg vermittelt. Rechts unten erscheint die Ortschaft *Costa*. Auf der Straße ½ Stunde in mäßiger Steigung die Tolagnaflanken traversieren. Am höchsten Punkt der Straße, vor einem Häuschen, halb links auf die Wiese. Ein schwach ausgeprägter Pfad führt zu einem *Weidezaun*. Dahinter halb rechts über die Wiesen. Auf der Kuppe stößt man auf einen *Markierungspfahl*. Von Colfiorito 3 Stunden.

Schwach links halten in wenigen Minuten zum nächsten Farbzeichen an Steinen. Rechts entsprechend den Markierungen auf einer felsbesetzten, böschungsähnlichen Geländewelle etwa 200 Meter. Dann halb links und am Zaun entlang absteigen in die Mulde des **Fosso Cipolletta**. Er mündet in die *Schotterstraße* (1100 m) Collattoni – Forcella. Von Colfiorito 3½ Stunden.

Rechts, 400 Meter auf der Straße (3,5 km nach Forcella, Bushaltestelle) ansteigen. Dann erklären links in der Wiese die Farbzeichen an Steinen die Fortsetzung. An der Baumgruppe rechts vorbei und rechts halten bis zu einem Weg, dem man links folgt. Den *Viehzaun* passieren und gerade bergan. Nordöstlich werden die Häuser von Collattoni sichtbar, dahinter Selvapiana. Rinder weiden. Pferde stecken ihre Köpfe in den Schatten der Bauminseln. Nach 20 Minuten tauchen die nächsten Anhöhen auf, als mittlere der *Poggio Martello,* von dem uns nur mehr 40 Minuten trennen.

Die Spur führt über den flachen **Colle Staffolo** und weicht dem ebenfalls kaum ausgeprägten Col Petetta (1334 m) links aus. Im Tal, westlich, sieht man die Ruine des mittelalterlichen Torre di Percanestro. Ab- und aufwärts. Gleich hinter der nächsten Kuppe, beim Markierungs-Holzpflock, nicht links in die Mulde, sondern geradeaus in Richtung des *Wiesensattels* (Autowrack); von der Straße 40 Minuten.

Aus dem Sattel links. Im Mischwaldstreifen rechts halten. Am Ende des breiten Weges gerade über die Wiese; rechts wölbt sich eine Kuppe des *Monte Cavallo.* Der folgende breite Sattel wird halb links verlassen. Aus der Mulde, das heißt links der Hangwiese, empor zum baumbestandenen **Poggio Martello** (1499 m), dem höchsten der Gegend. Von Colfiorito 4½ Stunden.

Südöstlich absteigen, entlang dem Laubwaldsaum in 5 Minuten zum quergestellten Rücken, von dem man erstmals den weltentrückten Weiler Riofreddo sieht. Südwestlich liegen die beiden Monte-Cavallo-Kuppen.

Links in den Laubwaldschatten, wo die roten Kleckse ostwärts sicher leiten. In die **Forca** (1190 m), eine Scharte, benötigt man ½ Stunde. Die Markierungen münden unterhalb der Scharte in einen breiten Weg. 100 Meter nach rechts. Gleich nach dem Viehzaun halb links zu einem hölzernen *Zaun-Überstieg.* Wir sind am Rande der **Riserva**

***Eine sehr geschichtsträchtige Stätte am Umbrien-Höhenweg: die Basilica di Plestia (Chiesa di Santa Maria) an der Stelle eines antiken Tempels der umbrischen Göttin* Cupra dea.**

Durch den Fosso di Torsa gelangt man in die Valnerinaschlucht unterhalb Saccovescio.

Naturale Montagne di Torricchio: Naturschutzgebiet des World Wildlife Fund. Mäßig bergan. Am Ende des Wäldchens geht es halb rechts kurz in eine Wiesenmulde, dann rechts (Farbzeichen) durch den Zaun schlüpfen. Oben wird ein Fahrweg betreten. Rechts, aber nur drei, vier Minuten. Wieder einmal ist Konzentration notwendig: halb links getreu der Markierung in die Wiese, weglos auf dem **Pian della Cuna**. Nicht direkt Richtung Haus, sondern links davon zu einem gezäunten Pferch. Dort übernimmt uns neuerdings ein Fahrweg. Links in die Mulde des obersten Val di Tazza, dem Zentrum der Schutzzone, die von der Universität Camerino betreut wird, und zu einer **Viehtränke** (1150 m). Vom Poggio Martello 1 Stunde.

Links, 1/4 Stunde ansteigen in einen Sattel (1243 m). Im Vorblick der massige *Monte Fema*. Hinunter zum gemauerten **Haus Verlicaja** (1170 m). Hundegebell. Der Schafhirte hat zwei Jahre in der Schweiz gearbeitet, aber dann zog ihn die Sehnsucht wieder heim – weil es nirgends so schön sei wie hier, versichert er bei einem Glas Rotwein, an den rauhen Flanken über dem Fosso di Torsa. Auf seiner rechten Seite führt die Route. Südöstlich tauchen die Häuser von Orvano auf und in der optischen Fortsetzung der Monte Moricone. Es folgt eine *Viehtränke*. Etwa 1/4 Stunde später, wo die Tafel das Sammeln von Trüffeln *(tartufo)* verbietet, schwenkt man halb rechts vom breiten Weg ab und gelangt steil in den Weiler **Croce** (768 m) mit einem Stephanskirchlein in kanzelartiger Lage über dem Fosso di Torsa.

Die Straße kreuzen und zum **Brunnentrog**. Weiter abwärts; links drüben Orsana, südlich Saccovescio. Etwa 10 Minuten nach dem Brunnen macht der Weg einen Linksknick, 5 Minuten später eine Rechtskurve. Fünfzig Meter danach Linksabzweigung vor einer Wiese: Weitsprung über den Bach! Der Fahrweg führt hinaus in die imposante Felsschlucht des **Fosso di Torsa**. Sie bildet die Landschaftsattraktion des Tages!

Ab der Eisenschranke noch 50 Meter auf dem Fahrweg, ehe ihn die Farbzeichen links verlassen. Auf der Talwiese orientiert man sich an den Leitungsmasten, darf aber die *Linksabzweigung* der Route (nach einem Markierungs-Holzpflock) nicht versäumen. Jenseits des Baches rechts auf überwachsenem Pfad zur »Trattoria del Pescatore« in Mulini di Visso (490 m) bzw. an der Staatsstraße 209 in die *Gole della Valnerina*. Von Colfiorito 7 Stunden.

Links auf der Straße noch 150 Meter. Dann rechts (Fischteiche). Auch an der Ecke des Maschendrahtzaunes rechts. Nach 50 Metern wird es naß: links durch die *Nera* waten. Am anderen Ufer mannshohes Strauchwerk! Vor den Felsen rechts. Wenig später wieder auf kommodem Weg, in langen Schleifen hoch in den verträumten Bergweiler **Saccovescio** (724 m).

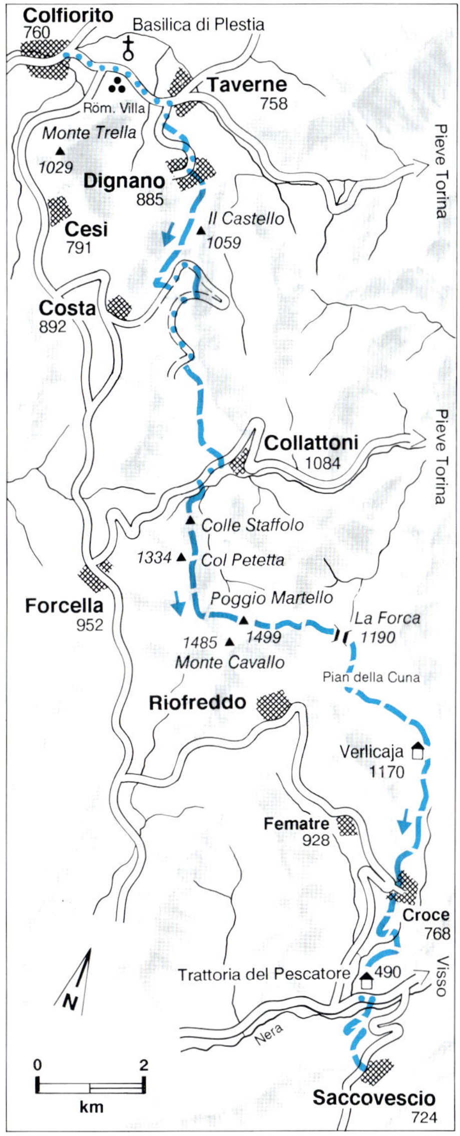

Nützliche Informationen

Ausgangsort: *Colfiorito* (760 m), siehe Zielort bei Tour 5.
Zielort: *Saccovescio* (724 m): Fraktion von Preci, Weiler südlich der Valnerina, aus dem das Zufahrtssträßchen (2,5 km) 5 km südwestlich von Visso von der Staatsstraße 209 (Gole della Valnerina) abzweigt; Tafel: *»Ristorante il Casale«*. Auf dem Spielplatz bei der Chiesa della Neve darf gezeltet werden; Brunnen.
Gehzeiten: Insgesamt 8 Std. Colfiorito – Dignano: 1 Std. Dignano – Brunnenstube: 50 Min. Brunnenstube – Ende der Schotterstraße: knapp 1 Std. Von dort 3/4 Std. zur Straße Collattoni – Forcella. Straße – Poggio Martello: 1 Std. Poggio Martello – Croce: 2 Std. Croce – Mulini di Visso: 1/2 Std. Mulini di Visso – Saccovescio: 40 Min.
Einkehr unterwegs: *Dignano* (Bar mit Lebensmittelgeschäft); *Mulini di Visso* (Trattoria del Pescatore, Mittwoch geschlossen).
Wanderkarte: Kompasskarte 1:50000, Blatt 675 (Sentiero Europeo E 1, Tratto Umbro).

Casale Viola, eine Hirtenunterkunft zwischen Saccovescio und Monte Lungo auf der sechsten Etappe der GEA.

6 Ab Saccovescio dem Höhepunkt entgegen

In die Monti Sibillini

Tourencharakter: Unschwierige Wanderung. Bei Nebel Orientierungsprobleme.
Höhenunterschied: 1400 Meter.
Reine Gehzeit: 8 Stunden.
Beste Jahreszeit: Ende Mai bis Spätherbst.
Markierung: Rot-weiß-rot.

Als ob die Tür zur Außenwelt sanft hinter uns ins Schloß fiele, so verabschiedet sich Saccovescio. Noch sind die Lider schwer. Droben beim Brunnen, an dem der Schafhirte zwischen seinen Hunden sitzt, fließt bereits helles Licht über das riesige Mosaik aus Grüntönen. Der Süden, wo unsere Wünsche ruhen, scheint zu entschweben, ist aber verwurzelt im uferlosen Blau. Berge wogen in Reihen, endlos, könnte man meinen, weil man beim Laufen bescheiden wird. Jeder ist ein winziger Meilenstein im frischen Wind, weckt Gedankensplitter und Durst in der Hitze. Die Sonne läßt grüßen! Erst ganz zuletzt werden die Beine schneller, das Herz schlägt höher beim Anblick des unvergleichlichen Castelluccio, das im Abendlicht zwischen kantigen, würfelähnlichen Schatten eine Wärme ausstrahlt, die es eigentlich gar nicht besitzt in seiner Herbheit.

Der Wegverlauf

Bei der kleinen Piazza vor der Kirche geht es halb links, in 5 Minuten zum Kirchlein **Madonna della Neve** mit Brunnen. Rechts ansteigen. Nach 10 Minuten an der Gabelung links halten, auch weiterhin auf dem breiten Weg, rechts an einer *Viehtränke* vorbei. Wir schauen zurück auf einen Teil der gestrigen Etappe. In der Tiefe die wilden Gole della Valnerina.

Knapp eine Stunde nach der Ortschaft nimmt man an der Wegeteilung (1100 m) die obere Trasse durch niedrig bewachsenes Gelände, in einer ½ Stunde zu einer Viehtränke (kein Trinkwasser). Anschließend im idyllischen **Fosso di Morcionara** zu einer aussichtsreichen Kuppe (1379 m) als östlicher Monte-Moricone-Ausläufer, mit Schafpferchen. Von Saccovescio 1¾ Stunden.

Angesichts des markanten Monte Cardosa abwärts, in 5 Minuten zu einem Querweg; links der *Casale Marinella* (1328 m). Wir laufen rechts, identisch mit *Nummer 8* der Sentieri Valnerina. Genußvolles Schlendern über dem Valle di Visso, an dessen Hängen gemauerte Hirtenunterkünfte verstreut sind. Rechts, oberhalb, steht der **Casale Viola** (1263 m). An dieser Stelle kürzen die Farbzeichen eine Wegschleife nach links ab. Dann aber nicht mit dem Almgüterfahrweg (nach Collescille): an der Rechtskurve *links* in eine Mulde, aus welcher wir den Rücken des **Monte Lungo** (1252 m) gewinnen. Westlich erscheint der Torre Collescille, östlich liegen die Hänge des Poggio Valcagora – unser nächstes Gipfelziel. Die südlichste Kuppe des Monte Lungo wird halb links umgangen, absteigend in den Sattel (1200 m), den der Almgüterfahrweg von Collescille überquert. Ab Saccovescio 2½ Stunden.

Links erwartet uns das Hochtal von **Acquaro**. Nach 5 Minuten rechts. In Höhe der gemauerten Hütte zeigen die Farbzeichen rechts talein. Ungefähr 5 Minuten auf dem breiten Wiesenweg. Dann links bzw. rechts des zunächst noch ausgeprägten Weges, allein von Farbzeichen geleitet am Rand der Böschung. Vor dem Tälchen links, bald auf einen Querweg stoßend, dem man links ¼ Stunde folgt.

Unverhofft zweigt die Route rechts ab, führt spurlos, aber gut markiert zur Höhe des **Poggio Valcagora** (1473 m). Ein kleiner Steinmann ist geschichtet. Von Saccovescio 3¾ Stunden.

Auch weiterhin sind die Farbzeichen zu suchen: ostwärts 5 Minuten bergab zum *Croce di Cardosa* (1407 m) vor der Schotterstraße Visso – Castelsantangelo. Jenseits erhebt sich der markante Monte Cardosa.

Rechtsschwenk, schwach südöstlich. Den beiden Kuppen des Poggio di Fonte Chiusa weicht die Route aus und senkt sich in einen Sattel an der Grenze zwischen Umbrien und den Marken. Jetzt sind es noch 25 Minuten

Im einsamen Valle di Visso beginnt der Gegenanstieg zu den Gipfeln nördlich von Castelluccio.

auf den **Monte La Bandita** (1563 m). Der Gegenanstieg zum **Colle Ramacete** (1636 m) dauert 1/4 Stunde. Ohne auf Markierungen achten zu müssen, überschreitet man ganz einfach den Kamm **Monte Prata** (1652 m) – **Monte Colventoso** (1725 m). Beim **Monte Fausole** (1753 m) geht es zwischen den zwei Erhebungen hindurch, geradeaus hoch in den Sattel östlich des *Monte delle Rose*. Das war heute die letzte Steigung: 1 1/2 Stunden vor Castelluccio. Geradeaus dem breiten Weg folgen. Herrliches Finale! Links der breitgelagerte Monte Lieto und das Valle di Canatra. Rechter Hand das Patinotal als »Fenster« gegen Norcia.

Kurz nach einer Wellblechhütte (Autowrack) wird der Wiesenweg halb rechts verlassen. Die Farbzeichen führen rechts an der teilweise felsigen Kuppe vorbei, ohne Höhenverlust in eine Scharte (1743 m). Von Castelluccio trennen uns noch 45 Minuten.

Zu Füßen des Wanderers liegt am Auslauf des zentralen Sibillini-Stockes der faszinierende Piano Grande, Bestandteil der nach dem Fucinobecken (Tour 34) zweitgrößten geschlossenen Karst-Hochebene Italiens; ausführlich bei Tour 9.

Die offizielle GEA führt über den *Poggio di Croce* (1833 m). Angenehmer ist aber das Tourenende auf dem *Fahrweg*, weil den landschaftlichen Eindrücken hingebungsvoller gehuldigt werden kann.

Nützliche Informationen

Ausgangsort: *Saccovescio* (724 m), siehe Zielort von Tour 5.
Zielort: *Castelluccio* (1452 m) gehört zu Norcia; siehe Tour 9. Von Norcia 29 km. An Werktagen Busse nach Norcia; letzte Abfahrt 14.25 Uhr. Albergo-Ristorante Sibilla, Mai bis September, Tel. 07 43/87 01 13, 87 01 54. Taverna Castelluccio, Sommermonate, Tel. 87 01 58, 87 01 00. Lebensmittelgeschäft. In der Taverna Castelluccio (Ristorante-Pizzeria) kocht Giuseppe vorzüglich, Mittwoch Ruhetag.
Gehzeiten: Insgesamt etwa 8 Std. Saccovescio – Acquaro: 2 3/4 Std. Acquaro – Poggio Valcagora: 1 Std. Poggio Valcagora – Monte delle Rose: 2 1/2 bis 2 3/4 Std. Abstieg nach Castelluccio: 1 1/2 Std.
Wanderkarte: Kompasskarte 1:50 000, Blatt 675 (Sentiero Europeo E1, Tratto Umbro).

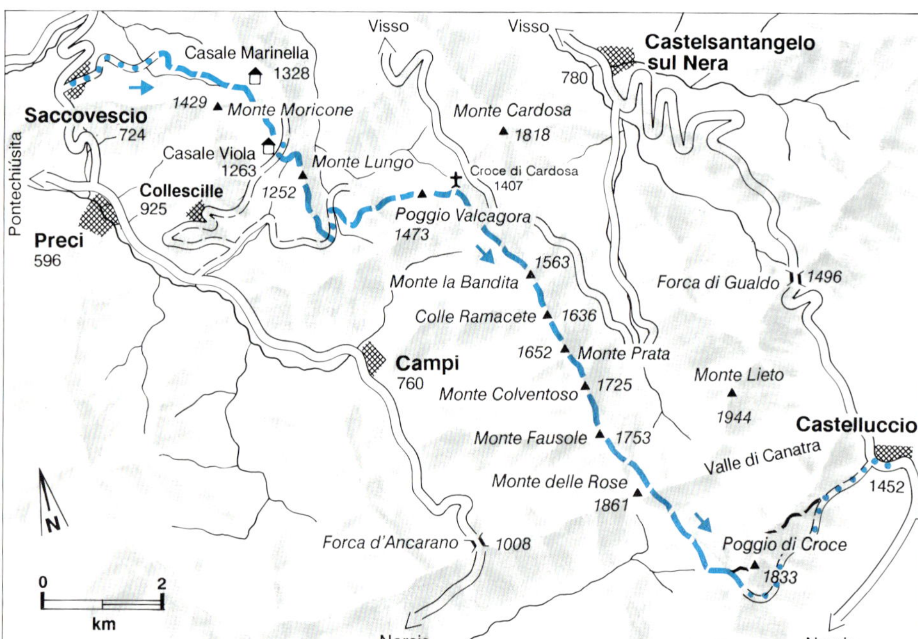

Der zentrale Bergkörper der Monti Sibillini von Nordwesten, vom Passo di Gualdo aus gesehen.

7 Lago di Pilato und Monte Vettore

Durch den Nationalpark Monti Sibillini

Tourencharakter: Unschwierig. Trittsicherheit notwendig. Bei Altschneeresten kann der Aufstieg vom Lago di Pilato an der »Roccette« problematisch sein!
Höhenunterschied: 1350 Meter (einschließlich Monte Vettore).
Reine Gehzeit: 6¾ bis 7 Stunden in die Forca di Presta. Rückweg nach Castelluccio knapp 2 Stunden.
Beste Jahreszeit: August und September.
Markierung: Rot-weiß-rot.

Epilog des Apennin-Höhenweges in Umbrien: Er könnte eindrucksvoller nicht sein als in der Herzkammer des Sibillinischen Gebirges, das den Kern des 1990 eröffneten Parco Nazionale dei Sibillini (72000 Hektar) bildet. Am Schluß dieser Etappe, mit dem Erreichen der Forca di Presta, erwartet uns die Region Marken (ital. Marche). Soll man weiterlaufen und den Kelch ausschöpfen, 3 Stunden bis in die umbrisch-märkische Forca Canapine? Sinnvoller wäre der Westkamm über dem Lago di Pilato, aus der Sella delle Ciaule. Punta di Prato Pulito (2373 m), Cima del Lago (2422 m), Cima del Redentore (2448 m), Cima del Osservatorio (2350 m), Quarto San Lorenzo (2247 m) heißt der Gipfelreigen, an dessen Ende die vom Hinweg bekannte Forca Viola lagert. Die Spuren sind rot markiert; der zeitliche Aufwand beträgt etwa 2½ Stunden. In diesem Falle fährt man von Castelluccio zur Casale Ghezzi mit dem Auto. Fazit: kürzere Gehzeit wie die Grundkonzeption mit Straßenmarsch Forca di Presta – Castelluccio, allerdings anstrengender.

Das bezaubernde der *»Traversate Sibilliniche«* ist mehr suggestiver als bergsteigerischer Art. Im Lago di Pilato habe sich Pontius Pilatus, römischer Prokurator und verantwortlich für die Kreuzigung Jesus', ertränkt. Eine andere Version lautet, sein Leichnam sei dort versenkt worden. Geheimnisvolles Flair umwebt das versteinerte Reich der Sibyllen, weiser Frauen des Altertums.

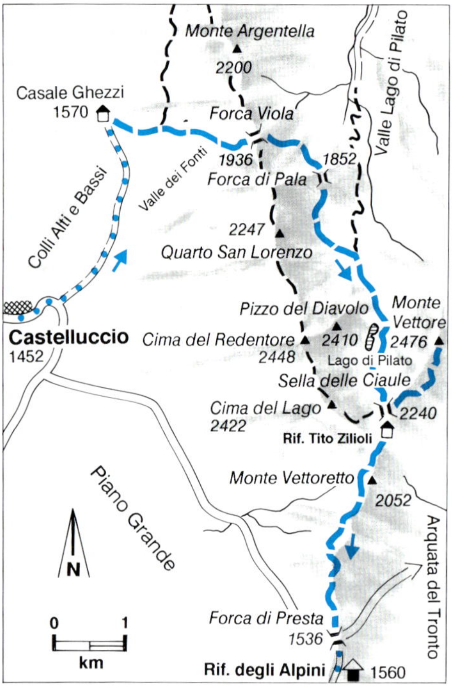

Der Wegverlauf

In **Castelluccio** (1452 m) vom *Hotel-Ristorante Sibilla* auf der Straße in Richtung Norcia ¼ Stunde abwärts. Etwa 100 Meter nach der Rechtskurve (1340 m) biegt man links in den breiten Fahrweg ein und folgt ihm nordöstlich durch eine Trockenmulde der *Colli Alti e Bassi*, bald mäßig bergan zu einer großen gemauerten **Schäferhütte** (1570 m); rückseitig die geschlossene *Casale Ghezzi* des CAI Perugia.

Beim *Brunnentrog* halb rechts mit Trittspuren in 10 Minuten hinauf zu einem ausgetretenen schmalen Querweg. Rechts weiter bergan, fast schnurgerade, zur Weggabelung in einem Sattel (1700 m) der *Pianacce-Wiesen*. Ein Hinweis: *Markierung 5* leitet halb links über Passo di Sasso Borghese – Monte Porche – Cima Vallelunga zum *Monte Sibilla* (2173 m), an dem die Grotta delle Fate gähnt, jene Höhle, in welche die Zauberin Sibilla verbannt worden war, weil sie sich zur Muttergottes erheben wollte.

Unsere Route (*Wegnummer 2*) führt aus dem Sattel rechtshaltend kurz abwärts in das Valle delle Fonti, um anschließend den linken, rot bezeichneten Hangpfad zu nehmen. Die Traverse beschert anhaltend schöne Blikke auf Castelluccio. Ungefähr 2¼ Stunden nach Castelluccio wird die **Forca Viola** (1936 m), ein breiter Wiesensattel, gewonnen. Beim Markierungsstein kreuzt man die großzügige, mit »1« bezeichnete Kammroute. Jenseits liegt das rund sechs Kilometer lange Valle Lago di Pilato. Dorthin senkt sich der Fosso del Miracolo. Den Kamm gegenüber bildet der Grat zwischen Monte Torrone und Monte Banditelle.

Abwärts in Serpentinen, etwa 5 Minuten. Dann rechts um Felsen herum und zwei Mulden ausgehen. In der Tiefe, nordöstlich, erscheinen die Häuser des Dorfes Foce. Etwa 20 Minuten nach dem Sattel öffnet sich der Blick in den Talschluß. Erneut wird Höhe verloren. Über die **Forca di Pala** (1852 m) in den Osthang des Quarto San Lorenzo und auf den Talboden (1763 m) oberhalb der Capanna Piscini; von der Forca Viola etwa 40 Minuten.

Gegenanstieg mit dem von Foce kommenden *Weg Nummer 3* ins Amphitheater der Monti Sibillini. Nach knapp ½ Stunde später erkennt man rechts oben im Nordostgrat des Pizzo del Diavolo (IV+) den markanten Felsturm Gran Gendarme; zu seinen Füßen eine Biwakhöhle für vier Personen.

Empor über die Endmoräne in den glazialen Karstkessel des **Lago di Pilato** (1940 m), der im Sommer aus zwei fünf bis sieben Meter tiefen Seen besteht; die Wassertemperaturen schwanken zwischen fünf und zehn Grad. An das Ufer nicht näher als zwei Meter herangehen! Parkwächter kontrollieren während der Saison. Westlich imponieren die 200 Meter hohen Ostabstürze des Pizzo del Diavolo, in denen Genußklettereien verlaufen, beispielsweise die Direttissima (IV+) und die Via Vittorini Berardi (IV). Von Castelluccio 3½ Stunden.

Weg in den Hochkarkessel des Lago di Pilato. Links von der breiten Sella di Ciaule erhebt sich der Monte Vettore.

Fortsetzung der Route am Ostufer: *Wegnummer 3.* Die gut erkennbaren Spuren führen durch Geröll in Richtung des Felsgürtels. Dort rechtshaltend, stellenweise felsig, zur kleinen Kanzel *»Roccette«*. Es folgt eine grasige Rinne, die sich oben trichterförmig öffnet. Schrofiges Gelände bringt uns in die aussichtsreiche **Sella delle Ciaule** (2240 m). Etwas unterhalb bietet das *Rifugio Tito Zilioli* (2238 m), zum Gedenken an einen Kletterer aus Ascoli, notdürftigen Unterschlupf. Der dreiviertelstündige Gang auf den *Monte Vettore* (2476 m) ist in Tour 8 beschrieben.

Wieder im Ciaulesattel, sind seit dem Aufbruch in Castelluccio etwa 5½ Stunden verstrichen. Anschließend südseitig des Sattels über die Wiesen des *Prato Pulito* hinab zum **Monte Vettoretto** (2052 m), dessen Kuppe rechts umgangen wird. Durch Geröll zum *Zilioli-Kreuz.* Den nächsten Kuppen weicht der Pfad links aus. Danach folgt er der *Costa le Particelle,* zuletzt an einem Holzkreuz vorbei in die *Forca di Presta* (1536 m), 400 Meter vor dem *Rifugio degli Alpini.* Vom Gipfel 1¾ Stunden. Hier endet der Apennin-Höhenweg.

Bis Castelluccio sind es auf der Straße 8 Kilometer; 200 Meter nach der Forca di Presta rechts ein Brunnentrog.

Nützliche Informationen

Ausgangsort: *Castelluccio* (1452 m); siehe Zielort Tour 6.
Gehzeiten: Insgesamt knapp 7 Std. zur Forca di Presta. Castelluccio – Casale Ghezzi: 1¼ Std. Casale Ghezzi – Forca Viola: 1 Std. Forca Viola – Lago di Pilato: 1¼ Std. Lago – Sella delle Ciaule: 50 Min. Sella delle Ciaule – Monte Vettore: ¾ Std. Gipfel – Forca di Presta: 1¾ Std.
Einkehr unterwegs: *Rifugio degli Alpini* (1560 m), 400 m südlich der Forca di Presta, 30 Schlafplätze, meist nur im August geöffnet; Tel. 07 36/6 47 80.
Wanderkarten: Kompasskarte 1:50 000, Blatt 666 (Monti Sibillini); Carta dei Sentieri 1:25 000, Blatt Monte Vettore; erhältlich im Albergo-Ristorante Sibilla, Castelluccio.
Spezialschrifttum: *Alesi/Calibani,* Parco Nazionale dei Sibillini. Le più belle escursioni. Foligno 1992. Erhältlich wie Wanderkarten.

8 Monte Vettore, 2476 Meter

König der Sibillinischen Berge

Tourencharakter: Unschwierig. Bei Nebel Orientierungsprobleme, vor allem zwischen Sella delle Ciaule und Gipfel.
Höhenunterschied: 940 Meter.
Reine Gehzeit: 2½ bis 2¾ Stunden Aufstieg.
Beste Jahreszeit: Juli bis Oktober.
Markierung: Rot.

Die Monti Sibillini mit ihren 72 Gipfeln sind der nördliche Teil des Appennino Centrale und nach dem Gran Sasso, der Maiella und dem Monte Velino das höchste Apenningebirge. Kulminationspunkt auf umbrischem Boden ist die Cima del Redentore (2448 m), auch Scoglio del Lago genannt, östlich von Castelluccio in der massigen Barriere über dem Piano Grande. Der König der Gruppe sowie des gleichnamigen, 1990 eingerichteten Nationalparkes auf 72 000 Hektar ist jedoch der Monte Vettore, der zur Region Marken gehört. Das sollte uns aber nicht hindern, dem meistbesuchten Gipfel der »Sibillini« Aufmerksamkeit zu schenken. Dies geschieht üblicherweise von der Forca di Presta aus, sofern er nicht in Tour 7 »eingebaut« wird.

Um das ganze Ausmaß seiner Größe zu erfassen, muß man den Stock von Südosten betrachten, wo kaskadenähnlich eine zerrissene, fast 1000 Meter hohe Flanke abstürzt. Sie birgt extreme Kletterführen. Auch dort versteckt sich, wie am Monte Sibilla (Tour 7), eine Grotta delle Fate (Feengrotte), welche mit der Zauberin Sibilla in Verbindung gebracht wird. Die Örtlichkeit heißt Aia della Regina, wörtlich übersetzt »Tenne der Königin«, womit die legendäre Magierin gemeint ist.

Erster verbürgter Besteiger des Monte Vettore war Damiano Marinelli, wohnhaft in Florenz. Er gelangte im März 1876 in Begleitung zweier Einheimischer ans Ziel und nahm auch noch die Cima del Redentore mit. Fünf Jahre später wurde Marinelli mit dem Schweizer Führer Ferdinand Imseng beim Versuch der dritten Durchsteigung der

An der Forca di Presta, dem Beginn des üblichen Anstieges zum Monte Vettore (rechts), der das Sibillinische Massiv beherrscht.

Monte-Rosa-Ostwand von einer Eislawine in den Tod gerissen, was für Schlagzeilen in der alpinen Presse sorgte.

Der Wegverlauf

Am Scheitel der Straße über die **Forca di Presta** (1536 m) nördlich hinauf zu einem Holzkreuz und den roten Farbzeichen folgen, etwas links der stumpfen *Costa le Particelle*. Nach ½ Stunde betritt man die Grenze zwischen Umbrien und den Marken. Etwa ¼ Stunde später wechselt die Route in die Ost-

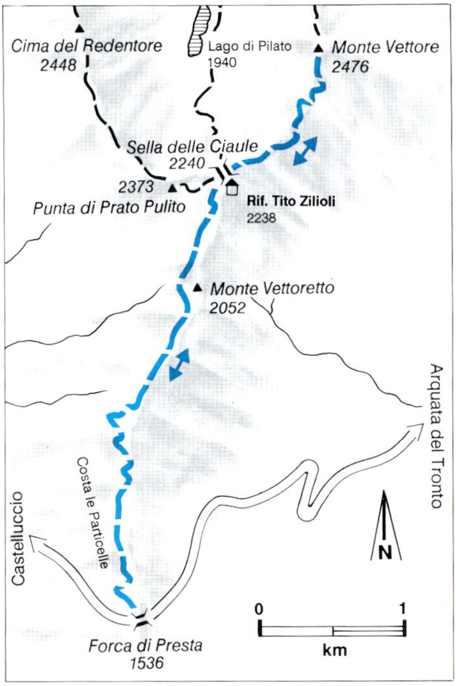

flanke des Rückens und erreicht das *Gedenkkreuz* für Tito Zilioli am Auslauf eines steilen Geröllfeldes, durch das es schräg links hoch geht. Die Kuppe des Monte Vettoretto wird links umgangen, in die den Rücken unterbrechende *Forcella Valle Santa* (2045 m). Aus ihr schwach rechtshaltend über die Hänge des *Prato Pulito* ist es noch $^{1}/_{2}$ Stunde zum bereits sichtbaren **Rifugio Tito Zilioli** (2238 m), das infolge seines vernachlässigten Zustandes nur bedingt Unterschlupf erlaubt. Vom Ausgangspunkt knapp 2 Stunden.

Wir sind in der **Sella delle Ciaule** (2240 m), im Hufeisenbogen der zentralen Monti Sibillini. Jenseits öffnet sich der großartige Kessel mit dem Lago di Pilato zu Füßen des Pizzo del Diavolo. Aus dem Sattel schwach nordöstlich, geleitet vom Kammrücken, nach 20 Minuten etwa links davon, in 45 Minuten zur Aussichtswarte **Monte Vettore** (2476 m). Rund 500 Meter tiefer gucken die dunklen Augen des Lago di Pilato aus dem Kargeröll.

Günstigster Ausgangsort für die Monti Sibillini bzw. den Monte Vettore ist das pittoreske, 1452 Meter hoch gelegene Dörfchen Castelluccio.

Nördlich streckt sich der Grat über den Monte Torrone zum Monte Banditello, einem reizvollen Tourenziel.

Im Süden, 1700 Meter unterhalb des Gipfels, wacht das von einer mittelalterlichen Burg gekrönte, 1440 mit Stadtrechten begabte Arquata del Tronto über die Via Salaria: »99 Meilen von Rom« (147 km) verrät ein in der Fraktion Trisungo gefundener antiker Meilenstein. Und im Südosten – 45 Kilometer Luftlinie – lockt der Gran Sasso!

Nützliche Informationen

Anfahrt: Von Norcia zunächst in Richtung Castelluccio; vor der Ortschaft rechts (6 km) zur Forca di Presta; ab Norcia 33 km. Brunnentrog 200 m nordwestlich an der Straße.
Ausgangspunkt: *Forca di Presta* (1536 m): Straßensattel am Südrand der Monti Sibillini.
Parken: Entweder an der Forca di Presta oder an der Straße zum Rifugio degli Alpini.
Gehzeiten: Aufstieg: $2^{1}/_{2}$ bis $2^{3}/_{4}$ Std. Forca di Presta – Sella delle Ciaule: knapp 2 Std. Sella delle Ciaule – Gipfel: $^{3}/_{4}$ Std. Abstieg: $1^{3}/_{4}$ bis 2 Std.
Übernachtung und Verpflegung: *Castelluccio* (8 km), siehe Tour 9. *Rifugio degli Alpini,* 400 m südlich der Forca di Presta, nur im August bewirtschaftet, 30 Schlafplätze; Tel. 07 36/6 47 80. In *Arquata del Tronto.*
Sehenswürdigkeiten der Umgebung: Auf umbrischer Seite siehe Tour 9. – In den Marken bzw. der Provinz Ascoli Piceno: *Arquata del Tronto,* 2475 Einwohner, Fremdenverkehrsort im Trontotal 12 km von der Forca di Presta. Ursprünglich besiedelt durch Sabiner, einem von den Umbrern abstammenden Volk. Burg *(Rocca)* aus dem 12. Jahrhundert, verstärkt unter Königin Johanna II. von Neapel im 15. Jahrhundert. Rathaus und Häuser *(Via Gallo)* des 17. Jahrhunderts. Im Ortsteil Borgo die Kirche San Salvatore.
Auskunft: Comune di Arquata del Tronto, I-63043 Arquata del Tronto.
Wanderkarten: Kompasskarte 1:50 000, Blatt 666 (Monti Sibillini); Carta dei Sentieri 1:25 000, Blatt Monte Vettore. Erhältlich in Castelluccio (Albergo-Ristorante Sibilla).
Spezialschrifttum: *Alesi/Calibani:* Parco Nazionale dei Sibillini. Le più belle escursioni. Foligno 1992. Erhältlich wie Wanderkarten.

9 Monte Lieto und Monte delle Rose

Gipfelziele um Castelluccio

Tourencharakter: Unschwierige Rundwanderung.
Höhenunterschied: 800 Meter.
Reine Gehzeit: $5^1/_2$ Stunden.
Beste Jahreszeit: Anfang Juni bis Herbst.
Markierung: Rot-weiß.

Wenn sich der Bergkönig Monte Vettore und seine Trabanten noch grimmig in weißem Schneekleid ihrer Haut wehren – manches Jahr bis Anfang Juli –, ist auf den westlichen Nachbarn schon die Wandersaison angebrochen. Sie sind eine touristische Alternative und allesamt leicht zu ersteigen. Als höchster Gipfel bildet der Monte Lieto einen Gegenpart zum Monte Vettore. Er mißt wohl 500 Meter weniger, geizt aber nicht mit Panoramablicken.

Castelluccio ist nach dem trüben Winterschlaf aus monatelanger Starre erwacht, die das Frühjahr erlöst. Am zweiten Junisonntag schmückt sich das graue Dorf zur *»Fiorita«* mit Blumen. Schafe kommen auf die Weiden. Früher lebte das heute höchstgelegene bewohnte Dorf Italiens hauptsächlich von seinen Hirten. Zwischen November und April war man völlig abgeschnitten von den Tälern.

Castelluccio zählte 1973 fast 350 Einwohner, 1993 gerade noch 140 (im Winter 30), vorwiegend Alte. Sie stehen herum, reden gestikulierend, schauen, was sich so tut den lieben Tag lang. Etliche sitzen am Metalltisch vor dem Ristorante, spielen Karten. Hirtenhunde dösen unter geparkten Autos. Keine Spur von Hektik. Es ist eine eigene, archaisch anmutende Welt.

Die Glocke der 1992 restaurierten Kirche schlägt nur mehr die Stunden; früher wies ihr Läuten bei Nebel den Weg ins Dorf. An der Durchgangsstraße verraten kalkweiße, stark mundartlich gefärbte Wandaufschriften verklungenes Intimes. Wer hat wem die Hörner aufgesetzt? Wer ist mit wem heimlich liiert? Witzige, deftige und böse Sprüche als eine Art lokale Klatschpresse.

Der Wegverlauf

Am nördlichen Ortsrand von Castelluccio biegt man von der Straße (nach Visso) halb links ab und schlendert auf einem Fahrweg in das anmutige **Valle Canatra** zu Füßen des Monte Lieto. Westlich ist bereits die Kerbe des Passo Rapegna sichtbar. Nach 20 Minuten befindet sich links an einem Baum ein Marienbildstock. Etwa 5 Minuten später rechts. Die *Fonte Valle Canatra* (Quellbrunnentrog, 1367 m) bleibt zurück. Wir dringen tiefer in das Tal ein. Der Weg steigt an. Pfingstrosen blühen. Ungefähr eine Stunde nach Castelluccio muß man sich an der *Gabelung* (1570 m) rechts halten. Der Wald gibt uns frei. Rückblickend erscheint das Zentralmassiv der Monti Sibillini. An der nächsten Wegeteilung ebenfalls halb rechts und einen Rücken überschreiten. Durch ein Waldstück. Es wird von einer Wiese abgelöst. Wenig später senkt sich der Weg einige Meter. Dann halb rechts dem Pfad folgen bzw. den Hang queren in den **Passo Rapegna** (1683 m), der Grenze zwischen Umbrien und den Marken.

Nun weglos am stumpfen Südwestrücken des Bergstockes in $^1/_2$ Stunde zum *Monticello*. Kurz abwärts, dann auf dem felsbesetzten Rücken auf den **Monte Lieto** (1944 m). Im Norden grüßen die überragenden Gipfel des Monte Bove. Östlich staut sich über dem Piano Perduto und den Colli Alti e Bassi der Wall der zentralen Monti Sibillini. Von Castelluccio $2^1/_4$ Stunden.

Wieder hinunter in den **Passo Rapegna** und mit dem Hangpfad zur Aufstiegsroute. Rechts weiter. Nach 5 Minuten endet der breite Weg. Vollends hoch zum Bergrücken. Links weglos durch einen schmalen Laubwaldgürtel. Anschließend auf felsbesetztem Grashang zum kleinen Steinmann von *Punkt 1817*.

Jenseits in einen Sattel, wo der Umbrien-Höhenweg der Grande Escursione Appenninica gekreuzt wird (siehe Tour 6). Südwestlich bzw. linkshaltend in 10 Minuten auf den **Monte delle Rose** (1861 m). Das Kreuz des nahen Monte Patino zeigt die Blickrichtung nach Norcia durch das Valle di Patino. Von Castelluccio $3^1/_2$ Stunden.

Wieder auf dem *Umbrien-Höhenweg*, marschieren wir gen Süden, wo in der Ferne

Durch das Valle di Canatra führt ein bequemer Schotterweg in Richtung Monte Lieto (1944 m).

der Gran Sasso schimmert. Rechts vorbei an einer Wellblechhütte und einem Autowrack. Kurz danach wenden sich die rot-weißen Farbzeichen halb rechts ab vom Wiesenweg. Die folgende Kuppe wird rechts (westlich) eben umgangen, hin zu einer breiten *Scharte* (1743 m), hoch über dem sieben Kilometer langen Piano Grande. Er bildet mit dem Piano Perduto nördlich von Castelluccio die zweitgrößte Karst-Hochebene Italiens nach dem Fucinobecken. Im südlichen Piano Grande ist deutlich der Fosso di Mergani erkennbar, und zwar an der dunkleren Färbung des Grases. Dieses Grabensystem ermöglicht den Abfluß der Schneewässer. Außerdem wächst hier endemisch eine erst in den siebziger Jahren entdeckte Segge – *Carex Buxbaumii* – als Relikt der Eiszeit. Vom Monte delle Rose 50 Minuten.

Aus der Scharte links, in 5 Minuten zu einem Fahrsträßchen queren, das uns nach Castelluccio zurückbringt. Im Juni/Juli leuchtet auf dem Piano Grande das violette Blau der Linsenblüten. Die Linsen werden nach natürlichem Wachstum, also unbehandelt und biologisch einwandfrei, Ende August bis Anfang September geerntet, in Büscheln gedroschen und verkauft, auch an Ort und Stelle: *»lenticchie di Castelluccio«*, Kilopreis etwa 20 Mark.

Östlich erfüllt der Sibillinikamm zwischen Cima del Lago und Quarto San Lorenzo das Blickfeld. Man passiert den Startplatz der Drachenflieger. Schließlich Castelluccio, das Wolkendorf. So eindrucksvoll wie von keiner anderen Stelle!

Nützliche Informationen

Anfahrt: Aus Umbrien über Norcia, von dort 29 km auf breiter Asphaltstraße. Von Visso (Region Marken) 22 km. Von Perugia 128 km, von Spoleto 77 km, von Terni 97 km, von L'Aquila 148 km. Busverbindungen mit Norcia ab Porta Ascolana (über Forca Canapine) an Werktagen, allerdings nicht täglich.
Ausgangsort: *Castelluccio* (1452 m).
Parken: Piazza della Fontana, an der Durchgangsstraße.
Gehzeiten: Insgesamt etwa 5½ Std. Castelluccio – Passo Rapegna: 1½ Std. Passo Rapegna – Monte Lieto: ¾ Std. Monte Lieto –

Monte delle Rose: 1¼ Std. Monte delle Rose – Castelluccio: knapp 2 Std.
Unterkunft und Verpflegung: Siehe Tour 6 unter Zielort. *Hotel La Fiorita*, 7 km in Richtung Visso (2 km vom Campingplatz). Kulinarische Attraktion der Piazza: Marco d'Annunzio in der *Botique del Pecoraro*; Montag nachmittag geschlossen. Der Mann, den eine Hakennase und überschäumendes südliches Temperament charakterisieren, der stolz ist auf seine Filmrolle als Bergbandit, preist die Köstlichkeiten Norcias in der Manier des »Billigen Jakob«: Salami, würzigen Wildschwein-Schinken, zarte Linsen aus Castelluccio, Quark aus Schafmilch sowie *»pecorino locale«* (milden, in einem Bett aus Kleie gereiften Schafkäse in Birnenform) und *»coglioni di mulo«*, Maultier-Hoden. Nebenan bietet das *Café Vignola* feinstes Speiseeis eigener Herstellung. Ebenfalls leckeres Eis und Bier vom Faß: *Bar-Gelateria Roma* (Via Roma 1). Für die Brotzeit ein »panino« aus dem Spezialitätenladen *»Fantasie Nursine«* (Piazza Vittorio Veneto). Pizze (nur abends) in der *Taverna del Boscaiolo* (Via Bandiera 9). Ausgezeichnete Küche bei Vittorio Battilocchi, Wirt der *Trattoria dal Francese* (Via Riguardati 16). Bio-Lebensmittel Claudia Marucci (Via Roma 26), an der Porta Ascolana.

Linsenverkauf während der Ernte auf der Hochebene von Castelluccio.

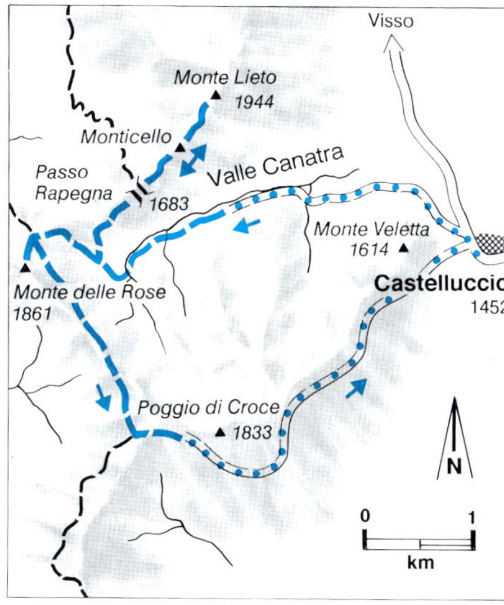

Der Autor nächtigte zufrieden im Hotel-Ristorante *Garden*, Tel. 81 66 87, 81 67 26, sowie im Hotel-Ristorante *Palatino* (eigener Parkplatz), Tel. 81 73 43, 81 67 13. Zu letzterem gehört die Norcineria Lanzi mit Schinken-, Salami- und Käseproduktion. Direktverkauf.
Camping: *Monte Prata*, 9 km in Richtung Visso, Juni bis September, Tel. 07 37/98 28.
Sehenswürdigkeiten der Umgebung: *Norcia* (604 m), 4787 Einwohner: In mittelalterlichem, zwei Kilometer langen, annähernd herzförmigen Mauergürtel südwestlich der Monti Sibillini auf dem amphitheaterähnlichen Piano di Santa Scolastica gelegen. Landesweit berühmte Schweinefleisch-Produkte. Von Spoleto (nächster Bahnhof, Busverbindungen; Bahnlinie 1968 stillgelegt) 48 km, von Terni 67 km, von Perugia 99 km. Parken am Altstadtrand.
»Nursia« hatte 292 v. Chr. römisches Stadtrecht erhalten. Vor der Unterwerfung durch Rom war es ein bedeutender Ort der Sabiner. Seit 70 v. Chr. existierte eine jüdische Kolonie. Mitte des 3. Jahrhunderts verkündete der hl. Feliciano das Christentum. Mittelpunkt der Stadt ist die *Piazza San Benedetto* mit einer Statue des hl. Benedikt. Er gilt als Vater des abendländischen Mönchtumes. Seine Mission fand ihren Höhepunkt in Montecassino, wo die Ordensregel verkündet wurde: »*Ora et labora*«, bete und arbeite. Geboren wurde der Heilige zusammen mit seiner Zwillingsschwester Scholastika im Jahre 480 am Platz der im späten 14. Jahrhundert erbauten Kirche *San Benedetto*. In der Krypta deutschsprachige, kurzgefaßte Information. Das Altarbild im linken Querarm der Oberkirche zeigt den Ostgotenkönig Totila vor Benedikt kniend. Aus dem linken Querarm geht es zu römischen Mauerresten des ersten und zweiten nachchristlichen Jahrhunderts. Angebaut an die Kirche ist die *Loggia dei Mercanti*; steinerne Getreide-Maßgefäße bis 100 Liter. Den *Palazzo Comunale*, der die Ostseite des Hauptplatzes bildet, zieren ein mittelalterlicher Portikus und eine elegante Fassadenloggia. Beherrscht wird die Piazza von der päpstlichen Zwingfeste *Castellina* (Museum 1993 im Umbau) auf quadratischem Grundriß, entstanden in der Spätrenaissance (1554–1563) durch Giacomo Barozzi da Vignola, Nachfolger Michelangelos als Bauleiter der Peterskirche in Rom. Der schräge Winkel des unteren Mauerwerkes soll Erdbebenschäden verhindern, unter denen Norcia immer wieder leidet, letztmals 1979. Deshalb darf seit 1859 offiziell kein Haus höher als 12,50 Meter sein, was jedoch in jüngster Zeit nicht mehr überall der Fall ist. Beim Bau des Kastells wurde die vom hl. Feliciano auf einem römischen Tempel errichtete Kirche Santa Maria Argentea abgerissen. Im neuen (1560) »Dom« *Santa Maria Argentea* (das ehemalige Bistum Norcia gehört zu Spoleto), nach Erdstößen mehrmals umgebaut, ist das Seitenportal der Vorgängeranlage integriert.
Fahrradverleih: Juli/August und Anfang September vor der Porta Romana. Dort beginnt auch ein gut markierter Rundwanderweg über Ospedaletto (Nr. 4): 8,4 km, Steigung 500 m.
Auskunft: Associazione Turistica pro Nursia, Piazza San Benedetto, I-06046 Norcia, Tel. 07 43/81 67 01.
Wanderkarten: Kompasskarte 1:50 000, Blatt 666 (Monti Sibillini); Carta dei sentieri 1:25 000, Blatt Monte Vettore. Erhältlich im Albergo-Ristorante Sibilla, Castelluccio.
Spezialschrifttum: *Alesi/Calibani:* Parco Nazionale dei Sibillini. Le più belle escursioni. Foligno 1992. Erhältlich wie Wanderkarten.

Der Pian dei Pantanelli am »Dreiländereck« Umbrien–Marken–Latium.

10 Monte dei Signori und Monte Utero

Beginn des Grande Sentiero del Lazio

Tourencharakter: Unschwierige Rundwanderung.
Höhenunterschied: 500 Meter.
Gehzeit: 3½ Stunden.
Beste Jahreszeit: Juni bis Herbst.
Markierung: Keine.

Die Forca Canapine, Grenze zwischen Umbrien und den Marken bzw. den Provinzen Perugia und Ascoli Piceno, wird von Tourismusmanagern als schneesicheres Wintersportrevier gelobt, was, wie überall, gleichbedeutend ist mit häßlich verbauter und rigoros zerstörter Natur. Die Eingriffe blieben jedoch auf die Nordseite der Forca konzentriert, der südliche Teil erlitt kaum Schäden. Hier, in den Monti di Cascia e di Norcia, nimmt der *Grande Sentiero del Lazio* seinen Anfang: 20 Tage durch die mittelitalienische Region Latium, die sich zwischen dem Tyrrhenischen Meer und den Abruzzen ausbreitet. Auf der Lazio-Route müssen gute 17000 Höhenmeter sowie über 100 Wanderstunden bewältigt werden. Die ersten, zum Monte Utero, sind identisch mit unserer Tour. Wer weitermarschieren will, braucht den Führer *»Il grande sentiero del Lazio«* von Fabrizio und Stefano Ardito (Edizioni Iter, I-67039 Subiaco, Via Dante Alighieri 22).

Ähnlich verhält es sich mit dem östlich u.a. durch den Gran Sasso ziehenden *Grande Sentiero d'Abruzzo* (siehe Literaturverzeichnis: De Santis/Romano), einem Teilstück des insgesamt 5000 Kilometer langen Sentiero d'Italia. Beide Wege treffen sich im Nationalpark Abruzzen.

Der Wegverlauf

Forca Canapine: Wenige Schritte vor der Grenztafel, von Norcia kommend, spaziert man auf dem südwestwärts führenden Fahrweg mäßig bergan, östlich des Monte Serra. Ungefähr 45 Minuten sind es in die breite **Forcella dei Pantani** (1607 m) am »Dreiländereck« Umbrien-Marken-Latium. Hier endet der Fahrweg im Wiesengelände. Südöstlich ruhen in der Mulde des Pian dei Pantanelli mehrere Tümpel. Algenbesatz läßt ihr Wasser in heißen Sommern rötlich leuchten. Häufig lagert an den Ufern Weidevieh, trottet über die Conca dei Pantani. Dorthin führen rote Farbzeichen des »Grande Sentiero d'Abruzzo«. Wir indes gehen *rechts*. Ein breiter Weg leitet am stumpfen Grasrücken ziemlich geradlinig hoch in 20 Minuten auf eine *Vorkuppe* (1756 m), von der es nicht mehr weit ist zum Gipfel des **Monte dei Signori** (1781 m). Im Nordosten dominiert der Monte Vettore. Nordwestlich liegt der Piano di Scolastica, dahinter Norcia. Südöstlich verspricht der Gran Sasso hochalpine Freuden. Vom Ausgangspunkt 1 ¼ Stunden.

Jenseits abwärts in die Senke (1708 m), wo man sich am *Grenzstein* Umbrien/Latium orientiert und im Gegenanstieg die *Kuppe 1769* gewinnt. Ihr schmaler Südrücken ist felsbesetzt. Zunächst links der Felsen, nach 5 Minuten rechts des Rückens weglos durch den Laubwald, vorbei an einem umgestürzten *Grenzstein* in die *Einsattelung* (1736 m) vor dem Monte Utero. Erneute Steigung: schwach rechtshaltend mit dünner Spur durch dichten Wald, dann über Wiesen auf den **Monte Utero** (1807 m). Von der Forca Canapine etwas mehr als 2 Stunden.

In ½ Stunde zurück über die Kuppe 1769 in den *Sattel* (1702 m) an der Basis des Monte dei Signori. Nun rechts dem breiten Weg wenige Minuten durch Wald folgen. Kurz vor der *Forca dei Copelli* (1626 m) geht es halb links, das heißt auf dem Weglein parallel zum etwas höher gelegenen Waldsaum in die *Forcella dei Pantani* (1607 m), wo uns der vertraute Fahrweg bis zur Forca Canapine übernimmt, etwa ¾ Stunden nach dem Aufbruch am Monte Utero.

Nützliche Informationen

Anfahrt: Von Norcia 21 km (werktags Busverbindungen, nicht täglich). Von Arquata del Tronto 17 km. Von L'Aquila 106 km.
Ausgangspunkt: *Forca Canapine* (1541 m): Paßsattel an den südlichen Ausläufern der Monti Sibillini, östlich von Norcia.

Auf dem Weg vom Monte dei Signori zum Monte Utero.

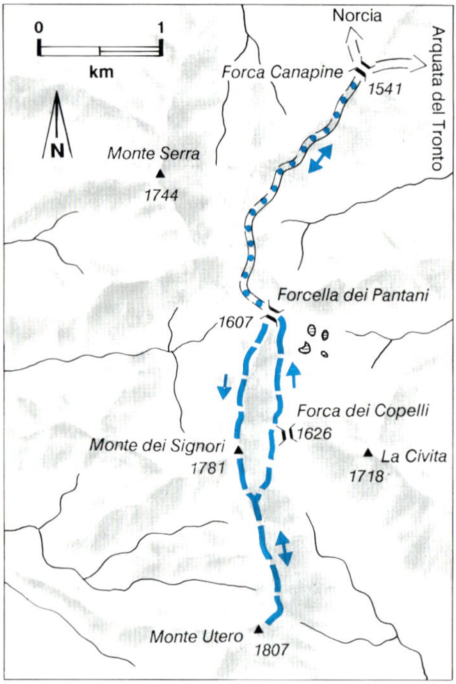

Gehzeiten: Insgesamt 3½ Std. Forca Canapine – Forcella dei Pantani: ¾ Std. Forcella dei Pantani – Monte dei Signori: ½ Std. Monte dei Signori – Kuppe 1769: 20 Min. Kuppe 1769 – Monte Utero: ½ Std. Rückweg knapp 1½ Std.
Unterkunft und Verpflegung: Empfehlenswert im gemütlichen *Albergo-Ristorante* von Ilda Lorenzetti, nordöstlich, 800 m nach der Forca Canapine, links an der Straße, ganzjährig, Tel. 07 36/80 81 12. Unweit davon *Rifugio Città di Ascoli Piceno* (1484 m), CAI, 26 Schlafplätze, Tel. 07 36/98 81 86; das *Albergo Canapine* in der Siedlung nordwestlich der Forca hat von Juni bis Oktober geöffnet; Tel. 07 43/81 65 08.
Camping/Caravaning: An der Forca Canapine möglich, kein Wasser.
Sehenswürdigkeiten der Umgebung: *Norcia, Castelluccio,* Tour 9. *Arquata del Tronto,* Tour 8.
Auskunft: Azienda di Promozione Turistica Valnerina-Cascia, Via G. da Chiavano 2, I-06043 Cascia, Tel. 07 43/7 14 01, 7 66 30.
Wanderkarte: Kompasskarte 1:50 000, Blatt 666 (Monti Sibillini).

11 Monte Cucco, 1568 Meter

Riesenreich der Höhlen

Tourencharakter: Unschwierige Rundwanderung. Trittsicherheit und Schwindelfreiheit ratsam. Vorsicht mit Kindern! In die Höhle führt zwar eine Eisenleiter (25 m), die jedoch abkletternd in nassem Fels (Schwierigkeitsgrad II) erreicht werden muß!
Höhenunterschied: 390 Meter.
Gehzeit: Etwa 1¾ Stunden.
Beste Jahreszeit: Juni bis Spätherbst.
Markierung: Rot.

Als der königliche Senator Gian Battista Miliani in der Zeitschrift des Club Alpino Italiano anno 1891 die erste Topographie des Monte Cucco und seiner Höhlen veröffentlichte, nannte er den Berg einen »Kavalier« zwischen den Regionen Umbrien und Marken. Miliani hatte sich 1883 in die furchterregende *»grotta«* des Monte Cucco gewagt, in der Hoffnung, Neuland zu betreten. Die Erwartung trog: »Ludovico 1551« war mit Kohle an die Wand geschrieben, »Andromando 1555« und »Mutio Flore a dì 11 agosto 1604«. Ludovico, vermutlich ein Mönch, ist der erste nachweisbare Mensch im Karstleib gewesen, konkret in der *»Cattedrale«*, die später durch eine Leiter zugänglich gemacht wurde. Dort sollten Laien ihren Forscherdrang zügeln, höchstens noch in die nahe *»Sala Margherita«* vordringen. Ihr Name erinnert an Margherita Mengarini. Sie gelangte 1892 unter Führung von Miliani in die Unterwelt. Während der nächsten 65 Jahre blieben erwähnenswerte Schritte aus. Dann fanden Höhlenforscher aus Perugia, Bologna und Terni eine Verästelung der »Sala Margherita«, entdeckten den *»Pozzo Terni«*. Der nächste Vorstoß erfolgte im August 1967. Und schon 1969 stießen Unermüdliche auf

Der Monte Cucco ist ausgehöhlt wie ein Schweizer Käse. Bisher wurde nur ein kleiner Teil der weitverzweigten Grotten erforscht, die zu den ausgedehntesten in Europa zählen.

den 200 Meter langen, 100 Meter hohen »*Salone Saracco*«. Diese Expedition führte 600 Meter Strickleitern samt 1000 Meter Seile mit. Eine Befahrung löste die andere ab. Die Ereignisse überschlugen sich geradezu. 1969 war man in eine Tiefe von 740 Meter vorgedrungen, 1974 in 922 Meter und hatte insgesamt 23 Kilometer erforscht. 1981: 820 Meter Tiefe, 26 Kilometer. 1987: 929 Meter. 1989: 935 Meter Tiefe. Ein Ende ist nicht abzusehen im ausgedehntesten Höhlensystem Italiens, dem fünftgrößten der Erde!

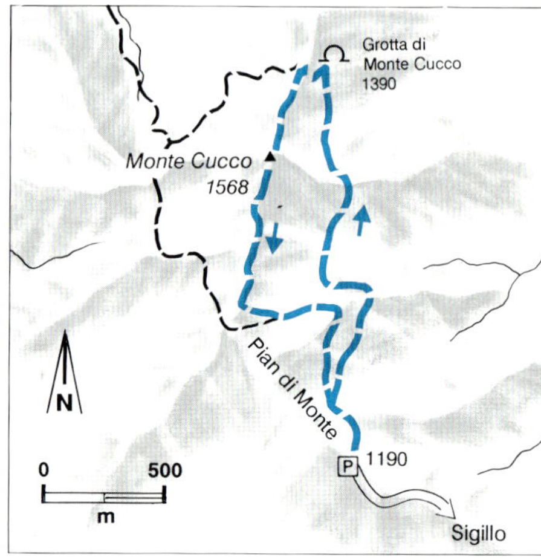

Der Wegverlauf

Vom Parkplatz nordwärts, Richtung Monte Cucco, über Weiden und halb rechts dem deutlichen Weg ansteigend am kahlen Bergkörper folgen. Südöstlich zeigen sich die Anlagen der italienischen Telefongesellschaft SIP auf dem Montarone, links davon der Monte Culumeo. Rechts öffnet sich das vorwiegend mit Buchen bestandene Val di Ranco. Nach ½ Stunde endet der breite Schotterweg. Nun auf schattigem Pfad, anschließend die steil abfallende Flanke queren. Plötzlich spürt man den kalten Atem der **Grotta di Monte Cucco** (1390 m): die Pforte ins düstere, unheimliche Reich, aus dem fröstelnde Feuchtigkeit kriecht.

Vor dem Höhlenloch links, durch das Felsentor. Auf einem Pfad im grasig-schrofigen Hang zum Nordrücken des Berges. Rund 400 Meter tiefer sieht man den Pian delle Macinare, hinter dem sich der Colle d'Orlando aufschwingt. Im Norden erkennt man das Sträßchen auf den Monte Catria, links der Monte Acuto, beide zu den Marken gehörend.

Nicht gerade mit der Hangtraverse bzw. Wegnummer 2, sondern linkshalten, aber nur etwa 5 Minuten. Dann rechts – sparsame *rote Zeichen* –, gleitet von dünner Fährte auf den Kamm. Über eine Vorkuppe zum höchsten Punkt des **Monte Cucco** (1568 m). Insgesamt 70 Minuten.

Unten, beim Parkplatz, werden an schönen Wochenenden bunte Gleitschirme und Drachen flugfertig gemacht. Versierte Umbrien-Wanderer finden westlich, jenseits des Valle del Chiascio, den Turm von Sant'Ubaldo sowie die Burgruine auf dem Monte Ingino (Tour 12), südwestlich den langen Rücken des Monte Subasio (Tour 19). Scheggia, Start der GEA (Tour 1), liegt nordwestlich im Sentino-Tal. Die Strecke ist bis zum Monte Pennino überschaubar.

Abstieg: Schwach südwestlich über Grashänge 10 Minuten zum **Kreuz** (1435 m) oberhalb der Ortschaft Costacciaro, dem Sitz des Centro Nazionale die Speleologia. Südlich grüßt Sigillo, hervorgegangen aus der Römerstation »Suillum« an der antiken Via Flaminia, aus dem Tal. Weiter durch die Südflanke, etwa ¼ Stunde, zum Ende des Rückens; Steinmann. Rechts geht es auf den Parkplatz.

Nützliche Informationen

Anfahrt: Die Monte-Cucco-Straße zweigt zwischen Scheggia (15 km) und Fossato di Vico (6 km, nächster Bahnhof) in der Ortschaft Sigillo von der Staatsstraße 3 ab. Nach 8 km an der Straßengabelung geradeaus.
Ausgangspunkt und Parkplatz: *Pian di Monte* (1190 m): am Colle gli Scogli, südlich des Monte Cucco, 9,5 km von Sigillo. Aus dem Val di Ranco (Albergo Monte Cucco) 2,5 km. Keine Busverbindung mit Sigillo;
Taxi in Sigillo: Tel. 075/9177242.
Gehzeiten: Insgesamt etwa 1¾ Std. Parkplatz – Höhle: 40 Min. Höhle – Gipfel: ½ Std. Gipfel – Parkplatz: ½ Std.
Unterkunft und Verpflegung: Val di Ranco (2,5 km vom Parkplatz, 9,5 km von Sigillo) vorzugsweise, auch des Essens wegen: *Al-*

Einer der Eingänge in die Höhlenwelt des Monte Cucco.

bergo Monte Cucco (1060 m), Ostern bis Anfang November, Tel. 075/9177194, 9177108; *Albergo Cappelloni*, Ostern bis Ende September, Tel. 075/9177131, 9177106.
Jugendherbergsähnliche Unterkunft in *Costacciaro* (Staatsstraße 3) im Centro Nazionale di Speleologia, siehe Auskunft. Ähnliches im Centro di Volo Libero (Drachenflugschule) in *Scirca* (2 km südöstlich von Costacciaro) Tel. 075/9170307. In *Sigillo* Pensione-Pizzeria Da Lepre, Tel. 075/91733.
Camping: *Val di Ranco*, beim Albergo Monte Cucco, siehe Unterkunft. Außerdem: 3 km westlich von Costacciaro im Ortsteil Fornace *Camping Rio Verde*, auch Zimmervermietung, Ostern bis November, Tel. 075/9170138.
Sehenswürdigkeit der Umgebung: *Ponte Spiano*, halbwegs zwischen Sigillo und Scirca, beachtliche Reste einer römischen Brükke der Via Flaminia über den Rio Fonturce.
Auskunft: Centro Nazionale di Speleologia, Corso Manzini 9, I-06027 Costacciaro, Tel. 075/9170236, 9170509. Besetzt von Juni bis September. Informationen auch beim deutschsprechenden Wirt Alberto Beni im Albergo Monte Cucco, siehe Unterkunft.
Wanderkarten: Kompasskarte 1:50000, Blatt 664 (Gubbio-Fabriano); Spezialkarte: Massiccio del Monte Cucco 1:16000. Centro Nazionale di Speleologia, Costacciaro. Erhältlich im Albergo Monte Cucco.
Spezialschrifttum: *Massiccio del Monte Cucco. Guida naturalistica ed escursionista.* Erhältlich im Albergo Monte Cucco.

Der Palazzo dei Consoli ist das Wahrzeichen von Gubbio. Den Kern dieses 1332 begonnenen Stadtpalastes bildet der Saal für die Ratsversammlung (über dem Untergeschoß).

12 Von Gubbio zum heiligen Ubaldo

»La Corsa dei Ceri«

Tourencharakter: Unschwierige Rundwanderung.
Höhenunterschied: 400 Meter (ohne Monte d'Ansciano).
Reine Gehzeit: 2¾ Stunden. Bei Benützung des Gondelliftes entfallen 40 Minuten Aufstieg. Talstation südöstlich außerhalb der Altstadt, Betriebszeiten von Monat zu Monat verschieden. Inklusive Stadtbesichtigung ist ein Tag erforderlich.
Beste Jahreszeit: Mai bis Spätherbst.

»La Corsa dei Ceri« ist der verrückteste Wettlauf in Italien, sagt man. Selbst Einheimische geben zu, die Eugubiner seien *»matto«*, verrückt, im positiven Sinne, wohlgemerkt. Das weitete der deutschstämmige Schriftsteller Curzio Malaparte (1898–1957) pauschal auf die Umbrier aus, eingedenk ihres Frohsinns, ihrer Leidensfähigkeit und ihres Todesmutes, den er im Ersten Weltkrieg an ihnen bewunderte. Von Malaparte stammt auch die geflügelte Redensart: »Er war nicht verrückt, er war aus Gubbio.« Dort gibt es vor dem Palazzo Bargello die *»Fontana dei matti«*. Wer dreimal den Brunnen umrundet und sich fünfmal Wasser über die linke Schulter spritzt und gar noch *»sono pazzo«* (»ich bin verrückt«) ruft, hat Anrecht auf die in Souvenirläden käufliche Urkunde *»Matto Onorario«*, Verrückter ehrenhalber!

Gubbio, mit mittelalterlicher Stadtarchitektur, liebenswert, fleißig in qualitätvoller Keramikproduktion, kuschelt sich an den pyramidenförmigen Monte Ingino. Die Sitten und Gebräuche der Stadt darf man keinesfalls mit gängigen Maßstäben messen, schon gar nicht am 15. Mai, dem Geburtstag des hl. Theobald (Ubaldo), während der *»Festa dei Ceri«*, die bis zu 100000 Besucher anlockt! Drei Gruppen rennen wie entfesselt, hechelnd, in fliegendem Wechsel, mit jeweils vier Zentner schweren, sänftenähnlichen Holzgestellen, auf denen die sieben Meter hohen, achteckigen *»Ceri«* schwanken, zur zwei Kilometer entfernten, 250 Meter höher gelegenen Basilika Sant'Ubaldo am Monte Ingino, umdrängt von jubelnden Menschenmassen, die rhythmisch die Namen ihres Heiligen schreien.

Die *»Ceri«* sind etwa sieben Meter hohe Holzgestelle, die aus zwei übereinandersitzenden länglichen Rhomben bestehen. Diese sind durch eine Art »Knoten« miteinander verbunden. Auf der Spitze prangt jeweils eine Heiligenstatue: Ubaldo, Schutzherr der Stadt und der Maurer; Giorgio, Patron der Handwerker und Kaufleute; Antonio Abate, *»Santo«* der Bauern und Studenten. Jede dieser »Zünfte« hat eine Hemdfarbe, nämlich Gelb, Blau und Schwarz. Und diese drei Gruppen traten ursprünglich gegeneinander an. Heutzutage kann jeder Partei ergreifen, was meist schon im Kindesalter geschieht, und davon träumen, die süße Last zu schleppen, um ein Eingeweihter zu werden, halt ein ganzer Kerl!

Die *»Ceraioli«* ziehen bereits vormittags durch die Straßen. Mittags dann, nach lautem Glockenzeichen, erfolgt auf dem Rathausplatz die *»alzata«*, das Aufrichten der *Ceri*, und ein kurzer »Probegalopp« *(birate)* im Kreis. Die Nuten der Tragestangen begießt man mit Wasser, wodurch das Holz quillt und die Konstruktion stabil bleibt. Diese Zeremonie wird auch als Wachstumsritual interpretiert, die *Ceri* als Symbole für Frühling, Auferstehung und neues Leben, Männerstolz und Phalluskult.

18.00 Uhr: Start in der Reihenfolge Ubaldo, Giorgio, Antonio. Sieger ist, welche Gruppe die nachfolgende am weitesten hinter sich läßt bzw. wer am nächsten an die »Ubaldi« herankommt, denn Überholen ist wegen der Wegbreite unmöglich. Früher waren die Ceri in Bienenwachs gehüllt, aus dem man nach dem Fest Opferkerzen formte. In Kriegszeiten pflegten Frauen die Tradition. Sie wurde niemals unterbrochen, selbst 1944 nicht, als die deutsche Besatzung 40 unschuldige Geiseln ermordete, woran eine Gedenkstätte *(»Quaranta Martiri«)* und ein Platz erinnern. Anlaß des bei den Nazis auf dem Rückzug durch den Apennin üblichen Massakers war die Erschießung zweier deutscher Soldaten durch italienische Widerstandskämpfer auf der Piazza Oderisi, aus der Pasticceria schräg gegenüber vom Verkehrsamt.

Das Kerzenfest ist uralt und verbürgt seit dem Tode Bischof Ubaldos (1166). Möglicherweise reicht es noch weiter zurück. Schließlich gehört Gubbio zu den ersten fünf nach der Sintflut gegründeten Städten, behaupten Lokalpatrioten... In jedem Falle wurde »Ikuvinum«, wie es Caesar nennt, 400 Jahre früher als Rom gegründet, von Umbrern, vielleicht durch ihren sagenhaften König »Gobio«.

Der Wegverlauf

Die *»Ceraioli«* benötigen bis Sant'Ubaldo etwa 15 Minuten. Von solcher Hast müssen wir uns nicht anstecken lassen! Zunächst verdient die balkonähnliche, durch zweistöckige Unterbauten künstlich geschaffene **Piazza della Signoria** (Piazza Grande) über der Dächerlandschaft uneingeschränkte Aufmerksamkeit. Sie ist die Nahtstelle der Stadtviertel San Pietro, San Giuliano, Sant'Andrea und San Martino und einer der interessantesten Plätze des Landes. Steinerne Fronten zeugen vom Selbstbewußtsein des eigenständigen mittelalterlichen *»libero comune«*. Hier praktizierte man eine frühe Form der Direktdemokratie, in der allerdings das *»popolo minuto«*, das kleine Volk, kaum etwas zu sagen hatte. Es regierten die Vertreter der Zünfte. Im 15. Jahrhundert zählte Gubbio 20000 Einwohner, 1989 laut Volkszählung 31784, davon 12369 in der eigentlichen Stadt.

Palazzo dei Consoli: Das vielleicht schönste, sicherlich architektonisch eigenwilligste Rathaus Umbriens, von überregionalem Rang: »An Formvollendung steht der Palast in ganz Italien einzig da«, wertet Reclams Kunstführer. Errichtet zwischen 1332 und 1337, harmonisch geprägt von massiver romanischer Strenge und gotischem Elan. Eine fächerförmige, barock anmutende Freitreppe führt zu dem von zwei Biforen flankierten Portal in der dreigeteilten, hellen Kalksteinfassade.

Der Palast birgt das *Museo civico* und die *Pinacoteca comunale* (Öffnungszeiten: 9.00 bis 12.30 Uhr, 15.30 bis 18.00 Uhr). Kostbarstes Gut des Stadtmuseums und bekanntester ritueller Text des klassischen Altertums sind die 1444 beim römischen Theater gefundenen *»Tavole Eugubine«*, die sieben Eugubinischen Tafeln, mit umbrisch-etruskischen, aber auch lateinischen Texten. Sie dokumentieren die topographischen (Tore), politischen (Kriege) und religiösen Verhältnisse (Priesterschaft, Tempel) des mit Rom verbündeten Stadtstaates vom 3. bis zum 1. Jahrhundert v. Chr.

Gegenüber dem Stadtmuseum steht der unvollendete **Palazzo Pretorio** (Stadtverwaltung) aus der Mitte des Trecento, als durch ganz Europa der »Schwarze Tod«, die Pest, raste. Hangseitig wird die Piazza gesäumt vom **Palazzo Ranghiasci-Brancaleoni**, dem einzigen klassizistischen Gebäude der Stadt, errichtet von einem Adeligen für seine englische Gemahlin. Dort sitzt die Prominenz beim Auftakt der *»Festa dei Ceri«* in Logen, der Bischof neben dem roten Bürgermeister, denn im katholischen Umbrien sind die Kommunisten die stärkste politische Kraft. In Gubbio seien Sozialisten bereits »Rechte«, lästern Konservative gequält. Die Kirche unterstützt den Stadtchef, »weil Gott selbst wünscht, daß die Menschen friedlich miteinander auskommen«, so der Bischof.

Die *»Ceraioli«* eilen durch die Via XX Settembre. Wir nehmen an der **Piazza della Signoria** neben der Hausnummer 7 den Treppenaufgang zum gotischen **Dom**. In einer Nische auf der linken Seite des Langhauses malte Vigilio Nucci 1598 den hl. Ubaldo, der auch im Altarraum steht. Rechts die barocke, unter Bischof Alessandro Sperelli entstandene Capella Sacramento. (Sperelli legte den Grundstein für die elegante, 1993 vollständig renovierte Kirche Madonna del Prato an der Via Perugina.) Zwecks Besichtigung des Domschatzes an der Sakristeitür läuten!

Am benachbarten **Palazzo Ducale** öffnet sich ein Renaissancehof, in dem der herzogliche Söldnerführer Federigo da Montefeltre wandelte. Er hatte den Bau nach dem Vorbild seines Hofes zu Urbino 1476 in Auftrag gegeben. Die Herren von Montefeltre waren 1384 als Schutzherren gerufen worden, entpuppten sich aber – wie üblich – als Tyrannen und knebelten die kommunale Freiheit mit Gewalt. Die Erbnachfolge traten 1508 die Grafen della Rovere an. Auch Papst Julius II. stammte aus diesem Geschlecht. Sie herrschten mehr als 200 Jahre, ehe der Vatikan von Gubbio Besitz ergriff.

Zwischen Dom und Herzogpalast ansteigen. Bei der **Porta Sant'Ubaldo**, einem von sechs Toren, verläßt man die Altstadt. Der Weg (nicht geradeaus mit dem rotgelben Zeichen!) ist gewissermaßen die »Arena« der *»Ceraioli«*. Ich bin ihn am Sonntag nach dem 15. Mai gegangen. Leere Tüten von Mineralgetränken lagen herum: Relikte der *»Corsa dei Mezzani«*, dem Juniorenwettbewerb der Fünfzehn- bis Zwanzigjährigen, deren *»Ceri«* halb so groß sind wie die der Senioren. Selbst Schüler wetteifern um die Ehre: mit den *»Ceri dei Piccoli«*.

Begleitet von schönen Tiefblicken, an mehreren Kapellen vorbei, erreicht man eine Bar in vorteilhafter Aussichtsposition. Über Stufen in den Kreuzgang des **Convento**, den drei Franziskaner betreuen. Die **Basilika Sant'Ubaldo** (827 m) ging aus der Pieve San Gervasio, ab 1194 Grabstätte des Heiligen, hervor. Um 1514 stifteten Elisabetta und Eleonora della Rovere Kloster und Kirche und ließen das Gotteshaus 1527 neu weihen. Hinter dem Altar ruhen in einem Renaissanceschrein die Gebeine des Ubaldo Baldassini. Er soll 1084 in der Casa di Sant'Ubaldo (Via Baldassini 38) geboren worden sein – obwohl das Gebäude erst im frühen 14. Jahrhundert errichtet wurde! Gubbio verdankt seiner Fürbitte die Abwehr der Belagerung durch Kaiser Barbarossa und natürlich auch einige Wunder. Motive der Glasfenster schildern Mirakelepisoden. Die »Ceri« sind im rechten Seitenschiff deponiert.

Weiterweg: Gegenüber dem Kirchenanbau, wo die Junioren- und Kinder-Ceri lagern. In knapp 10 Minuten empor zu den Ruinen der **Rocca** (903 m), dem großartigsten Balkon um Gubbio. Nordöstlich zeigen sich Monte Acuto (links) und Monte Catria, östlich der Monte Cucco. Nordwestlich, im Schlund der Gola del Bottaccione, liegt der malerische Eremo Sant'Ambrogio. Südöstlich

Für die »Corsa dei Ceri«, das Wettrennen zu Ehren der drei Ortsheiligen, werden die Straßen von Gubbio im Mai mit roten Fahnen und Tüchern geschmückt.

lockt der Monte d'Ansciano. Die Rocca wurde möglicherweise unter dem oströmischen Feldherrn Narses gegründet, der 552 bei Gualdo Tadino die Ostgoten entscheidend schlug und Gubbio neu aufgebaut haben soll, was aber auch ins 10. Jahrhundert datiert wird, nach der Zerstörung im Jahre 917 durch die Ungarn. Die letzten Kämpfe waren im Mai 1944, als deutsche Artillerie anrükkende Alliierte beschoß.

Auf dem Hinweg etwa 20 Meter zurück, dann scharf links, parallel zum Burggraben, auf den höchsten Punkt des **Monte Ingino** (908 m). Von Gubbio knapp 1 Stunde.

Am Nordostrücken kurz abwärts. Auf einer Art Terrasse geht es rechts, wenig später links, immer die dünnen Pfadspuren suchend. Sie passen sich dem Gelände an und enden bei einer Straßenkurve. Vom Gipfel 10 Minuten.

Links, an der Gabelung geradeaus (links nach Gubbio); Tafel: »Parco Coppo«. Mäßig bergan, vorbei an einem Bauernhaus, in 10 Minuten zur Bar beim **Parco Coppo**. (Rechts zweigt ein Weg über einen Vorgipfel auf den Monte d'Ansciano [893 m] ab; 35 Minuten.)

Weiter auf dem Sträßchen durch Wald. Irgendwo auf dem Berg traf Franziskus einen menschenfressenden Wolf, vor dem sich ganz Gubbio fürchtete. Als das Tier zähnefletschend auf ihn losstürmte, hob er gelassen die Hand: »Sei gegrüßt, Bruder Wolf!« Der zog den Schwanz ein, lauschte geduldig den mahnenden Worten des Heiligen und trottete schließlich, vom Bösen bekehrt, neben seinem Menschenfreund in die Stadt. Unbegreifliches Staunen! Fortan liebten die Leute den Wolf. Und als er zwei Jahre später an Altersschwäche starb, waren alle sehr traurig...

Ungefähr eine Viertelstunde nach der Bar bleibt man auf dem oberen Weg. Fünf Minuten später nimmt man den unteren: in 20 Minuten zu einem *Bauernhof*. Vor dem Gebäude links abwärts in die *Buca d'Ansciano*; reizvoll gelegener Rastplatz beim Kirchlein *Madonna del Sasso*. Die **Anscianoschlucht** bildet den landschaftlichen Höhepunkt, leider nur 10 Minuten lang. Hernach tauchen Häuser auf. Vorbei am *Friedhof* (Stadtbus-Haltestelle, Kiosk). Die **Staatsstraße 219** führt rechts in einer Viertelstunde zu der 1251 begonnenen, 1294 geweihten, aber infolge Geldmangel erst um 1350 vollendeten schlichten Kirche **Sant'Agostino** des 1248 in Gubbio eingezogenen Augustinerordens. Im unteren Teil des Presbyteriums schuf Ottaviano Nelli um 1420 den Freskenzyklus »Storie di Sant'Agostino«. Auch das »Giudizio Universale« (Jüngstes Gericht) in den Gewölbefeldern stammt von dem 1370 in Gubbio geborenen Gründer der hiesigen Malerschule, dem fähigsten umbrisch-märkischen Künstler zu Beginn des 15. Jahrhunderts. Über den Hof des Kreuzganges erreicht man eine der größten *Krippen* Umbriens. Lichtschalter drücken: schon plätschert ein Wasserfall, deutsche Weihnachtslieder erklingen (10.00 bis 12.30 Uhr, 15.30 bis 19.00 Uhr).

Durch die **Porta Romana** in das Altstadtviertel Sant'Andrea. Rechts. Im Haus Nummer 66 wohnt der Custode für die Kirche **Santa Maria Nuova** (1326). Er weist nachdrücklich auf das Fresko »Madonna del Belvedere« von Ottaviano Nelli hin, ein Hauptwerk regionaler Gotik. Neben den Heiligen Emilianus und Antonius Abt ist noch das Stifterpaar Pinoli abgebildet. Vergessen wir nicht Nellis Vorgänger Guido Palmerucci, im 14. Jahrhundert bester umbrischer Maler. Von ihm stammen »Antonius Abt« und »Enthauptung des Johannes« an der linken Wand. Sant'Ubaldo wird in der sechsten Nische rechts dargestellt, und auch die beiden Särge, in denen er nacheinander geruht haben soll, zeigt der Custode.

Die *Via Dante* führt zur archaischen **Porta Vehia**, von der die Eugubinischen Tafeln berichten. Das untere polygonale Mauerwerk erlaubt eine Datierung in das 4. bis 3. vorchristliche Jahrhundert. Hinter dem Torbogen steht die spätromanische *Chiesa San Marziale* am Platz eines Marstempels.

Vor San Marziale links (geradeaus durch das Tor und rechts in einer Viertelstunde zum Convento San Gerolamo), auf der *Via XX Settembre* zur *Piazza della Signoria*. Die Straße entspricht einer der fünf Terrassen, auf denen Gubbio am Hang erbaut wurde.

Nützliche Informationen

Anfahrt: Ab Florenz über Arezzo 173 km. Von Perugia 41 km. Von Assisi 54 km. Von

Gubbio mit Sant' Ubaldo (links) und Monte Ansciano (rechts).

Ancona 109 km. Nächster Bahnhof (Strecke Ancona – Rom): Fossato di Vico, 19 km, Busse. Regelmäßige Busverbindungen mit allen größeren Orten (u. a. Florenz) sowie den Adriastädten. Busbahnhof auf der Piazza 40 Martiri.

Ausgangsort: *Gubbio* (529 m): weitflächigste (543,70 km^2) Stadtgemeinde Umbriens im Nordosten der Region.

Ausgangspunkt: *Piazza della Signoria.* Von der Piazza 40 Martiri in gut 5 Minuten durch die Via della Repubblica ansteigen.

Parken: Großer, gebührenfreier Platz am Westrand der Altstadt, vor dem Teatro Romano; auch für Caravans. Gebührenpflichtig: Piazza 40 Martiri.

Gehzeiten: Insgesamt etwa 2¾ Std. (einschließlich Monte d'Ansciano 3¾ Std.). Gubbio – S. Ubaldo: 40 Min. S. Ubaldo – Monte Ingino: ¼ Std. Monte Ingino – Parco Coppo: 20 Min. Parco Coppo – Madonna del Sasso: 40 Min. Von dort nach Gubbio: 45 Min.

Einkehr unterwegs: Sant'Ubaldo. Parco Coppo (Juli/August).

Zusätzlicher Tourenvorschlag: Am nordwestlichen Altstadtrand, von der Umgehungsstraße (Via della Fosse) den Hinweisen gelber Tafeln folgen, »*Eremo di Sant'Ambrogio*«, und ansteigen zu dem im 14. Jahrhundert entstandenen *Kloster Sant'Ambrogio* (595 m), geschlossen. Vor dem Eingang rechts, geleitet von rot-gelb-roten Markierungen, führt ein Rundweg um den kreuzgekrönten Monte Foce zurück zum Aufstiegsweg. Insgesamt 1¾ Stunden.

Mountainbike-Tour: Von Gubbio auf der Staatsstraße 298 in Richtung Scheggia durch die Schlucht der *Gola del Bottaccione*, vorbei am Restaurant Bottaccione. Nach 3 km rechts steil (10 %) nach *Sant'Ubaldo* (827 m), 5,6 km. Wieder 700 m zurück, dann rechts zur Bar am Parco Coppo und wie bei der Wanderung durch die *Buca d'Ansciano* nach Gubbio. Insgesamt 14 km, 300 Höhenmeter.

Fahrradverleih: Ufficio informazione (Via della Repubblica 11).

Unterkunft: Mehrere Hotels, vor allem um die Piazza 40 Martiri (Verkehrslärm) sowie in der Altstadt (Parkraumnot). Ideal und still: *Casa Beniamino Ubaldi* (Via Perugina 74), auch Einzelzimmer, großer Parkplatz, von der Altstadt zu Fuß gute 5 Minuten, Tel.

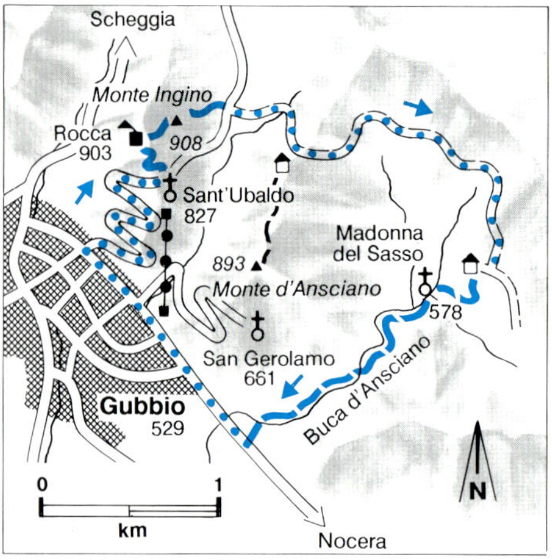

9 27 77 73. Exklusiv und dementsprechend teuer: *Park Hotel ai Cappuccini* (Via Tifernate bzw. Staatsstraße 219), nordwestlich der Altstadt, Tel. 92 34.

Verpflegung: *Imbißstand* am Parkplatz. Panini und Faßbier in der *Bar delle Logge* (Piazza 40 Martiri). Ofenfrische Pizza al taglio (Pizza vom Blech): *Via della Repubblica 45.* Populäre Spaghetteria-Pizzeria: *Al Ritrovo* (Via Cairoli 17). Bodenständig: *Albergo-Ristorante Grotta dell'Angelo* (Via Gioia 47), deutsche Speisekarte, Gartenbetrieb. Empfehlenswert im gehobenen Preisniveau: *Taverna del Lupo* (Via Giovanni Ansidei 21 a).

Weitere Sehenswürdigkeiten: *San Francesco* (Piazza 40 Martiri): um 1300 gotisch vollendet, dreischiffig, achteckige Pfeiler. In der linken Chorkapelle Fresken (Marienleben) von Ottaviano Nelli. Neben der rechten Kapelle (Capella Sforzolini) stand das Haus der Familie Spadalonga. Sie hatte Franziskus nach der Abkehr von seiner Familie aufgenommen und ihm die erste Kutte geschenkt, genau am Platz der durch ein Gewölbe geteilten Kapelle, zu der das Fresko »Verzicht auf das väterliche Erbe« in der oberen Wandzone paßt. Im Kreuzgang finden von Mitte Juli bis Mitte August Aufführungen von Werken klassischer Autoren statt *(»Spettacoli classici«).* Ausstellung des Keramikkünstlers Bruno Cenni (Ladengeschäft: Via Savelli 7).

An der Piazza 40 Martiri steht auch der lange *Tiratoio dell'Arte della Lana* (ursprünglich ein Spital, 1326), wo in dem offenen Dachgeschoß die Wollweber ihre Stoffe trockneten und nach den gewünschten Maßen spannten. Im angebauten ehemaligen Spitalkirchlein Santa Maria dei Laici die Musikschule Verdi.

Palazzo del Bargello (Via dei Consoli): gotischer Palast, vormals Rathaus, dann Sitz des Polizeihauptmanns, womit die kleine quadratische Öffnung rechts von der Tür zusammenhängt: »Briefkasten« für Denunziationen etc. Sowohl am »Bargello« wie an mehreren anderen mittelalterlichen, stadttypischen Hausteinhäusern (Via dei Consoli, Via Baldassini) sind zwei Türen angebracht: ebenerdig eine breite, sowie über Stufen zugänglich eine schmale. Letztere nennt der Volksmund »Porta del morto«. Durch sie habe man die Verstorbenen aus dem Haus gebracht und die Öffnung zugemauert, um die Rückkehr zu verhindern... Sicherlich diente sie auch diesem Zweck, aber nur deshalb, weil hinter der schmaleren Tür die Wohn- und Schlafräume lagen, während das Tor in den Laden, die Werkstatt, das Warenlager oder den Stall führte.

Vor dem Palazzo del Bargello die *Fontana dei matti.* Westlich außerhalb der Altstadt, hinter dem großen Parkplatz, das *Teatro Romano,* 1. Jh. v. Chr., spätrepublikanische Konstruktionstechnik. Durchmesser 70 Meter, Fassungsvermögen 6000 Zuschauer. Im Sommer Theateraufführungen.

Südwestlich steht das *Mausoleo* im freien Feld an der Via Salvador Allende. Der neun Meter hohe antike Grabbau hat wohl seinen Mauermantel verloren, ist aber einmalig in Umbrien. Den Innenraum (6,30 × 4,73 m), mit einem Tonnengewölbe aus Quadern, erhellt eine schräge Lichtöffnung.

Feste: *Palio della Balestra,* letzter Mai-Sonntag, Piazza della Signoria. Schon 1410 erwähnter Wettkampf der Armbrustschützen-Vereine von Gubbio und Sansepolcro in historischen Kostümen, umrahmt von Fahnenschwingern; Festzug.

Cristo Morto: Von Chorgesang und Fackelschein begleitete Karfreitags-Prozession der Bruderschaften in dunklen Kapuzen.

Auskunft: Azienda Turismo, Piazza Oderisi 5/6, I-06024 Gubbio, Tel. 075/9 27 36 93.

Wanderkarte: Kompasskarte 1:50 000, Blatt 664 (Gubbio–Fabriano).

Santa Maria alla Rassinata, der größte Ort am Monte Favalto, liegt an der Grenze zwischen Toskana und Umbrien. Im Hintergrund der Monte del Castello.

13 Monte Favalto, 1082 Meter

Ein Fenster zur Toskana

Tourencharakter: Unschwierige Wanderung.
Höhenunterschied: 220 Meter.
Reine Gehzeit: Hin und zurück knapp 2 Stunden.
Beste Jahreszeit: Mitte Mai bis Spätherbst.
Markierung: Rot-weiß-rot.

Diese Gegend im nordwestlichen Zipfel Umbriens, von der Teile zur Toskana gehören, macht einen gottverlassenen Eindruck. Im Strauchwerk neben dem Wanderweg grunzt ein Wildschwein. Fasane flattern erschreckt aus dichtem Niederwuchs. Gähnende Leere untertags in den Dörfern, weil die Männer anderswo arbeiten und die Frauen das Haus hüten, gelegentlich ihr Gemüsegärtchen pflegen. Keine Spur vom italienischen Wirtschaftswunder! Einsilbige, reservierte, wie mir schien verbitterte, irgendwie enttäuschte alte Menschen.

Die Zufahrtstraße aus dem Val Tiberina, ab

Der Monte Favalto (rechts) am Beginn der Wanderung zum »Fenster auf die Toskana«.

Trestina, wurde nach dem Zweiten Weltkrieg durch das Tal des Torrente Ansina verlängert. Bis dahin war es nur aus Richtung Arezzo erreichbar. »Hauptort« der toskanischen Talschaft ist Santa Maria alla Rassinata: etliche Häuser, armselige Landwirtschaft, die Kirche, eine Bar im Lebensmittelgeschäft. Fährt man weiter, wird ein paßähnlicher Sattel zwischen Monte Tamariglio und Monte Dogana erreicht. Nordöstlich zeigt sich der Monte Favalto. Seinen Ruf als famoser Guckins-Land signalisieren passable Markierungen, was hier sonst ungewöhnlich ist. Die Tour kann mit einem Abstecher nach Arezzo gekoppelt werden, der Kunststadt antiken Ursprungs (siehe »Wanderungen in der Toskana«, Bruckmann Verlag, München).

Die gängige Anfahrt aus dem Tibertal zum Monte Favalto bietet ebenfalls Kunstgenüsse, die zwar im »Reclam« nicht einmal erwähnt sind, jedoch Bewunderung verdienen. Das Oratorio di San Crescentino nämlich bei Morra, 500 Meter nordwestlich des Ortskernes, enthält Fresken von Lucca Signorelli. Er schuf im Dom zu Orvieto ergreifende Glanzlichter und schenkte Santa Croce in Umbertide 1516 eine »Kreuzabnahme« für das Altarbild. In Morra, links im Presbyterium, ist die »Geißelung« typisch für ihn: sehr körperhafte, partiell halbnackte Figuren. Bewegung, Gebärde und Physiognomie sind das zentrale Thema seines Werkes.

San Crescentino entstand 1507 aus einem 1420 erbauten Gotteshaus, von dem der Ostteil als Sakristei dient. Ihr Wandschmuck – u.a. der Namenspatron, ein regionaler Märtyrer des 3. Jahrhunderts als Ritter St. Georg – gehört der spätgotischen Malerei an.

Der Wegverlauf

An der nördlichen Straßenseite erklärt ein rot-weiß-rot bepinselter Stein den »Einstieg«, das heißt Route Nummer 558. Der Fahrweg verläuft zunächst in Nordrichtung. Links ergeben sich Blicke ins Tal des Torrente Cerfone, im Westen auf die Chiantihügel. Nach 20 Minuten geht es an der Gabelung geradeaus, noch etwa 20 Meter, dann rechts und zur Kuppe des **Monte Dogana** (906 m).

Die Farbzeichen führen halb links weiter. Jetzt schweifen die Blicke durch das Ansinatal. Abwärts, durch eine Senke und wieder bergauf genußvoll durch die Südflanken des *Poggio Capannacce*. Man betritt, die Toskana verlassend, wieder umbrischen Boden. Der Weg geht in Schleifen über, passiert felsiges Terrain und endet auf dem Kulminationspunkt des **Monte Favalto**. Im Osten, hinter dem Val Tiberina – 25 Kilometer Luftlinie –, erkennt das kundige Auge den Monte Acuto (links) und den Monte Catria, die charakteristischen Gipfel im märkischen Apennin. Nordwestlich liegt Arezzo, und in der linearen Verlängerung darf man sich Florenz vorstellen. Westlich von Arezzo beginnt das Chiantigebiet, und südwärts sei an klaren Tagen der Lago Trasimeno wahrnehmbar. Im Nahbereich, südöstlich, die Kuppe des Poggio dello Spicchio.

Nützliche Informationen

Anfahrt: Aus dem Tibertal (Trestina, Bahnhof) über Morra (11 km, Bus-Endstation) zur Abzweigung vor Ansina. Dort rechts 6 km bis Santa Maria alla Rassinata und 5 km zum Straßensattel; ab Città di Castello 40 km, ab Umbertide 41 km. Von Arezzo (Toskana) über Palazzo del Pero – Sant'Agata di Terrine 18,5 km.
Ausgangspunkt: 100 Meter östlich des Straßensattels (865 m).
Parken: Am Straßensattel.
Gehzeiten: Insgesamt knapp 2 Std. Parkplatz – Monte Dogana: 25 Min. Monte Dogana – Monte Favalto: 35 Min. Rückweg: 50 Min.
Unterkunft und Verpflegung: *Val Tiberina* (Umbertide, Città di Castello). Bar und Lebensmittel in Santa Maria alla Rassinata.
Camping: Nächster Platz (36 km), 3,5 km westlich Città di Castello, Fraktion *Montesca*, Mai bis September. Keine Reservierung.
Sehenswürdigkeiten der Umgebung: *Città di Castello* (288 m), Handels- und Industriezentrum im oberen Tibertal, 38 222 Einwohner. Bahnhof. Vom Großparkplatz mittels Rolltreppen in die Altstadt. Eine Gründung der Umbrer, 89 v. Chr. als römisches Municipium »*Tifernum Tiberinum*« erwähnt. Wirkungsstätte u. a. von Luca Signorelli (ab 1474), Raffael (kurz nach 1500), Antonio da Sangallo d. J. (1521–1532). – *Pinacoteca Comunale*, in dem von Sangallo geschaffenen *Palazzo Vitelli alla Cannoniera*, einer von fünf Palästen der Herrscherdynastie Vitelli (15./16. Jahrhundert); geöffnet außer Montag 10.00–12.30 Uhr, 15.00–18.00 Uhr. – *Museo del Capitolare* (Piazza Gabriotti), u. a. kostbare liturgische Gegenstände des 5./6. Jahrhunderts; Montag bis Samstag 10.00–12.00 Uhr, 15.00–17.00 Uhr. – Gegenüber dem gotischen Palazzo Comunale bietet der *Torre Civico* umfassende Aussicht: 10.00–12.30 Uhr, 15.00–17.00 Uhr, Montag geschlossen. – *Ex Seccatoio Tabacchi* (Via Pierucci, beim Bahnhof), ehemalige Tabak-Trockenhallen, Atelier (und Werkausstellung) von Alberto Burri (*1915), der als einer der größten bildenden Künstler in Italien gilt; Dienstag bis Sonntag 10.00–12.00 Uhr, 15.00–17.00 Uhr. – Im Stadtteil *Garavelle* (2 km südlich) *Centro delle tradizioni popolari* (Heimatmuseum), außer montags 9.00–12.00 Uhr, 14.00–17.00 Uhr. Nebenan, in der *Villa Capelletti: Raccolta Ferromodellistica* (Modelleisenbahn-Sammlung) des Grafen Gioacchino; unterschiedliche Öffnungszeiten, Samstag/Sonntag geschlossen.
Informationen: Azienda di Promozione Turistica, Via Raffaele De Cesare 2 B, I-06012 Città di Castello, Tel. 075/8554817, 8554922.
Wanderkarte: Istituto geografico militare (IGM), Carta d'Italia 1:25 000, Foglio 115 III S. O. (Polvano).

14 Mare dell'Umbria: der Lago Trasimeno

Ein Juwel im Trasimenischen See

Tourencharakter: Unschwierige Rundwanderung.
Höhenunterschied: 50 Meter.
Reine Gehzeit: 1 3/4 Stunden (beide Touren).
Beste Jahreszeit: April bis Spätherbst.
Markierung: Rot-weiß.

Isola Maggiore – Hauptinsel im Trasimenischen See, westlich von Perugia dicht bei der toskanischen Grenze, südlich des blutgetränkten Schlachtfeldes aus dem Zweiten Punischen Krieg 217 v. Chr. um Tuoro, zu dem sie politisch gehört, dort knapp zwei Kilometer vom Land entfernt. Außer der Isola Maggiore steigen an dunstigen Tagen oder im fotogenen Abendlicht wie eine Fata Morgana die benachbarte, unbewohnte »Minore« sowie die »Polvese«, mit 54 Hektar größtes Eiland, aus dem See. Er ist mit 128 Quadratkilometern das weitflächigste Binnengewässer der Apennin-Halbinsel, viertgrößtes Italiens, aber nur etwa sechs Meter tief, was die Wasserqualität infolge Umweltverschmutzung stark beeinträchtigt: 1991 ergaben Untersuchungen, daß das Baden gesundheitsschädigend sein kann! Durch Pestizid- und Kunstdüngerrückstände darbt natürlich auch die Fischerei. In Sant'Arcangelo mußten Zuchtplätze installiert werden, denn Barsch, Karpfen, Aal, Hecht und andere sind an den 50 Kilometer langen Uferstreifen die Grundlage für einen unentbehrlichen Erwerbszweig. Hier werden 30 Prozent des nationalen Süßwasserfischbedarfes gefischt.

Seit altersher werden von flachkieligen Booten trichterförmige, stöckegestützte Netze *(tofi)* reihenweise ausgelegt, eine Technik, die anschaulich im Fischereimuseum *(Museo della Pesca)* in San Feliciano dargestellt wird. Auf den Flanken der Colli del Trasimeno gedeihen neben Ölbäumen auch Reben, die wohlmundende Rot- und Weißweine hervorbringen. Um den See wohnen zirka 50000 Menschen. Der Name »Trasimeno« hängt

Abenddämmerung am Lago Trasimeno, dem Umbrischen Meer.

laut einer Sage mit Trasimenos, Sohn des Etruskerkönigs Tyrrhenos, zusammen.

Da dem See ein natürlicher Abfluß fehlt, gruben bereits die Römer zur Vorbeugung gegen Überschwemmungen im Südosten einen Auslaß, den Perugia zu Beginn des 15. Jahrhunderts erneuern ließ; eine zweite, unterirdische Regulierung folgte kurz vor 1900. Zwischen 962, als Otto I. den See und sein Umland als Dank für die Kaiserkrönung der Kirche schenkte, und dem 17. Jahrhundert, war das Gebiet wegen seiner florierenden Landwirtschaft und dem südlich vorbeiführenden Hauptverkehrsweg Toskana –

Umbrien – Rom stets Zankapfel weltlicher und kirchlicher Mächte. Ab Mitte des 16. Jahrhunderts bis 1860 gehörte es dem Vatikan. Dann sorgte ein Volksentscheid für die Eingliederung in das Königreich Italien.

Der Wegverlauf

Auf der **Isola Maggiore** leben ständig etwa 50 Menschen, nicht wenige in Häusern des 15. Jahrhunderts – hauptsächlich vom Tourismus, der allein während der Osterfeiertage 7000 und mehr Besucher »anschwemmt«. Werktags in der Vor- und Nachsaison ist es hingegen ruhig, idyllisch, zauberhaft.

Am **Anlegesteg** (1, 260 m) erklärt eine Tafel die Wandermöglichkeiten. Von der nahen **Piazza di San Francesco** des Fischerdörfchens geht es rechts durch die *Via Guglielmi*, das Hauptsträßchen. In der ehemaligen Kirche *Compagnia della Morte* (2), Hausnummer 7, aus dem 14. Jahrhundert sind Fremdenzimmer eingerichtet. Bergan, gleich nach der Kapelle links und empor zum höchsten Punkt (309 m) der Insel. Dort erwartet uns neben dem *Friedhof* die ins 6. Jahrhundert zurückreichende, 1291 neu erbaute, meist geschlossene Kirche **San Michele Arcangelo** (3) in wunderbarer Lage. Vom Anlegesteg 10 Minuten.

Südlich zur Mauer, welche die Villa Guglielmi von der übrigen Insel trennt. Vor der Mauer links abwärts. Auf dem Querweg links (Holzgeländer). Wenig später halbrechts, das

Die romanische Kirche Santa Maria Arcangelo auf der Isola Maggiore im Trasimenischen See.

heißt rechtshaltend zu der 1990 restaurierten Kapelle **Giaciglio di San Francesco**, wo Franz von Assisi 1211 während der Fastenzeit in Gesellschaft eines Kaninchens hungerte und an 42 Tagen nur einen halben Laib Brot verzehrt haben soll…

Unten am See erinnern eine *Kapelle* und eine 1982 geweihte *Bronzestatue* an die Landung des Heiligen am 16. Februar 1211. Südlich auf dem Uferweg, den Mauerdurchlaß passieren. Rechts oben wird die schloßähnliche, im 19. Jahrhundert erbaute *Villa Guglielmi* (5) sichtbar. Sie ist unbewohnt und verwahrlost wie das integrierte Franziskanerkloster sowie die ehemalige Werft, an der zwei Holzboote modern. Am Südkap steht ein *Rondell*: herrlicher Blick über den See, südöstlich zum markanten Monte Penna (494 m), den die Fischer als Navigationshilfe »Billa Grande« nennen.

In 5 Minuten wieder zur *Franziskus-Statue* (4). Weiter auf dem genußvollen Uferweg angesichts der Isola Minore. Vor dem ersten Haus ist rechts der kleine *Badestrand* (6). Links oben die romanische, 1238 erstmals erwähnte **Salvatorkirche** (7) mit schönem Portal. Es folgt das Ristorante-Albergo Sauro. Auf der Straße pflegen Frauen und Mädchen das Handwerk des Klöppelns. Es wurde 1904 durch die Marchesa Elena Guglielmi eingeführt, damit sich die Frauen ein Zubrot verdienen konnten.

Die *Casa del Capitano del Popolo* stammt aus dem 14. Jahrhundert. Anschließend *Jesuskirche* (8, 13./14. Jahrhundert) und *Schiffslände* (1).

Nützliche Informationen

Anfahrt: Autobahn Florenz – Rom etwa 90 km, dann ab Ausfahrt Valdichiana noch 30 km. Von Perugia 28 km; Busverbindungen. Bahnhof der Strecke Terentola – Perugia.

Ausgangsort: *Passignano* (289 m): 4726 Einwohner, Badeort (Lido di Perugia), am Nordostufer des Lago Trasimeno. Hauptsaison Juli-August. Surf-Schulen. Schiffe zur Isola Maggiore ganzjährig, vom 1. April bis 30. Juni beispielsweise ab 7.00 Uhr, letzte Rückfahrt 19.45 Uhr, Sonn- und Feiertage 8.10 bzw. 20.20 Uhr. Anleger bei der Pfarrkirche, Überfahrt ½ Stunde (Zwischenhalt in Tuoro-Navaccia).

Parken: Großer Parkplatz am östlichen Ortsrand. Zentraler: unweit des Schiffsanlegers auf der Piazza Trento e Trieste.

Gehzeiten: Insgesamt ¾ Std. Anlegesteg – Südspitze der Isola Maggiore: knapp ½ Std. Rückweg: 20 Min.

Unterkunft: In Passignano Hotels, Privatzimmer, Ferienwohnungen; günstig gelegen (Schiffsanleger, Bushaltestelle) am See *Hotel Lido* (Via Roma 1), Parkplatz, Tel. 827219, 828472 oder 73. Auf der *Isola Maggiore* Hotel-Restaurant *Da Sauro*, Tel. 826168.

Verpflegung: Offensichtlich sind die Restaurants vom Ausflugsverkehr negativ beeinflußt. In der *Pizzeria Del Molo* (Via A. Pompili) erhielt der Autor den kleinsten Calzone seit 20 Jahren, die Pizzen sind normal. Die namhafte *Trattoria del Pescatore* (Via San Bernardino) scheint vom guten Ruf der achtziger Jahre zu zehren! Zufriedenstellend: *Ristorante Lido* beim Hotel Lido. *Birreria La Ghigliottina (Via della Vittoria, 19.00–1.00 Uhr), preiswerte lokale Weine.*

Camping: Östlich von Passignano am See: *Kursaal*, auch Bungalows, Mitte März bis Anfang Oktober; Tel. 828085, 827765. *Europa*, April bis 30. September; Tel. 827403, 827405. Um den See zahlreiche Plätze. Ganzjährig: *Eden-Park* in Torricella, Tel. 075/843320, 840485. Auf allen Campingplätzen ist für Juli/August Reservierung erforderlich!

Fahrradverleih: *Ristorante Aviazione* (Via Roma 54); *Esso-Tankstelle* (Via II Giugno 30); Fahrräder ohne Gangschaltung!

Radtour: Am beliebtesten rund um den Lago Trasimeno, 58 km. Starker Verkehr nur auf der Westuferstraße (13 km).

Andere Inseln: *Polvese:* Naturpark, Besitz der Provinzverwaltung, Burg, Ruine der Kirche San Secondo und des Olivetanerklosters, Ölmühle, Wasservögel, Restaurant; Überfahrt von San Feliciano. An Wochenenden überlaufen!

Feste am See: *Tuoro:* erste Augusthälfte Pferderennen nach römischem Vorbild. *Castiglione del Lago:* 25. April bis 1. Mai, in allen geraden Jahren (1994, 1996) Fest der Drachen. Ausstellung und Vorführung internatio-

Plan der Isola Maggiore:* ① *Schiffslände,* ② *Ehem. Kirche Compagnia della Morte,* ③ *San Michele Arcangelo,* ④ *Franziskus-Statue,* ⑤ *Schloß/Kirche/Kloster,* ⑥ *Badestrand,* ⑦ *San Salvatore,* ⑧ *Jesuskirche.

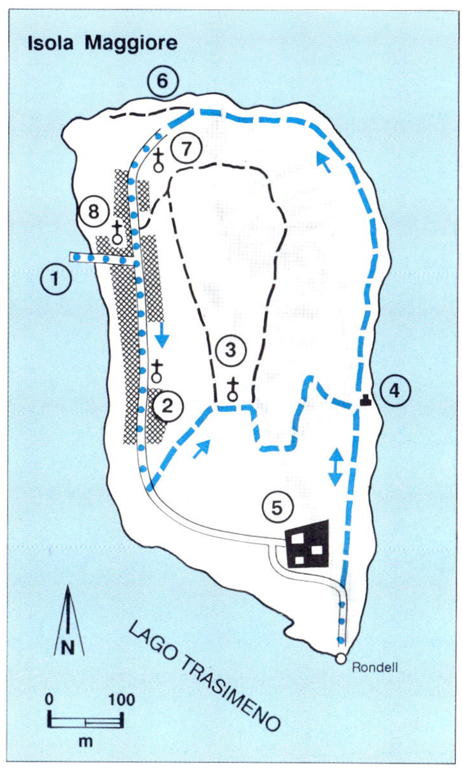

naler Drachenbauvereine sowie von Heißluftballonen. Tulpenfest am ersten oder zweiten April-Sonntag.

Weiterer Tourenvorschlag: Ausgangspunkt *Piazza Trento e Trieste in Passignano* beim Hotel Lido und der Pfarrkirche. Bergseitig mit den Markierungsfarben rot-weiß über Stufen der Via del Castello folgen, einem Teilstück der Zweitagewanderung Tuoro – Magione. Links am Stadttor vorbei, neben der Mauer ansteigen bzw. auf dem Fahrweg zwischen Olivengärten mit Blick über den südöstlichen See. An der Wegeteilung beim Kreuz halb rechts. Nummer 2 leitet durch eine Zypressenallee zum vernachlässigten Gebäudeensemble einer ehemals gräflichen Fattoria mit dem romanischen Kirchlein *San Donato.* Nun abwärts zur Straße, durch die Unterführung der Schnellstraße. An der Gabelung rechts, am Haus vorbei, durch die Bahnunterführung. Auf der Querstraße 100 Meter links, dann am See entlang zur *Bar Porto.* Von dort auf der Straße zurück. Gehzeit 1 Stunde.

Wandern in der Umgebung: Über das *Schlachtfeld um Tuoro,* wo Hannibal 217 v. Chr. die Römer besiegte, siehe »Wanderungen in der Toskana«, Bruckmann Verlag (Tour 9). – Kostenlose deutschsprachige Broschüre *»Wanderwege am Trasimenosee«* beim Verkehrsverein (Pro Loco, siehe Auskunft). Vorgestellt werden 12 Touren; Texte sehr kurz, Karten brauchbar.

Sehenswürdigkeiten: Auf dem höchsten Punkt der malerischen Altstadt von Passignano die restaurierten Ruinen des 917 urkundlich erwähnten *Castrum Passiniani,* eine der drei wichtigsten Trasimeno-Burgen, Wächterin am sogenannten *»passo«* der Straße Florenz – Perugia; Seeblick.

Palio delle Barche, letzter Sonntag im Juli, historischer Bootswettkampf der Stadtviertel Passignanos zur Erinnerung an die Belagerung von 1485.

Auskunft: Pro Loco, Via Roma 36, I-06065 Passignano, Tel. 075/8276 35; Azienda Autonoma die Cura Soggiorno e Turismo del Trasimeno, Piazza Mazzini 10, I-06061 Castiglione del Lago, Tel. 075/95 21 84 oder 83.

Wanderkarte: Istituto geografico militare (IGM), Carta d'Italia 1:25 000, Foglio 122 IV S. E. (Passignano sul Trasimeno).

15 Etruskermetropole Orvieto

Auf einem Tuffsteinriff

Stadtrundgang: Piazza Cahen – Pozzo di San Patrizio – Etruskertempel – Stadtmauer – San Giovenale – San Giovanni – Piazza della Repubblica – Piazza del Popolo – Dom – Corso Cavour – San Domenico – Piazza Cahen.

Reine Gehzeit: Etwa 2 Stunden. Mit Besichtigungen einen Tag.

Beste Jahreszeit: April bis Spätherbst, im Sommer sehr heiß, Frühjahr und Frühsommer vormittags Schulklassen und Pauschalreisende; ruhiger am Nachmittag.

Die Stadtsilhouette von Orvieto (rechts der Dom) steigt aus einem riesigen Tuffsteinmassiv auf, das nach allen Seiten zur Ebene hin steil abfällt.

Abendliche, warme Stille im Hof der Abbazia dei Santi Severo e Martirio, südlich von Orvieto, wo die porösen, goldbraunen Klippen *(»rupe«)* des riesigen vulkanischen Tuffsteinklotzes leuchten, auf denen die Zwanzigtausend-Seelen-Stadt wie eine Vision über dem Tal der Paglia schwebt, schon von weitem sichtbar auf der Autobahn. Gewiß ein unvergeßlicher Anblick! Allerdings ist es eine morbide Faszination, denn der ohnehin schon durch Regenwasser beängstigend ausgehöhlte Fels bröckelt, ist stellenweise bedrohlich abgebrochen. Hilferufe an die UNESCO! 1980 starteten die Sanierungsmaßnahmen *»Progettorvieto«*. Trotzdem strömt der Verkehr in und durch die Stadt, ungeachtet des *»Funicolare«* (Schrägaufzug) vom Bahnhof.

Um Orvieto wachsen die Reben des gleichnamigen Weißweines – Jahresproduktion 12 Millionen Liter –, der zwar einen klingenden Namen besitzt, aber keinesfalls italienische Spitzenqualität. Wenn schon, dann ein *»Classico«*, möglichst *»secco«*, oder den lieblichen Aperitif *»Abboccato«*.

Die anfangs erwähnte ehemalige Benediktinerabtei, in der ein stimmungsvolles Hotel untergebracht ist, wurde 1103 durch die Markgräfin Mathilde von Tuszien (Toskana) gestiftet. Damals war Orvieto zwar selbständige Stadtrepublik, akzeptierte aber 1157 die Oberhoheit von Papst Hadrian IV., was Kaiser Barbarossa ärgerte und zu internen Parteikämpfen zwischen kaisertreuen Ghibellinen und päpstlich orientierten Guelfen führte. 1450 begab sich Orvieto, lange Zeit eine Häretikerhochburg, endgültig unter das Patrimonium Petri. Seitdem wird am Pfingstsonntag, Schlag 12.00 Uhr, die Erscheinung des Heiligen Geistes bejubelt: »*Festa della Palombella.*«

Ein sinnverwandtes Spektakel, das »*Corpus Domini*«, findet an Fronleichnam statt, genau gesagt am Sonntag nach Fronleichnam. Das Fest hat seinen Ursprung im »Wunder von Bolsena«. Ein böhmischer Priester habe dort bei der Durchreise in der Kirche Santa Cristina vor dem Altar der Heiligen das Meßopfer gefeiert. Dabei tropfte Blut aus der Hostie kreuzförmig auf die liturgischen Gewänder und das Corporale (Kelchtuch): es war eine Transsubstantiation, die wirkliche Umwandlung von Brot und Wein in das Fleisch und Blut Jesu Christi. Papst Urban IV., in Orvieto weilend, nahm dies zum Anlaß und setzte 1264 offiziell das Fest Fronleichnam ein. Bei der Prozession, wo vor jubelnden Zuschauern rund 400 historisch Kostümierte paradieren, wird der Schrein mit dem Kelchtuch durch die Straßen getragen.

Auf dem isolierten, einem Schiffsdeck ähnlichen, 1600 Meter langen und bis zu 800 Meter breiten ovalen Tuffpodium lebten seit Ende des 7. vorchristlichen Jahrhunderts Etrusker. Volsinii hieß der wahrscheinlich von der Königsstadt Clusium (Chiusi) gegründete und politisch abhängige Handelsplatz mit schätzungsweise 13000 Einwohnern. Volsinii war die geistige und religiöse Mitte, das »Delphi« Etruriens, d.h. der zwölf autonomen, locker zusammengeschlossenen Stadtstaaten (Lukomonien). Nahebei lag das Nationalheiligtum Fanum Voltumnae, in dem alljährlich die Priester das Bundesoberhaupt wählten.

Zu Füßen des Felsstockes sorgten Bewässerungskanäle, wie sie 1990 am Südosthang ausgegraben wurden, für intensive Agrarkultur. Als im Jahre 308 v.Chr. Rom »zum erstenmal die durch langwährende Gunst des Schicksals üppige Macht der Etrusker gebrochen« hatte, wie Livius schreibt, und 60000 getötet bzw. gefangengenommen worden waren, begann der Schwanengesang Etruriens, obwohl es sich militärisch mit Umbrien und eingedrungenen Galliern verbündete. Die Allianz erlitt 283 v.Chr. eine totale Niederlage. Volsinii verlor seine Eigenständigkeit drei Jahre später. Zerstört wurde es 265/264, nachdem Leibeigene mit den in der Notzeit erhaltenen Privilegien (Waffen etc.) die Macht ergriffen hatten. Daraufhin wandten sich die Patrizier an Rom, um den Status quo wiederherzustellen. Infolge starker Gegenwehr kam es zum Untergang der Stadt. Überlebende gründeten das römische Volsinii, auf einer Geländeterrasse oberhalb Bolsena. Ende Etruriens nach 350 Jahren Existenz!

Ungefähr 800 Jahre später erwuchs aus den Ruinen die Siedlung »*urbs vetus*« (alte Stadt), wovon sich Orvieto ableitet.

Stadtrundgang

Östlich der **Piazza Cahen** (1) lockert ein Park das martialische Gebilde der **Rocca** (2) auf, der Festung, die für die Exilpäpste in Avignon als Überwachungsinstrument 1364 auf Geheiß des Legaten Kardinal Albornoz errichtet, 1457 unter Papst Calixtus III. erneuert und 1831 zerstört wurde.

Erste große, überwältigende Sehenswürdigkeit ist der **Pozzo di San Patrizio** (3), ein 58,44 Meter tiefer Brunnen mit einem Durchmesser von 4,90 Meter, ein technisches Glanzstück der Renaissance. Papst Clemens VII., vor dem »*Sacco di Roma*«, der Plünderung und Verwüstung Roms durch spanische und deutsche Söldner Kaiser Karls V., aus der Engelsburg am 7. Dezember 1527 nach Orvieto geflohen, wo er bis 1. Juni 1528 residierte, ließ das Trinkwasserreservoir von dem Florentiner Festungsbaumeister Antonio Sangallo d.J. entwerfen. 1537 war der zylindrische Schacht vollendet, in den Tuff gemeißelt bis zum wasserführenden Lehmboden, umschlungen von zwei spiralförmigen, durch 72 Öffnungen erhellte Treppen mit je 248 Stufen für den Ab- und Aufstieg. So vermied man Behinderungen der Tragetiere; mittlerweile nützt dies beim alltäglichen Andrang (8.00–18.00 Uhr).

Auf der Straße abwärts. Rechter Hand erkennt man die Reste des **Tempio del Belvedere** (4) aus dem 5. vorchristlichen Jahrhundert. Der Etruskertempel, einer von vermut-

Die gewaltige Fassade des Domes von Orvieto gehört zu den wenigen vollendeten Kirchenfassaden in Italien. Sie entstand zwischen 1310 und 1360. Die Mosaikwerkstatt leitete Lorenzo Maitani, die steinerne Rose schuf Andrea Orcagna.

lich zehn derartigen Kultplätzen, spiegelt sakrale antike »*Dispositio*«, wie sie der römische Militärtechniker und Ingenieur Vitruv in seinen zehn Büchern »*De architectura*« definiert. Gesamtlänge einschließlich Treppenaufgang 28,06 Meter. Im Podium sind drei rechteckige Zellen, die mittlere 9,45 × 5,48 Meter für die Hauptgottheit, die seitlichen Räume 3,80 Meter breit. Vorgesetzt war eine Halle (Pronaos), gestützt von acht Säulen in zwei Reihen. Den Tempelgiebel zierte, nach griechischem Vorbild, ein szenarisches Terrakottarelief (Museum Palazzo Faina). Etruskische Tempel bestanden nicht aus Stein oder Marmor, sondern aus Holz oder Ziegel, weshalb nirgendwo aufgehendes Mauerwerk erhalten blieb.

Zur *Gedenkstätte Martiri del Fascismo* (5). Faschisten zwangen die Widerständler, »sich auf einem Lastwagen auf ihre eigenen Särge zu setzten, bevor sie draußen vor der Stadt erschossen wurden« (Kadereit).

Die Straße schräg links kreuzen und auf dem unteren Sträßchen auf der Rückseite der Kasernen (III. Grenadier-Brigade). Weiter am Saum der Altstadt über Felsabbrüchen, streckenweise begleitet vom etruskischen Bering. An der *Piazza Guerrieri Gonzaga* ist ein Divisionskommando im einstigen Augustinerkloster (Nino-Bixio-Kaserne) untergebracht, in der dazugehörigen Kirche *Sant'Agostino* ein Restaurant geschickt integriert. Von der *Piazza San Giovenale* (6) rechts zur Kirche **San Giovenale** (6) in lombardischer Romanik, erweitert im 14. Jahrhundert. Der gotische Freskoschmuck zeigt u. a. den hl. Franziskus.

Auch weiterhin leitet uns der Altstadtrand. Nicht rechts hinab zur Porta Maggiore, der ältesten erhaltenen Pforte, sondern Gegenanstieg. Die **Chiesa di San Giovanni Evangelista** (7) zeigt nur äußerlich Bemerkenswertes: Architekturfragmente des 11. Jahrhunderts. Daneben ein ehemaliges Kloster mit einem Kreuzgang (frühes 16. Jahrhundert), in dem gelegentlich Kunstausstellungen stattfinden. Das *Ristorante Grotte del Funaro* gehört zu den originellen Lokalen Orvietos: Speisesaal in einer Tuffgrotte. Wen es nach einem 1968er »Brunello di Montalcino« gelüstet, muß 420 Mark lockermachen!

Durch die *Via Ripa Serancia.* Im Haus Nummer 25 kann man zusehen, wie Pinocchio geschnitzt wird. Auf der *Piazza dei Ranieri* rechts halten. Im *Ristorante Pozzo Etrusco* darf ein etruskischer Brunnen besichtigt werden. Links durch die *Via Garibaldi* spazierend, wird die *Piazza della Repubblica* erreicht, vielleicht das antike Forum. Hier steht der **Palazzo Comunale** (Rathaus, 8), den der in Orvieto gebürtige Ippolito Scalza von 1573 bis 1581 neu gestaltete. Kunsthistorisch von hohem Wert ist die von einem zwölfeckigen Glockenturm überragte **Chiesa di Sant'Andrea** (9): älteste umbrische Hallenkirche (um 1200). Sie war im Mittelalter Pfarrkirche Orvietos. Hier rief Papst Innozenz III. kurz vor seinem Tode 1216 zum vierten Kreuzzug auf. 1281 erlebte Sant'Andrea die Krönung Papst Martins IV. in Anwesenheit des Herrschers im Königreich Neapel, Karl von Anjou, als dessen Marionette der Papst diente, ehe man ihn 1284 aus Orvieto jagte. Unter dem ersten frühchristlichen Gotteshaus (6. Jahrhundert) entdeckten Ausgräber etruskisches Straßenpflaster und Abwasserkanäle.

Jetzt übernimmt uns der *Corso Cavour,* identisch mit dem *»decumanus«,* der uralten Hauptstraße. Nach Hausnummer 26, rechts, arbeitet der Holzkünstler Gualverio Michelangeli, unterstützt von Gattin Simonetta und den Töchtern Raffaella und Donatella. Links reckt sich der **Torre del Moro** (10), ein 42 Meter hoher Geschlechterturm des 13. Jahrhunderts. Er trägt seit 1578 die *»Campana delle 24 Arti«*; vorher läutete die »Glocke der 24 Zünfte« auf dem **Palazzo del Popolo** (11). Zu ihm führt links die Via della Costituente hin.

Der breite romanisch-gotische Tuffsteinbau, begonnen 1157 für den Papst oder einen Legaten, später Sitz des Capitano del Popolo, nach 1409 des Podestà (Bürgermeister), ist Kongreßzentrum. Auf der *Piazza del Popolo* herrscht donnerstags und samstags reger Marktbetrieb; vormittags ständig Obst- und Gemüsemarkt. Naschen Sie mal das gerühmte Gebäck der Konditorei von Attilio Scarponi!

Zurück, den »Corso« kreuzend, in die *Via del Duomo.* Gleich links prunkt der 1550 erbaute Komplex des *Palazzo Gualtiero* (12). Im Haus Nummer 11 das Feinkostgeschäft »Dai Fratelli« der Brüder Batolocco. Auf der kleinen *Torretta dell'Orologio* (13), einem der ältesten Uhrtürme Italiens (1348), schlägt »Maurizio», wie die Orvietaner die 1351 gegossene Bronzefigur nennen, die Stunden.

Geradezu wundersam tut sich die *Piazza Duomo* auf. Der **Dom** (14) zählt zu den bedeutendsten Werken italienischer Sakralgotik. Er wurde durch Ablaß-Spenden finanziert. Den Grundstein legte Papst Nikolaus IV. am 13. November 1290 anstelle einer alten, baufälligen Bischofskirche bzw. eines Etruskertempels. 1308 stand der Rohbau, und 1310 zeichnete der »Capomaestro« Lorenzo Maitani von der Domhütte Siena den Riß der 52 Meter hohen, 40 Meter breiten Marmorfassade in Form eines ausgewogenen Triptychons, das auch vertikal dreigegliedert ist, gefüllt mit Mosaikmustern. Das »größte und reichste polychromatische Denkmal auf Erden«, pries es der Schweizer Kunsthistoriker Jakob Burckhardt. Die Rosette und das Hauptportal vollendete der Florentiner Andrea Orcagna Mitte des 14. Jahrhunderts, während die modernen, heftig diskutierten Bronzebeschläge der Türen von Emilio Greco (1964–1970) sind: sie stellen »Taten der Barmherzigkeit« allegorisch dar.

Das Innere der 89,3 Meter langen, 32,7 Meter breiten und 34 Meter hohen Basilika mit offenem, bemalten Dachstuhl ist dreischiffig, romanisch geprägt in einfachen, klaren Linien, wobei schwarzweiße Streifen aus Basalt- bzw. Travertinkalkstein, die teilweise auch aufgemalt sind, dominieren. Durch die Alabasterfenster der Seitenkapellen fällt farbig-milchiges Licht. Im quadratischen Chor bilden die Intarsien am Gestühl kleine Kunstwerke. An den Wänden malte der Einheimische Ugolino di Prete Ilario zwischen 1370 und 1384 Mariengeschichten, Kirchenväter und Evangelisten, im Übergangsstil zur sogenannten »weichen Gotik«, wie Harald Keller darlegte. Zu Füßen der Orgel (4000 Pfeifen, 13 Manuale) strömen Besucher in die *Cappella del Corporale.* Sie bewahrt auf dem Altar das Reliquiar des legendären Kelchtuches mit der blutigen Hostie. Der Schrein (139 cm hoch, 63 cm breit) zählt zu den kostbarsten Arbeiten des Trecento (14. Jahrhundert). Im Freskenzyklus an der rechten Kapellenwand wird das »Wunder von Bolsena« dargestellt, links die Sakraments-Wunder.

Künstlerischer Höhepunkt in der *Cappella Nuova*, auch Cappella della Madonna di San Brizio genannt, rechts im Querschiff. Die Ausmalung wurde unter Fra Angelico und Benozzo Gozzoli 1447 begonnen (Gewölbefelder über dem Altar). Am 5. April 1499 erhielt der neunundfünfzigjährige Luca Signorelli aus dem toskanischen Cortona den Auftrag, das Werk zu vollenden. Honorar: 575 Dukaten. In vier Jahren schufen Signorelli und sein Sohn Polidoro einen monumentalen Freskenzyklus. Das »Weltende« erscheint hier erstmals so ausführlich in der abendländischen Malerei. Szenen von äußerst bewegter Dramatik, fast schon Expressionismus; plastische, anatomisch einwandfreie Nacktheit, wie sie die Kunstgeschichte vor Signorelli nicht kannte. Vasari erzählt, Michelangelo habe sich 30 Jahre später in seinem »Jüngsten Gericht« in der Sixtinischen Kapelle an Signorelli orientiert. Öffnungszeiten: 7.00 Uhr bis Dämmerung, 13.00 bis 14.30 Uhr geschlossen.

Um den Dom gruppieren sich Museen. Der **Palazzo Faina** (15) birgt die archäologische Sammlung des Grafen Claudio Faina und das Stadtmuseum; Besichtigung (außer Montag) 9.00 bis 13.00 Uhr, 15.00 bis 18.30 Uhr. Das **Museum der Dombauhütte** (Museo dell'Opera del Duomo) wird zur Zeit (1993) neu geordnet. Südlich des Domes steht der an einer Freitreppe und Zinnen kenntliche gotische *Palazzo Soliano* (16). Anschließend der *Palazzo dei Papi*, vorübergehende Residenz von insgesamt 33 Päpsten; heute *Museo Archeologico Nazionale* (17), 9.00 bis 13.30 Uhr, 15.00 bis 19.00 Uhr, Sonntag 9.00 bis 13.00 Uhr.

Gegenüber der Domfassade beginnt die *Via Maitani*. Im Haus Nummer 3 hat der

In der Nekropole von Orvieto: Die im Architrav eingemeißelten etruskischen Schriftzeichen verraten den Namen des Titulars des Grabes.

Künstler Livio Orazio Valentini sein Studio: Seine Ölgemälde und Graphiken erinnern offensichtlich an die Art des Luca Signorelli. Ein Stück weiter versteckt sich die im späten 13. Jahrhundert erbaute Kirche **San Francesco** (18). Portale und Fensterrosetten sind gotisch, das Innere spätbarock. In der zweiten Hälfte des 18. Jahrhunderts wurden ungezählte Gotteshäuser umgemodelt, was jedoch in der Kunstgeschichte Umbriens bedeutungslos blieb. Der Zuname *»d'Arari«* bei dem romanischen Kirchlein **San Lorenzo** (19, Frührenaissance-Portal) weist auf einen etruskischen Opferaltar *(ara)*, hin. Er ist Bestandteil des Altares, den ein Ziborium aus dem 12. Jahrhundert beschirmt.

Zurück, durch die *Via Duomo*, und rechts in den *Corso Cavour*. Das **Teatro Comunale** (20), 1844 erstmals bespielt, erinnert an den hiesigen Komponisten Luigi Mancinelli (1848–1922). Gegenüber von Hausnummer 30 biegt man links in die *Via Felice Cavallotti* ein. Sie endet auf der *Piazza XXIX Marzo*. **San Domenico** (21) wurde 1934 vom Faschismus auf die heutigen Maße reduziert. Um 1230 waren Dominikaner in Orvieto eingezogen, ein halbes Jahrhundert später stand der dreischiffige, 82 Meter lange Bau: erste Dominikanerkirche Italiens. Das Grabmal des Kardinals Guillaume de Bray (†1282) schuf Arnolfo di Cambio. Sein Vorhangmotiv gilt als Prototyp gotischer Wandgräber (z.B. San Francesco, Assisi; San Domenico, Perugia). Im Kreuzigungsfresko der Hauptchorkapelle ist Thomas von Aquin abgebildet. Der Dominikaner, Kirchenlehrer, geistvollste Philosoph und Theologe des Hochmittelalters, schrieb in dem Konvent, wo er 1264 dozierte, die Fronleichnams-Messe auf Wunsch Papst Urbans VI.

Durch die *Via Arnolfo di Cambio*. Sie geht in die *Via Roma* über. Hier ist das andere Or-

Stadtplan von Orvieto:* ① *Piazza Cahen,* ② *Rocca,* ③ *Pozzo di San Patrizio,* ④ *Etruskertempel,* ⑤ *Martiri del Fascismo,* ⑥ *San Giovenale,* ⑦ *San Giovanni,* ⑧ *Palazzo Comunale,* ⑨ *Sant'Andrea,* ⑩ *Torre del Moro,* ⑪ *Palazzo del Popolo,* ⑫ *Palazzo Gualtiero,* ⑬ *Torretta dell'Orologio,* ⑭ *Dom,* ⑮ *Palazzo Faina,* ⑯ *Palazzo Soliano,* ⑰ *Museo Archeologico,* ⑱ *San Francesco,* ⑲ *San Lorenzo,* ⑳ *Theater,* ㉑ *San Domenico, N Etruskische Nekropole.

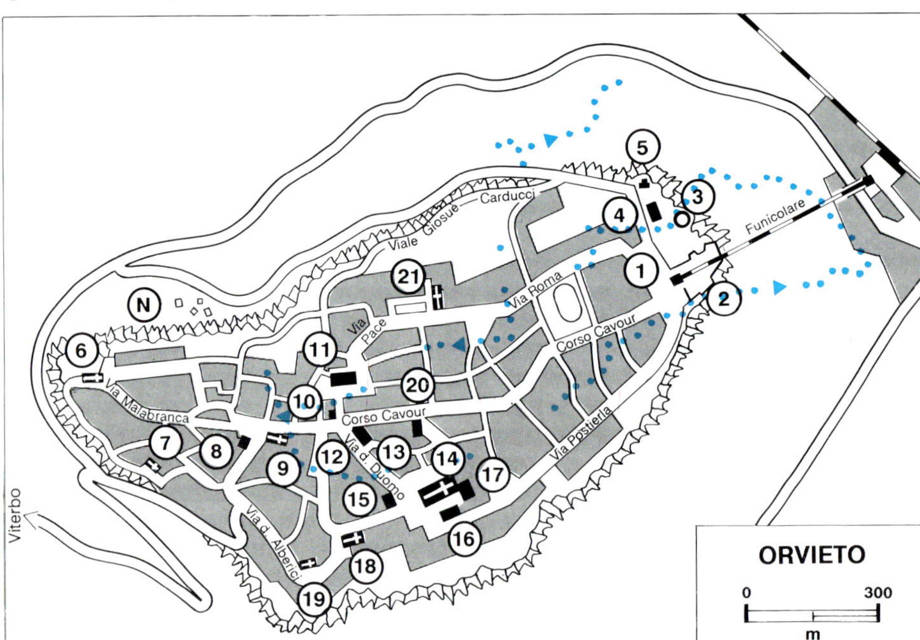

Eine Gräberstraße in der etruskischen Nekropole von Orvieto.

vieto: faschistische Architektur der späten zwanziger Jahre, nachdem der Diktator Benito Mussolini die Regierungsgewalt an sich gerissen hatte. Dann sind wir wieder im lauten Verkehr der *Piazza Cahen.*

Nützliche Informationen

Anfahrt: Auf der Autobahn 190 km von Florenz, 121 km von Rom. Von Todi (Staatsstraße 79, kurvenreich, aber voller Abwechslung) 45 km, oder Staatsstraße 448 über den Lago di Corbara, 32 km. Von Bolsena (Staatsstraße 71) 22 km. Bahnstrecke Florenz–Rom. Gute Busverbindungen, Busbahnhof Piazza Cahen.
Ausgangspunkt: *Piazza Cahen:* Ostrand der Altstadt, Station der »Funicolare« vom Bahnhof. Ab Autobahnausfahrt 6 km.
Parken: Sofern in Orvieto nicht genächtigt wird, sollte das Fahrzeug auf dem großen Parkplatz hinter dem Bahnhof abgestellt werden; gelbe Hinweistafeln: *»Bus turistico.«* Dort durch die Bahnhofsunterführung zur *»Funicolare«* nach Orvieto-Oberstadt. Ansonsten auf der Piazza Cahen; besser noch 250 Meter durch die Via Roma, dann links großer Parkplatz.
Gehzeiten: Piazza Cahen – Chiesa di San Giovenale: 40 Min. Insgesamt etwa 2 Std. Mit Besichtigungen ein Tag.
Unterkunft: Zahlreiche Hotels in der Altstadt. Wer dort den dichten Einbahnverkehr und die Parkraumnot meiden möchte, nimmt ein Zimmer in der Unterstadt (Orvieto Scalo).
Camping: Südöstlich (12 km) am Lago di Corbara (Baden verboten) an der Straße 448: *Orvieto,* Ostern bis Ende September, Tel. 07 44/95 02 40. Nebenan (einfacher und billiger): *Scacco Matto,* ganzjährig, Tel.

07 44/95 01 63. Mehrere Plätze am *Lago di Bolsena*.
Verpflegung: Restaurants in sämtlichen Kategorien. Auf einige wird im Rahmen des Stadtrundganges hingewiesen. Preiswert im Verhältnis zur Leistung: *Cucina Tipica Monaldo* (Via Angelo da Orvieto 7), *La Volpe e l'Uva* (Via Ripa Corsica 1). Unweit des Domes (Via Maitani 15, links etwas abseits) Selbstbedienungsgaststätte *Al San Francesco*, mittags oft besetzt. Ähnlich: *Charlie* (Corso Cavour 194), *Funky* (Via Gualtieri 7), *Vecchia Orvieto* (Via Garibaldi 2, ab 18.00 Uhr).
Etruskische Sehenswürdigkeiten: *Necropoli del Crocifisso del Tufo* (N): Auf der linken Seite (1,3 km) an der Straße Piazza Cahen – Bahnhof, Parkplatz, Bushaltestelle. Der Friedhof, einer von mehreren bei Orvieto, entstand um 550 v. Chr., sozusagen als Ministadt der Toten, ihre »Behausungen« am schachbrettähnlichen Straßennetz: Würfelgräber aus Tuffblöcken für etwa 90 Familien. Jeweils ein kleines Vestibül führt in die Kammer unter einfachen Kraggewölben. An der Fassade ist im Architrav vielfach der Name des Grabherrn eingeritzt – von rechts nach links, wie die etruskische Schrift lief: »MI« heißt, »ich bin das Grab des…«. Adelsgeschlechter-Namen nichtetruskischer Herkunft bezeugen ethnische Mobilität, »wobei von außen kommende Elemente offenbar in die Führungsschicht mit einflossen«, bemerkt Mario Torelli, Professor für Archäologie und Geschichte an der Universität Perugia. Die genormte Anlage könnte Beweis sein für eine sozial homogene Aristokratengesellschaft. Eintritt 8.30 Uhr bis zur Dämmerung.
Andere Gräber: Richtung Bolsena, 7,5 km bis zur Linksabzweigung beim Ristorante Buonviaggio (Tafel: »*Tomba etrusca degli Hescanas*«), von dort noch 1,5 km. Rechts oben, 70 Meter hinter dem aufgelassenen Bauernhaus, führt vom Weg halb links ein breiter Felsdromos zum Doppelportal eines stattlichen Kammergrabes des 5./4. Jahrhunderts (versperrt, wenn der Bauer ein Auto parken sieht, kommt er gewöhnlich und öffnet). Figurenmalereien an den Wänden, zwei Sarkophage, einer trägt die Inschrift »Hescanas«. Rechts vom Zugangsweg zwei kleinere, 1991 freigelegte Gräber.

Sehenswürdigkeiten der Umgebung:
Oasi di Alviano, 18 km südöstlich, am nordöstlichen Rand des Lago di Alviano (Tiber-Stausee) unterhalb des Weilers Madonna del Porto; Parkraum, Ferngläser. Erstes Naturreservat Umbriens, mit einer vielfältigen Tierwelt, seit 1989 verwaltet vom World Wildlife Fund. Informationen: Sezione WWF, Orvieto, Via delle Ripe 16; Tel. 07 63/4 40 24. IGM Karte 1:25 000, Foglio 137 I N.O. (Castiglione in Teverina). – *Lago di Bolsena*, 22 km südwestlich in Latium, fünftgrößter italienischer See (115 qkm), größtes durch Vulkanausbrüche (vor 350 000 Jahren) bzw. der damit verbundenen Senkung der Erdoberfläche entstandenes Gewässer Europas. Badegelegenheit. Personenschiffahrt.
Mittelalterliches Städtchen *Bolsena*: Bei der Anfahrt von Orvieto, vor den ersten Häusern, rechts Parkraum für die Ausgrabungen (Thermen, Forum, Tempel, Kirche etc.) des spätetruskischen Volsinii; 8.00 bis 13.00 Uhr, Montag geschlossen. Im Ort die Kirche Santa Cristina, wo das »Wunder von Bolsena« geschah; Zugang links vor dem Hauptaltar in den 1693 angefügten Zentralbau der »*Cappella del Miracolo*«. Mit dem im Altar (Ziborium aus dem 9. Jahrhundert) eingebauten Basaltblock sollte Cristina 292 n. Chr. auf Befehl ihres Vaters, des römischen Präfekten Urbanus, im See ertränkt werden. Doch der Stein habe sie auf wundersame Weise ans Ufer getragen…
Gefeiertes Patrozinium: 23./24. Juli. Stufen in die weitläufigsten Katakomben nördlich Roms, frühchristliche Gräber im Tuffstein, 1200 Menschen seien beigesetzt worden; 7.00–12.30 Uhr, 16.00–20.00 Uhr. Westlich (7 km) von Bolsena, an der Straße nach Grotto di Castro, die *Necropoli di Pianezza*, Etruskergräber des VII. bis V. Jahrhunderts v. Chr. »*Cucina Casalinga*« in Bolsena: Emilia Pelecca, Via Roma 23, auch Pizze. – Etruskische Totenstadt um *Sovana*, 52 km weiter westlich; siehe »Wanderungen in der Toskana«, Tour 19, Bruckmann Verlag.
Auskunft: Azienda di Promozione Turistica, Piazza Duomo 24, I-05018 Orvieto, Tel. 07 63/4 17 72.
Spezialschrifttum: Stadtführer an Kiosken und im Buchhandel. Stadtplan im Tourismusbüro kostenlos erhältlich.

Blick auf das mittelalterliche Todi, dessen Geschichte sich an seinen drei Mauerringen ablesen läßt, dem etruskischen, dem römischen und dem mittelalterlichen.

16 Todi – Modell für die Zukunft?

»Lebenswerteste Stadt der Welt«

Stadtrundgang: Porta Romana – Porta Catena – Mercato Vecchio – Piazza del Popolo – Dom – San Fortunato – Rocca – Santa Maria della Consolazione – Porta Aurea – Santa Maria in Camuccia – Via Matteotti – Porta Romana.
Beste Jahreszeit: Ganzjährig. Üblicherweise Ostern bis Herbst.
Reine Gehzeit: Etwa 1 Stunde. Mit Besichtigung ein halber Tag. Kirchen zwischen 12.00 und 15.00 geschlossen.

Der amerikanische Städteplaner und -forscher Professor Richard Levine erhob Todi 1991 nach mehrjährigen Studien zur »lebenswertesten Stadt der Welt«. Die Meßlatte für paradiesisches Erdenglück war hauptsächlich die Harmonie von Stadt und Land; aber auch niedrige Luftfeuchtigkeit, mildes Klima, genügend Regen förderten die Wertung. Benvenuto in Utopia! Todi – Modell einer Stadt der Zukunft? Bischof Lucio Grandoni ist skeptisch angesichts des glamourösen Presseechos und der jüngsten Entwicklungen. Bürgermeister Massimo Buconi, Sozialist, Jahrgang 1958, dämpfte die Euphorie: »Vom Idealzustand sind wir noch ein Stück entfernt.« Er meint die zeitweilige Autoinvasion im Labyrinth des »*centro storico*«. Doch seine Plage müßte bei gutem Willen erheblich zu drosseln sein! Unwiederbringlich dahin sind dagegen die Grundstückspreise von einst. Binnen weniger Monate nach der Aussage des US-Forschers stiegen die Immobilien um das Doppelte. 1992 bezahlte man mindestens 4000 Mark pro Quadratmeter Wohnfläche.

Irdisches Nonplusultra oder nicht, Provokation oder Scherz – Todi bleibt gewissermaßen eine Oase. Zwar trotten heute keine Schweine mehr herum, wie bis 1592, doch schon hundert Meter vom Rathaus entfernt träumen Gemüsegärtchen. Vor den Mauern grünt Weinlaub an knorrigen Rebstöcken,

Brennesseln wuchern, Mandel- und Kirschbäumchen blühen, Sonnenblumen drehen ihr Gesicht nach der Sonne, Tabakpflanzen gedeihen, silbern schimmern Olivenhaine. Urbanes und Natur in Symbiose! Weil der Massentourismus die Perle ignoriert, ist die Atmosphäre unverfälscht. Ein vernünftiger Bebauungsplan in den siebziger Jahren vereitelte häßliche Trabantenviertel.

Die Tudertiner – sie gelten bei ihren Nachbarn als ebenso freundlich wie mißtrauisch, höflich wie ironisch – verharren größtenteils im dreifachen Bering. Er spiegelt die wesentlichen Epochen: umbrisch-etruskisch, römisch, mittelalterlich. Obwohl das Gemeinwesen auf umbrischem Boden thront, von Etrurien durch den Tiber getrennt, stand die Siedlung zwischen dem 5. und 3. vorchristlichen Jahrhundert unter starkem etruskischen Einfluß. Aus *»Tutere«* wurde im Lateinischen *»Tuder«*, ab 60 v. Chr. *»Julia Fida Tuder«*, eine römische Veteranenkolonie, schließlich Todi. *»Tudernis«* hieß übrigens die hier gezüchtete, in Umbrien und Etrurien verbreitetste Rebe.

Todi wird vom Mittelalter geprägt. Im 13. Jahrhundert dehnte es sich aus. In dieser Zeit entstand auch der jüngste, etwa vier Kilometer lange Mauergürtel. Die von der freien Kommune angeworbenen 2000 Reiter eroberten 1208 Amelia, 1217 Terni. Damals waren 23 Zünfte vertreten. Den Aufschwung begünstigte die Versumpfung des unteren Tibertales, wodurch die Via Cassia für lange Zeit unwegsam und die Todi berührende römische Via Amerina zu einer Hauptverkehrsader wurde. In San Prassede, einst Augustinerkonvent, nächtigte Martin Luther 1510 bei seiner Romreise. 1523 fiel mehr als die Hälfte aller Einwohner der Pest zum Opfer.

Im 15. Jahrhundert hatte der Kirchenstaat die Institutionen der kleinen Stadtrepublik aufgelöst und zu bloßen Verwaltungsorganen degradiert. Es folgten wirtschaftliche Lethargie und geistiger Stillstand. Während des späten 16. und frühen 17. Jahrhunderts sorgten die Bischöfe Paolo Emilio, Federico und

Die Piazza del Popolo in Todi. Von rechts: Palazzo dei Priori (1293–1337), Palazzo del Popolo (mit Schwalbenschwanz-Zinnen, 1213–1233) und Palazzo del Capitano (um 1300).

Angelo Cesi für städtebauliche Erneuerungen. Todi zappelte in den päpstlichen Krallen wie das übrige Umbrien. Erst die Französische Revolution brachte um 1800 etwas Erleichterung. 1860 kam es dann zum Königreich Italien.

In jüngster Zeit erschütterte eine Katastrophe die Stadt: 1982 brach während der Antiquitätenmesse im Palazzo Vignola ein Brand aus. Er forderte 34 Tote und zahlreiche Verletzte. Die Feuerwehr mußte aus Perugia anrücken – Todi hat keine Vigili del Fuoco, nicht einmal Hydranten!

Stadtrundgang

Durch die **Porta Romana** (1), das Osttor des Mittelalters, in die *Via Giacomo Matteotti* (antifaschistischer Politiker, 1924 ermordet) in der Altstadt. Rechts die Renaissancekirche *San Filippo* (2) im Gedenken an den hier beigesetzten Serviten-Generaloberen Filippo Benizzi (1233–1285). Er starb im ehemaligen Servitenkloster San Francesco (heute Klarissenkloster).

Links der Straße, am römischen Trajansforum, *San Niccolò* (3), mit bemalter Holzdekke. Links in der zweiten Nische »Anbetung Christi«, naive Malerei (Engel in braunen Röckchen) des 15. Jahrhunderts. Rechts, an der Kirche vorbei, stößt man auf Außenmauern des unter Kaiser Trajan (98–117 n. Chr.) errichteten **Amphitheaters** (4).

Die Via Matteotti führt zur **Porta Catena** (5), dem Tor der römischen Mauer, von der links noch Teile zu sehen sind. Kurz vor der umbrisch-etruskischen *Porta Marzia* (6) geht es rechts, durch die *Via della Storta*. An der *Piazza del Mercato Vecchio* herrscht die aus Travertinblöcken um die Zeitenwende gefügte Front der *»Nicchioni«* (7): vier Nischen (für Götterstatuen?), über denen ein dorisches Gebälk horizontal verläuft.

Anschließend schwach links halten. Unterhalb des Weges reckt sich das Glockentürmchen der 1118 geweihten Chiesa di San Ilario. Östlich besticht der charakteristische Zentralbau des Santissimo Crocefisso. Durch die *Via San Bonaventura*, am Ristorante Umbria vorbei, zur **Piazza Garibaldi** (8).

Südseitig steht der 1552 errichtete **Palazzo degli Atti**. Die Atti waren neben den Cesi das einflußreichste Geschlecht ihrer Zeit. 1428, als der Platz noch Piazza San Giovanni e Paolo hieß, am 20. März, starb auf dem Scheiterhaufen die »Hexe« Metteucia di Francesco. Sie soll Liebeselixiere gemixt und sich mit Leib und Seele dem Teufel verschrieben haben. Der Mord geschah auf Wunsch Papst Martins V., der seinem angehenden Statthalter Francesco Sforza eine »saubere« Stadt wünschte. Im *Postamt* war ab 1470 ein kirchliches Pfandhaus in der Tradition hebräischer Geldverleiher. Man hatte die Juden 1292 als Finanziers geholt. Doch schon 1337 mußten sie ein Zeichen auf der Brust tragen...

Die **Piazza del Popolo** zählt zu den bestproportionierten Ensembles Italiens. Drei »Rathäuser« – Sitze verschiedener Oberhäupter der vielschichtigen Selbstverwaltung – säumen den Platz. Die Südseite bildet der **Palazzo dei Priori** (9). Grundsteinlegung 1293, Vollendung des rechten Anbaues 1347, des trapezförmigen Turmes 1395. Den mittelalterlichen Eindruck stören die Renaissancefenster, die 1513 eingesetzt wurden, als im Palast der päpstliche Gouverneur residierte. Zwischen dem zweiten und dritten oberen Fenster der bronzene Todi-Adler (1339).

Er ziert auch, in Stein gehauen, die Schmalfront des ältesten Kommunalpalastes, den 1213 in strenger lombardischer Gotik begonnenen, zwanzig Jahre später um ein Geschoß erhöhten (Schwalbenschwanzzinnen) **Palazzo del Popolo** (10), dessen Fundamente römisch seien. Die Museen sind »in restauro« (1993). Links daneben, verbunden durch die gemeinsame Freitreppe, zeigt der aus dem späten 13. Jahrhundert stammende **Palazzo del Capitano** (Rathaus, 11) die schönste Fassade, wozu besonders die unteren Drillingsfenster »in der reifen Eleganz des späten Dugento« (Reclam) mit ihren gotischen Ziergiebeln beitragen. Der Capitano del Popolo durfte sein Amt in der ausgeklügelten Machtordnung üblicherweise nur sechs Monate ausüben und kein Hiesiger sein, um Neutralität zu bewahren.

Der **Dom** (12), wahrscheinlich auf dem Platz des römischen Appollotempels, schließt die Piazza nördlich ab. Einladend führen 29 Stufen zu den drei Portalen in der zartgelben, durch rötliche Lisenen geglieder-

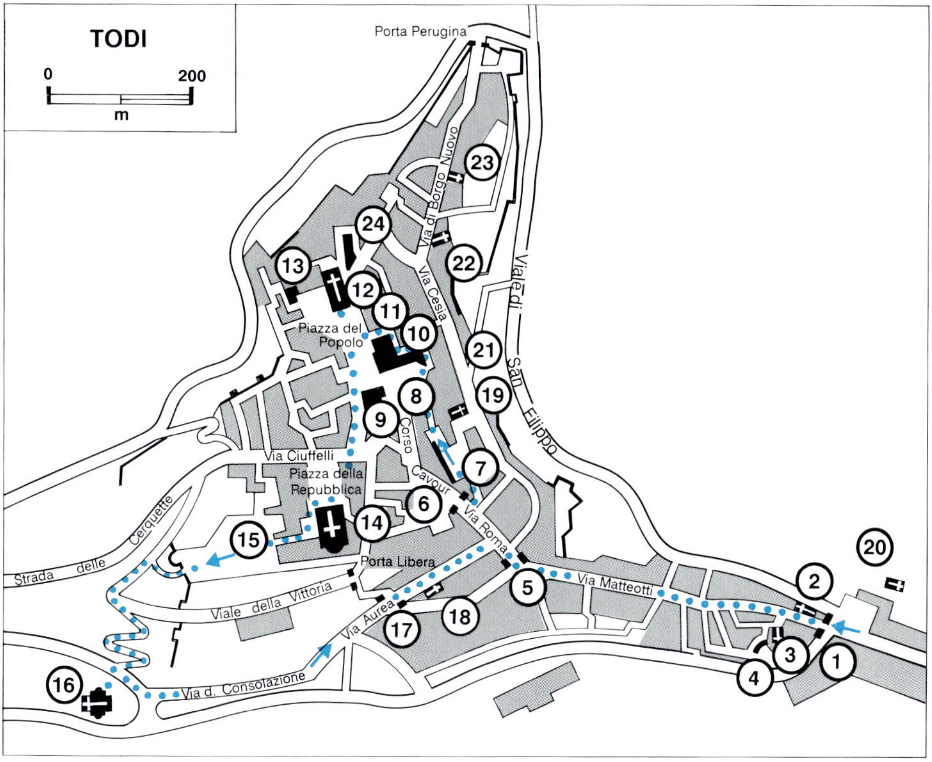

Stadtplan von Todi:* ① *Porta Romana,* ② *San Filippo,* ③ *San Niccolò,* ④ *Amphitheater,* ⑤ *Porta Catena,* ⑥ *Porta Marzia,* ⑦ *»Nicchioni«,* ⑧ *Piazza Garibaldi,* ⑨ *Palazzo dei Priori,* ⑩ *Palazzo del Popolo,* ⑪ *Palazzo del Capitano,* ⑫ *Dom,* ⑬ *Bischofspalast,* ⑭ *San Fortunato,* ⑮ *Piazza IV Novembre,* ⑯ *Santa Maria della Consolazione,* ⑰ *Porta Aurea,* ⑱ *Santa Maria in Camuccia,* ⑲ *San Ilario,* ⑳ *Santissimo Crocefisso,* ㉑ *Fonte di Scarnabecco (1241),* ㉒ *San Prassede,* ㉓ *San Francesco,* ㉔ *Palazzo del Vignola.

ten Fassade. Die unteren Rosetten wachsen rechts aus der Vertikalachse der Seitenportale heraus. Das später gemeißelte große Rosenfenster verleiht der Fassade ihren stärksten Akzent. Das Hauptschiff – offener Dachstuhl über dem Langhaus – begleiten Säulen in wechselndem Rhythmus; Achtkantpfeiler am rechten Seitenschiff. Vom »Jüngsten Gericht« (1596) über dem Hauptportal innen wird allgemein gesagt, der Maler habe sich am Michelangelo der Sixtinischen Kapelle orientiert.

Rechts im Seitenschiff begegnet uns als erstes Giovanni di Pietro, wegen seiner Herkunft, »Lo Spagna« genannt, ein Perugino-Schüler, mit dem Fresko »Heilige Dreifaltigkeit« (1515). Es folgt das Quattrocento-Taufbecken auf einer von vier Löwen getragenen Säule. Anschließend, in einem mittlerweile flügellosen Holzschrein, das Tafelbild »Madonna mit Kind«; ungewöhnlich ist der plastische Kopf Mariens. An der Chorbegrenzung nochmals »Lo Spagna«: Petrus und Paulus. Links vom Presbyterium gelangt man in die imposante Krypta der Urkirche (8. Jahrhundert). Ebenfalls unterirdisch die Grabkammern. Links neben dem Dom ließ Angelo Cesi kurz vor 1600 den *Bischofspalast* (Palazzo Vescovile, 13) erbauen.

Rechts vom *Palazzo dei Priori* durch die *Via Mazzini* und über die *Piazza Jacopone* rechts zur *Piazza Umberto I.* Eine Treppenanlage – breiter und höher als am Dom – sowie die unvollendete Fassade des 15. Jahrhunderts kennzeichnen **San Fortunato** (14). Die beiden Löwen an der oberen Treppe erinnern an den romanischen Vorgängerbau, eine Klosterkirche benediktinischer Vallombrosaner. Initiator des Neubaues, der sich nach 1292 mit Unterbrechungen fast zwei Jahrhunderte hinzog (Hauptportal 1420 bis 1436, Campanile 1460), war der Franziskaner Matteo aus Acquasparta, Bischof von Todi. Er hatte in Paris studiert. San Fortunato wurde offenbar von der französischen Gotik beeinflußt, das heißt, Haupt- und Seitenschiffe der kreuzrippengewölbten Hallenkirche sind gleich hoch, eine Rarität in Italien, aber in Perugia zweimal vertreten (Dom, San Domenico).

In der Krypta steht der Sarkophag des seligen Franziskaners Jacopone da Todi (*um 1230), tonangebender religiöser Lyriker seiner Zeit. Die Christen verdanken ihm den lateinischen Passionshymnus *»Stabat Mater dolorosa...«* sowie andere geistliche, mystisch erfüllte *»laude«*. Hingegen drücken seine Satiren tiefe Weltverachtung aus: »Ein kirchlicher Skandal«, tobte Papst Bonifaz VIII. und ließt den Minderbruder einsperren. Dem Kerker entronnen, fand Fra Jacopone Zuflucht in Collazzone bei Todi, wo er am

Der monumentale Zentralbau von Santa Maria della Consolazione (1508–1607) vor den Toren von Todi. Der Grundriß zeigt ein griechisches Kreuz mit vier Apsiden.

ersten Weihnachtstag 1306 verschied. Im *Kloster* ist eines der vier großen Archive Italiens untergebracht (die anderen in Rom, Turin, Florenz) – viereinhalb Kilometer Regale.

Rechts an Kirche und Klostergebäude vorbei. Rechts folgt ein kleines *Paulaner-Kloster*; links, unterhalb des Weges, eine *römische Zisterne*. Die *Piazza IV Novembre* (15) markiert den höchsten Punkt (411 m) Todis, die antike Akropolis. Baumwuchs erlaubt nur Ausblicke gen Süden. »*Il mastio*«, ein Rundturm, bildet den nennenswerten Rest der päpstlichen Zwingfeste. Sie ängstigte die Bürger ab 1373 bis zur Zerstörung 1503.

Links des »mastio« absteigen, linkshaltend zur Kirche **Santa Maria della Consolazione** (16). »Vielleicht hat der Baumeister Cola da Caprarola nach einem Plan Bramantes gearbeitet«, überlegt Eckart Peterich und bringt damit den Hauptbaumeister der italienischen Renaissance, Donato d'Angelo, genannt Bramante (1444–1514), in die Diskussion. Der Grundriß eines griechischen Kreuzes mit überkuppeltem Hauptraum entspricht jedenfalls Bramantes Idealvorstellungen von Proportionen, denen die Vollkommenheit göttlicher Ordnung zugrunde lag. So überrascht das kühle, helle, feierlich-distanziert wirkende Innere nur Unvorbereitete. Links vom Eingang eine Statue des in Todi geborenen Papstes Martin I. (649–655); das Berühren seiner silberblanken Schuhkappe bringe Glück... Die zwölf Apostel füllen in Vierergruppen drei Nebenapsiden. Beim Gnadenbild »Madonna della Consolazione« auf dem Hochaltar handelt es sich um ein Fresko (15. Jahrhundert). Die Legende berichtet, es sei im Mai 1508 von Arbeitern gefunden worden und habe beim Berühren einen Blinden geheilt. Noch im gleichen Jahr begann man, um die Pilger aufzufangen, mit dem Kirchenbau.

Vom Parkplatz auf der *Via Menecali* (Informationsstand) parallel zur Stadtmauer. Bei der Pizzeria Beccaro halb links in die *Via Pozzo Beccaro* und geradeaus. Die *Porta Aurea* (17) bringt uns wieder ins römische Todi. Rechts die *Chiesa San Giuseppe*, dann **Santa Maria in Camuccia** (18) aus dem 13. Jahrhundert. Die Statue »Madonna mit Kind«, in der vorderen linken Seitenkapelle, wird der Zeit um 1200 zugeschrieben (1993 in Restauration). Römisch sind die Portalsäulen, ebenso die Unterkirche, in welche der Pfarrer *(parroco)* führt; Klingel in der Kirche links.

An der *Via Santa Maria in Camuccia*, links hinter dem Hausdurchgang Nummer 38, entdeckt man eindrucksvolle Teile der umbrisch-etruskischen Stadtmauer. Die Straße mündet bei der Bar Santa Maria in die *Via Roma*. Rechts zum Ausgangspunkt.

Nützliche Informationen

Anfahrt: Superstrada Perugia – Terni (40 km); von der Ausfahrt Todi/Orvieto 4,5 km zur Altstadt. Busverbindungen mit Perugia, Terni, Orvieto, Rom. Bahnstrecke Perugia – Terni, Bahnhof (Todi – Ponte Rio) 3 km nordöstlich, unterhalb der Altstadt; Busverbindungen.

Ausgangspunkt: *Porta Romana.*

Parken: Östlicher Altstadtrand, vor der Porta Romana, rechts unterhalb der FINA-Tankstelle (günstig für den beschriebenen Stadtrundgang). Oder bei Santa Maria della Consolazione.

Gehzeit: Etwa 1 Stunde; mit Besichtigung ein halber Tag.

Unterkunft: Einfach (Doppelzimmer mit Dusche 95 Mark) nahe der Altstadt: *Hotel-Ristorante Zodiaco* (Via del Crocefisso 23), Tel. 8942625, 8942658. Großzügig *Hotel Bramante* (Via Orvietana 48), Tel. 8948381.

Verpflegung: *Pizzerien* in der Altstadt (Via Matteotti, Via Roma, Via Cavour). Gehobene Preisklasse: *Ristorante Umbria* (Via San Bonaventura 13, Aussichtsterrasse). Ähnlich bei »Peppino« im *Ristorante Jacopone* (Piazza Jacopone 5).

Camping: 21 km entfernt am Lago di Corbara; siehe Tour 15.

Veranstaltungen: *Verkaufsausstellung* des italienischen Kunsthandwerks (Palazzo del Popolo), Schwerpunkt Umbrien: letzte Juni- und erste Juliwoche. *Settembre Todino*, Festival: zehn Tage Anfang September. Lesungen, Musik, Ballett, Film.

Sehenswürdigkeiten der Umgebung: *Collevalenza* (7 km südöstlich), *Santuario dell'amore misericordioso*; siehe Seite 131.

Auskunft: Azienda di Promozione Turistica del Tuderte, Via Mazzini 27, I-06059 Todi, Tel. 075/8943395.

Die Hauptfront der Kathedrale San Lorenzo in Perugia blickt auf die Piazza IV Novembre. Links von dem Barockportal die Statue des Papstes Julius III., rechts die Kanzel, von der aus der hl. Bernhard von Siena zum Volk predigte. Die Bauzeit dauerte von 1345 bis 1490.

17 Perugia – Umbriens Zentrum

Durch 2500 Jahre Geschichte

Stadtrundgang: Piazza Italia – Palazzo dei Priori – Piazza IV Novembre – Via dei Priori – Oratorio di San Bernardino – San Michele Arcangelo – San Severo – Piazza IV Novembre.
Beste Jahreszeit: Ganzjährig, üblicherweise ab April. Im Sommer sehr heiß und überlaufen.
Reine Gehzeit: Etwa 1 1/4 Stunden. Inklusive Besichtigungen ein Tag.

Von einem Sporn hoch über der Mündung des Valle Umbra in das Val Tiberina ruft Perugia den Reisenden, dem es nicht erspart bleibt, anonyme Vororte und Industrieanlagen zu durcheilen, ehe er das politische und kulturelle Herz Umbriens schlagen hört. Hier begegnet er moderner Atmosphäre ebenso wie archaischen Zeugen, Straßenkünstlern wie den Bildern der Genialen. Auf dem Corso Vannucci und um die Fontana Maggiore entzücken Charme und leichtes Leben, Mode, rituelles Flanieren (»*passeggiata*«), intellektuell angehauchte Stimmungen voll internationalem Flair und spontaner Choreographie. Diese Form von heiterem Stadtleben ist für die Region eigentlich untypisch. Sicherlich tragen die 20 000 italienischen und ausländischen Studenten das ihre zur Atmosphäre der Universitätsstadt Perugia bei. »Farbtupfer« sind Afrikaner mit Bauchläden und Klappkoffern: »*Vu cumprà*«, wie sie »*vuoi comprare*« (willst du kaufen?) aussprechen. In der Provinz Perugia leben ungefähr 5000 »*marocchini*« (von rund 1,5 Millionen in ganz Italien). So der Sammelname, weil Marokkaner das stärkste Kontingent bilden.

Seit mehr als 2000 Jahren bewegen sich Menschen in den Mauern der Stadt. Sie ließen kommunalen Sinn reifen, schwankend zwischen Kaiser und Kirche, bis sie Papst

Paul III. im Salzkrieg 1540 endgültig knechtete und dem Vatikan einverleibte. Schon 1216, 1265, 1285, 1294 und 1305 hatten sich die Kardinäle zur Papstwahl in Perugia versammelt.

Urbane Merkmale besaß »Perusia« bereits im ausgehenden 6. Jahrhundert v. Chr. Man geht von 6000 Einwohnern auf 32 Hektar aus, was verglichen mit Orvieto (80 Hektar) nicht besonders groß war. Vermutlich handelte es sich um eine umbrische Gründung, die während des 6. Jahrhunderts unter den Einfluß der Etruskerstadt Clusium (Chiusi) geriet, möglicherweise wegen der bollwerkähnlichen Position an dem damals im Frühjahr schiffbaren Tiber, einem Lebensquell Mittelitaliens. Als Blütezeit wird das 4. Jahrhundert angesehen: »Perusia« war eine der bedeutendsten etruskischen Städte. Sein Territorium umfaßte zwischen Tiber und Lago Trasimeno 5000 Quadratkilometer landwirtschaftliche Fluren. Von der Aufteilung des Bodens unter den Familien Velthina und Afuna im 2. Jahrhundert, als Etrurien römisch war, künden die 24 Zeilen des *»Cippus Perusinius«* (Grenzstein), eine Art Eigentumsvertrag, im Museo Archeologico. 205 v. Chr. versorgten Weizenlieferungen aus der Gegend die römischen Truppen, die gegen Hannibal in Afrika kämpften. Perugia war also Metropole seit jeher! Bis 1927 war die Region Umbrien gleichbedeutend mit der Provinz Perugia. Dann wurde der Süden eigenständig und bildet seither die Provinz Terni. Für die Landesregierung schuf der Mailänder Stararchitekt Aldo Rossi 1988 den postmodernen »Palazzo della Regione« beim Bahnhof.

Bestimmend in Perugia sind Lebensmittelindustrie, vornehmlich Schokolade (*»dolci«* und *»baci«*, seit 1988 im Besitz des Schweizer Konzerns Nestlé), Streichholzfabrikation, Kunsttöpferei, keramische und pharmazeutische Betriebe. Luisa Spagnoli und Umberto Ginocchietti machen Mode. Die Antiquitätenschau vereint alljährlich Ende Oktober angesehene europäische Händler. »Umbra Jazz« (ab zweiter Juliwoche, zehn Tage lang) ist eines der bedeutendsten Jazzfestivals. Rockin' Umbria ertönt in der letzten Julidekade, umbrische Kirchenmusik während der ersten Septemberhälfte.

Stadtrundgang

Piazza Italia (1): An diesem Platz stehen repräsentative Gebäude, Banken und Hotels, in hundertjähriger Noblesse auch das »Brufani«, (Doppelzimmer 500 Mark). Hinter dem *Palazzo della Provincia* (1870) der *Giardino Carducci* in balkonähnlicher Lage über der Trabantenstadt Sansisto. Bei Sonnenuntergang ein »Gedicht«, das Giosuè Carducci, den gewichtigsten italienischen Literaten des ausgehenden 19. Jahrhunderts, zu seinem »Canto dell'amore« inspirierte.

Corso Vannucci heißt die Schlagader des Gemeinwesens. Er verbindet wie ein Laufsteg zwei Hügel und entstand durch Aufschüttung. Dieser Boulevard, in dem oftmals bis Mitternacht quirliges Geschiebe herrscht, ehrt den Maler Perugino. Er hieß nämlich Pietro Vannucci und ist ein Hauptmeister der umbrischen Frührenaissance. Seit 1988 dürfen am Corso keine Schnellgaststätten, Discos etc. mehr eingerichtet werden. Die Stadt wünscht hier traditionelle Handwerksbetriebe – doch die können die Ladenmieten nicht bezahlen! So bleibt das bisherige Kommerzspalier.

Die *Piazza della Repubblica* unterbricht den Straßenzug, ehe er an die schwach gebogene Längsfront des gotischen **Palazzo Comunale,** auch Palazzo dei Priori (2) heranführt. Seine Gestalt – Quadern, Triforenfenster, Zinnenkranz, Glockenturm – ist Ausdruck bürgerlichen Selbstbewußtseins und Kunstsinnes! Genau 150 Jahre wurde daran gearbeitet (1293 bis 1443). In die Frühphase gehört die der Kathedrale zugewandte Schmalseite mit der barocken, fächerförmigen Treppe zum Portal der herrlich ausgemalten, von Querbögen stabilisierten *Sala dei Notari*; offen 9.00 bis 13.00 Uhr, 15.00 bis 18.00 Uhr. Auf den Konsolen über dem Portal sitzen ein Löwe und das Wappentier Perugias, der Greif, aus Bronze gegossen. Gar von den Etruskern, wie man neuerdings annimmt? Dann dürfte der Leu nicht als Welfenlöwe interpretiert werden! Die herabhängenden Ketten sind Siegesbeute und bewegten bis 1358 die Zugbrücke eines Tores in Siena. Von der Kanzel über dem Portikus wurden neue Gesetze verlesen.

Am »Corso« geht es, rechts neben dem

Vor dem Dom von Perugia erhebt sich die vierbogige Loggia des Braccio Fortebraccio, die 1423 vermutlich von Fieravanti errichtet wurde.

Gewändeportal, bei Hausnummer 15 in den kreuzgratgewölbten, holzverkleideten *»Nobile Collegio della Mercanzia«* (Saal der Kaufleute), Versammlungsraum der Handelshäuser, von denen im 13. Jahrhundert rund 300 existierten. Öffnungszeiten: 9.00 bis 12.30 Uhr, 15.00 bis 18.00 Uhr, Sonntag 9.00 bis 12.30 Uhr.

Die Eintrittskarte gilt auch für den *Nobile Collegio del Cambio* (der Wechsler), ein Stück weiter, Hausnummer 25. Dieser, das heißt die *Sala dell'Udienza,* ist eines der herausragendsten Beispiele raumgestalterischer profaner Renaissance in Italien. Von Wänden und Decken strahlt die Kunst Peruginos, dem möglicherweise Raffael half, kurz vor 1500. Links zwischen den Wandfeldern schaut uns Perugino von einem Selbstporträt an. An den Seitenwänden antike Größen wie Cato, Sokrates, Perikles, Kaiser Trajan, Publius Scipio. An der Decke rahmen Saturn, Jupiter, Mars, Merkur, Luna und Venus den Sonnenwagen des Apoll.

Aus der Sala dell'Udienza betritt man die *Cappella di San Giovanni Battista.* Sie wurde im frühen 16. Jahrhundert durch Giannicola di Paolo, einen Schüler Peruginos, freskiert; 9.00 bis 12.30 Uhr, 14.30 bis 17.30 Uhr. Im zweiten Stockwerk dokumentiert die *Galleria Nazionale dell'Umbria* das Werden der umbrischen Malerei vom 13. bis ins 18. Jahrhundert; werktags 9.00 bis 13.00 Uhr, 15.00 bis 19.00 Uhr, Sonntag 9.00 bis 13.00 Uhr. Nach soviel Kunstgenuß schmeckt das leckere Eis in der Bar del Cambio oder eine Süßigkeit zum Kaffee gegenüber bei »Sandri«, einer gepriesenen Pasticceria, deren Interieur aus dem letzten Jahrhundert unangetastet blieb.

Auf der leicht abfallenden *Piazza IV Novembre* sprudelt die dreistufige, 1278 vollendete **Fontana Maggiore** (3): ein einmaliges mittelalterliches Kunstwerk. Die untere Marmorschale zeigt auf 50 Reliefs Allegorien der Monate (Tierkreiszeichen) und der Wissenschaften, etliche biblische Episoden, die sieben freien Künste, Fabeltiere, Szenen aus römischen Sagen. Die obere Schale schmükken 24 Statuetten von Heiligen und historischen Persönlichkeiten; an der Nordecke steht Heulixtes, der legendäre Stadtgründer aus dem fernen Troja. In der oberen Schale, dem Werk eines Glockengießers, quillt aus einer Amphore, die von drei Nymphen getragen wird, das Wasser. Die Bildhauerarbeiten stammen von Nicola und Giovanni Pisano, Vater und Sohn – den bedeutendsten Steinmetzen ihrer Epoche.

Den Abschluß der Piazza bildet die Seitenfront der **Kathedrale San Lorenzo** (4). Das Kreuz über dem Portal gedenkt des Widerstandes gegen die durch Papst Paul III. 1539 diktierte Salzsteuer bzw. des Salzkrieges, den Perugia letztendlich verlor, weshalb es sich der Rocca Paolina beugen mußte. Papst Julius III., links vom Portal, hob 1555 die Repressalien seines Vorgängers auf. Von der Kanzel predigte Bernhard von Siena in den Jahren 1425 und 1427. Die 1345 begonnene, jedoch erst 1490 fertiggestellte gotische Hallenkirche mißt in der Länge 68 Meter. Links von dem barocken Hauptportal befindet sich im Innern die *Cappella del Sant'Anello*. Ein Schrein bewahrt den 1473 in Chiusi von einem deutschen Mönch gestohlenen »Hochzeitsring« Mariens hinter rotem Tuch, das nur am 29. Juli ab 18.00 Uhr und am 30. Juli von 8.00 bis 19.00 Uhr gelüftet wird.

Vom »Corso« leitet die *Porta dei Priori* in die geschäftige *Via dei Priori*. Im Haus Nummer 3 gibt es ofenfrische Pizze al Taglio (Pizza vom Blech). Bei Bruno Cappellini (Nr. 29) kauft man Lebensmittelspezialitäten. Mittelalterliche Atmosphäre und umbrische Küche garantiert »Giancarlo« (Nr. 36). Links das gotische Kirchlein *Sant'Agata*. Rechts folgt die Barockkirche *San Filippo Neri*, dann die romanische, während der ersten Hälfte des 14. Jahrhunderts erweiterte Chiesa *Santo Stefano*. Links der Kreuzkuppelbau *Santa Teresa* (1718), einst Besitz der Barfüßigen Karmeliter. Der **Torre degli Sciri**, 12. Jahrhundert, stellt den einzigen noch vollständig erhaltenen Geschlechterturm in Perugia dar.

Die Via dei Priori endet beim **Arco di San Luca** (auch Porta Trasimena). Er markiert den Verlauf der 2,9 Kilometer langen etruskischen Stadtmauer aus dem 3. bzw. 2. vorchristlichen Jahrhundert. Rechtshaltend zur Piazzetta mit dem Kirchlein *Madonna della Luce*, das von 1512 bis 1518 entstand.

Die *Via San Francesco* führt auf die *Piazza San Francesco*. Hier besticht die zierliche mehrfarbige Fassade aus Marmor und Terrakotta des **Oratorio di San Bernardino** (5), ein Renaissance-Meisterwerk dekorativer, antik angeregter Bildhauerkunst des Florentiners Agostino da Duccio. Er arbeitete daran fünf Jahre im Auftrag der hiesigen Franziskaner, die nach der Heiligsprechung des Bernhard von Siena (1450) ihrem Bruder – er hatte an diesem Platz mehrmals gepredigt – das Gotteshaus widmeten. Den Altar im schlichten gotischen Innenraum bildet ein an der Vorderseite prächtig gemeißelter, frühchristli-

Detail der Fontana Maggiore. Das untere Becken zeigt die Monate und die Künste, das obere Repräsentanten der kirchlichen und weltlichen Macht.

cher Marmorsarkophag, in welchem der selige Ägidius, einer der ersten Jünger des Franziskus, 1262 beigesetzt wurde, und zwar in der benachbarten Kirche *San Francesco* (5). Sie ist leider in ruinösem Zustand, so daß alleine die 1926 restaurierte Fassade bewundert werden kann.

Verborgen bleibt der Sarkophag des Söldnerführers Braccio da Montone, genannt *»Fortebraccio«* (starker Arm). Unter seiner Herrschaft hatte Perugia wenig Glanz. Er fiel 1424 bei der Belagerung von L'Aquila bzw. starb an seinen Verletzungen.

Die *Via Alessandro Pascoli* führt abwärts, vorbei an *San Matteo in Campo d'Oro,* und mündet in die *Via Elisabetta.* Direkt gegenüber, in einem Gebäude der naturwissenschaftlichen Fakultät (Università degli Studi), ist im Untergeschoß das *Mosaico Romano der römischen Thermen* (6), von denen auch Grundmauern zu sehen sind; Eingang rechts. Im großen Mosaik bezaubert Orpheus, Sänger der griechischen Mythologie, mit seinem Saitenspiel die Tiere, um die Rückgabe seiner Gattin Eurydike zu erreichen.

Bergan. Den ersten Torbogen überbrückt einer der Aquädukte, über die der venezianische Ingenieur Boninsegna das Wasser über drei Meilen zur Fontana Maggiore leitete; Bauzeit der Wasserleitung: 20 Jahre.

Zur verkehrsreichen *Piazza Fortebraccio.* Sie wird beherrscht vom **Arco Etrusco** (7) und seinen trapezförmigen Flankentürmen aus mörtellosen Blöcken, die mehr als 2000 Jahre alt sind. Die Inschrift AUGUSTA PERUSIA ließ Oktavian (später Kaiser Augustus) einhauen. Er hatte die Stadt 40 v. Chr., nach der Ermordung Caesars, im landesweiten Bürgerkrieg gegen den Mitkonsul Marc Anton durch siebenmonatige Belagerung aushungern und erobern lassen, richtete 300 Adelige hin, veranlaßte aber einen Neuaufbau.

Der barocke **Palazzo Gallenga-Stuart** (8) ist Sitz der *Università Italiana per Stranieri.* Die seit 1921 tätige »Fremden-Universität« für Sprachkurse bringt durchschnittlich pro Jahr 8000 Italophilen, allen voran Amerikanern und Deutschen, Italienisch bei. 1981 schleuste sich der Papst-Attentäter Ali Agca auf diesem Weg in Italien ein.

Der Palazzo Comunale (auch Palazzo dei Priori) wurde zwischen 1293 und 1443 als weltlicher Mittelpunkt Perugias errichtet. Er ist einer der schönsten Stadtpaläste in Italien.

Ehe wir uns wieder der Innenstadt zuwenden, sei der Abstecher durch den *Corso Garibaldi* mit kleinen Geschäften und Lokalen empfohlen. Das *»Dal mi'Cocco* (Nr. 12) ist abends meist besetzt; typische Peruginer Gerichte, selbstgebackenes Brot. Schnellimbiß: Pizzeria Etruschetto (Nr. 17). *Sant'Agostino* aus der Zeit um 1260 bleibt rechts liegen. Hausnummer 179: *Monastero Santa Catarina,* ein Benediktinerinnenkloster. Nummer 191: *Monastero Beata Colomba,* Wirkungsstätte der seligen Colomba aus Rieti (1468–1501). Hier sollen sich Franziskus und Dominikus 1222 getroffen haben. Heute lebt im Kloster ein halbes Dutzend Dominikanerinnen – hinter vergitterten Fenstern.

Der Corso endet bei der *Porta Sant'Angelo.* Vorher halb rechts zur Rundkirche **San Michele Arcangelo** (9), geöffnet 9.00 bis 13.00 Uhr, 15.00 bis 17.30 Uhr, Montag geschlossen. »Sant'Angelo«, so die Kurzform, eine originelle sechzehneckige Zentralkonstruktion aus dem 5. Jahrhundert, wurde teilweise gotisch verändert. Sie gehört zu den ältesten christlichen Bauwerken Umbriens. Das Innenrund läßt suggestive Faszination spüren. Sechzehn korinthische Säulen tragen den ursprünglich höheren Tambour aus römischen Ziegeln und Natursteinen. Römisch ist auch die Altarplatte auf einem Säulenstumpf, ebenfalls der Inschriftenstein aus der Ära Kaiser Marc Aurels (161–180), rechts von der Sakristeitüre. Das Fresko (Maria mit Heiligen) in der im 14. Jahrhundert angefügten Taufkapelle entstand 1421.

Wieder zum *Etruskertor.* Vor dem Brunnen (16. Jahrhundert) links hoch mit der *Via Bartolo,* beeindruckt von den kolossalen Quadern der etruskischen Stadtmauer. Weiter durch die *Via delle Prome,* am *Palazzo Rosso-Scotti* vorbei, zur *Piazza Michelotti.* Neben der *Casa di Cura* in die *Via dell'Aquila.*

Gleich danach rechts nach **San Severo** (10), errichtet 1007 auf dem Platz eines antiken Tempels; geöffnet 9.00 bis 12.00 Uhr, 15.30 bis 18.30 Uhr, Sonntag 8.30 bis 12.30

Uhr, Montag geschlossen. Im Oratorium der im 18. Jahrhundert erneuerten Kirche begegnen uns ein Meister (Perugino) und sein Schüler (Raffael), der den Meister sichtlich übertraf. Raffael malte im Alter von 22 Jahren den oberen Teil mit der Dreifaltigkeit, Engeln und Heiligen. Perugino nach Raffaels Tod (1520) den unteren Teil: Scholastika, Hieronymus, der Evangelist Johannes, Gregor der Große, Bonifatius, Martha (von links).

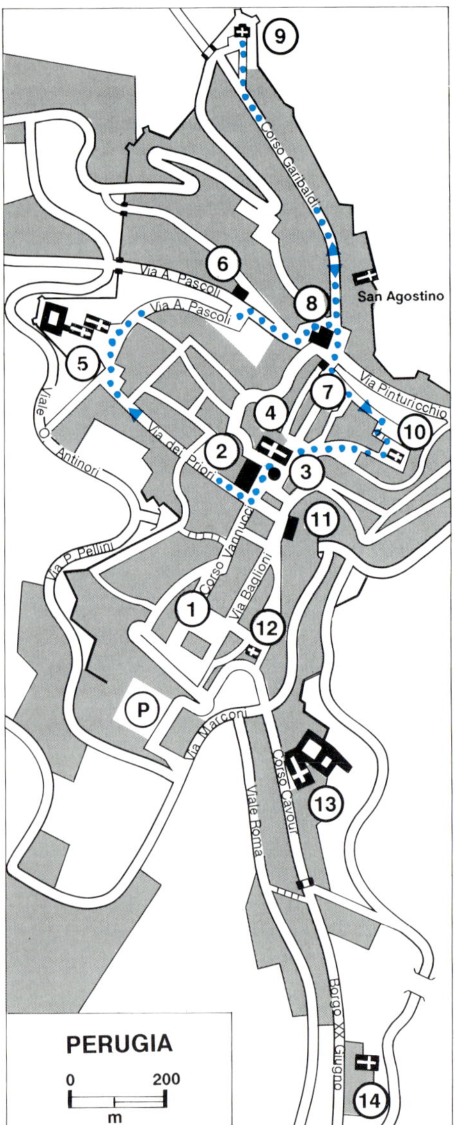

Abwärts und rechts auf die *Piazza Piccinino*, dem Übergang zur *Piazza Danti*. Haus Nummer 18 erlaubt den Zugang zum *Pozzo Etrusco*, einem sehenswerten etruskischen Brunnen; 9.00 bis 12.30 Uhr, Montag geschlossen, deutsche Informationsanschläge. Damit sind wir wieder auf der *Piazza IV Novembre*.

Nützliche Informationen

Anfahrt: Autobahn Florenz – Rom bis Ausfahrt Val di Chiana (90 km), von dort Schnellstraße über Passignano (58 km). Ab Cesena (Autobahn Bologna – Rimini) 200 km auf mautfreier Schnellstraße. Von Assisi 34 km, von Rom 172 km. Gute Busverbindungen. Haltestellen im Zentrum und auf der Piazza dei Partigiani. Bahnhof unten (3 km) in der Neustadt, Buslinie 29 zur Piazza Italia.
Ausgangsort: *Perugia* (493 m): 149 261 Einwohner, Region- und Provinzhauptstadt, Erzbischofssitz.
Parken: Am günstigsten in der gebührenpflichtigen Tiefgarage *Piazza dei Partigiani* (P), am südlichen Altstadtrand. Zufahrt vom Bahnhof Richtung »Centro«.
Ausgangspunkt: Piazza Italia am Südrand der Altstadt. Aus der Tiefgarage über Rolltreppen (Hinweis: *Scala mobile, centro*) unter dem Colle Landone bzw. durch das imposante Gemäuer der päpstlichen Zwingfeste Rocca Paolina, die 1540 errichtet und 1848 von der Bevölkerung geschleift wurde. An ihrer Stelle ist heute die Piazza Italia.
Gehzeiten: Effektiv 1¼ Std. Mit Besichtigungen ein Tag.
Unterkunft: Die Altstadt-Hotels (kaum Parkraum) sind meistens nur kompliziert erreichbar; Garagen sehr teuer. Im Zentrum preislich günstig (DZ 65 000 Lire): *San Sebastiano*

Stadtplan von Perugia: P Tiefgarage (Piazza dei Partigiani), ① Piazza Italia, ② Palazzo dei Priori, ③ Fontana Maggiore, ④ San Lorenzo, ⑤ San Bernardino/San Francesco, ⑥ Thermen, ⑦ Arco Etrusco, ⑧ Ausländeruniversität (Palazzo Gallenga-Stuart), ⑨ San Michele Arcangelo, ⑩ San Severo, ⑪ Palazzo del Capitano, ⑫ Sant'Ercolano, ⑬ San Domenico, ⑭ San Pietro.

(bei der Ausländer-Uni), Tel. 62006. Stadtteil San Pietro: *Signa* (Via del Grillo 9, DZ 70000 Lire), Tel. 61080. An der Schnellstraße: *Plaza Hotel* (Via Palermo 88, Tel. 34643). Exklusiv: *San Clemente* (Bosco, 10 km Richtung Gubbio), in einem ehemaligen Kloster, Park, Schwimmbad, Tennisplätze; Tel. 5918181.

Jugendherberge: *Centro di Accoglienza/ Ostello della Gioventù* (Via Bontempi, gegenüber Haus Nr. 18; unweit Piazza IV Novembre, über Piazza Piccinino), Kochgelegenheit, keine Reservierung.

Camping: *Paradis d'Eté* (650 m), Fraktion Colle della Trinità, Strada Fontana 29, nordwestlich von Perugia (10 km), Wegweiser von der Schnellstraße. Ganzjährig, Tel. 075/ 795117. *Il Rocolo* (370 m, Anfahrt wie oben), Strada della Trinità 1, Juni bis Mitte September, Tel. 075/798550. Mehrere Plätze am *Lago Trasimeno*.

Verpflegung: Einige Restaurants sind beim Stadtrundgang erwähnt. Veronelli empfiehlt u.a. die *Osteria del Bartolo* (Via del Bartolo 30, hinter der Kathedrale), wo die »Butter bis zu zweimal am Tage frisch zubereitet« wird, hausgemachte Nudeln. Weniger teuer und bürgerlicher: *Ristorante La Bocca Mia* (Via Ulisse Rocchi 36). Ähnlich: *Falchetto* (Via del Bartolo 20). Sehr preiswert: *La Botte* (Via Volte della Pace 33, nahe Kathedrale), abends Pizze. *Mensa Comunale* (unweit Piazza IV Novembre, Essen 11.00–14.00 Uhr, Sonntag geschlossen), auch für Nicht-Studenten.

Besichtigungen: Sofern nichts anderes angegeben, sind die Kirchen mittags etwa 3 Stunden geschlossen. Für Sprechanlagen 500 Lire veranschlagen.

Andere Sehenswürdigkeiten« *Sant'Ercolano* (12) gedenkt des Heiligen und Stadtpatrons. Bauzeit: 1297 bis 1326. Er hielt im 6. Jahrhundert sieben Jahre lang den Ostgoten stand, wurde aber dann durch deren Führer Totila am Platz der in Italien einzigartigen Doppelkirche hingerichtet. Gebeine im römischen Sarkophag, der den Altar bildet.

San Domenico (13, offen 7.00 bis 12.00 Uhr, 16.00 bis 19.30 Uhr). Der 1304 begonnene Bau ist ein markantes Beispiel für die Hallenarchitektur von Bettelordenkirchen, wie sie zuerst in Frankreich entwickelt wurde. Das

Ipogeo de' Volumni: das größte etruskische Sippengrab Umbriens liegt etwas außerhalb von Perugia in Ponte San Giovanni.

Mittelschiff stürzte 1614 ein. Der pseudobasilikale neue Bau, äußerlich schmucklos, innen barock ausgestattet, wurde 1632 geweiht. Das Chorfenster ist mit 21 Meter Höhe das zweitgrößte in Italien (nach dem Mailänder Dom). Das Chorgestühl ist reich mit Intarsien verziert (1498). Rechts vom Chor das Wandgrabmal des 1304 in Perugia verstorbenen Papstes Benedikt XI. Ein Teil des Dominikanerkonvents (10 Mönche) ist im *Museo Archeologico Nazionale dell'Umbria* untergebracht (9.00 bis 13.30 Uhr, 15.00 bis 18.30 Uhr, Sonntag 9.00 bis 13.00 Uhr, Montag geschlossen). Überregionale Geltung genießen die etruskischen Funde.

San Pietro (14), 979 geweiht: Renaissance-Campanile (70 m). In der Travertinfassade sind romanische Blendbögen integriert; rechts ungewöhnliches Fresko: dreiköpfige Dreifaltigkeit. Im Inneren »würdevolle Harmonie aus Architektur, Malerei und übriger Dekoration«, schreibt Reclams Kunstführer.

Am Chorgestühl wirkten elf Schnitzer etwa 50 Jahre. Ergebnis: eines der kunstvollsten des 16. Jahrhunderts. Die elf Meter hohen Leinwandbilder im Obergaden verbinden Szenen aus dem Leben Christi mit jeweils einem alttestamentlichen Motiv. Kleiner sind die von Perugino 1496 gemalten Tafelbilder in der Sakristei (Maurus, Herculanus, Pietro Vincioli, Konstantius; die Scholastika ist eine Kopie des 1916 gestohlenen Originals). Krypta und Sakristei dürfen in Begleitung eines Benediktiners besichtigt werden; 7.00 bis 12.00 Uhr, 15.30 bis 18.30 Uhr.
Sehenswürdigkeiten außerhalb: *Ipogeo dei Volumni*, 8 km südöstlich in *Ponte San Giovanni*: größtes etruskisches Sippengrab Umbriens, geöffnet 9.30 bis 12.30 Uhr, 16.30 bis 18.30 Uhr, Sonntag 9.30 bis 12.30 Uhr. Im Vestibül Travertinurnen aus 38 Grabkammern der Umgebung. Stufen in das unterirdische Adelsgrab (10,38 × 10,70 m). Am Ende des Atriums, im Tablinum (Hauptraum des römischen Hauses), der eigentlichen Grablege, thront Arnth Velimnas Aules, Erbauer der Gruft, gestorben 65 v. Chr. Rechts von ihm zwei Brüder, Vater, Großvater. Links vom Stifter die Urne einer Tochter. Und links vorne, im ziselierten Marmortempelchen, die Asche des dritten Sohnes, Publius, als letzter des Geschlechtes etwa 10 v. Chr. verschieden. Die Schalen in den Händen der Personen enthielten symbolische Spenden für das Jenseits.
Museo del Vino in *Torgiano*, 14,5 km südöstlich (Ausfahrt der Schnellstraße Richtung Terni): Weinmuseum im Palazzo Baglioni (16. Jahrhundert) der namhaften Kellerei Lungarotti, 9.00 bis 13.00 Uhr, 15.00 bis 20.00 Uhr. Daneben die »*Osteria del Museo*«, Proben und Detailverkauf. Lungarotti erzeugt auf einem Anbaugebiet von 200 Hektar, klimatisch begünstigt durch trockene Winde, ausgezeichnete Tropfen.
Auskünfte: Ufficio Informazioni, Palazzo dei Priori (Sala San Severo), Piazza IV Novembre, I-06100 Perugia, Tel. 075/2 33 27. Informationen auch im Bahnhof, geöffnet 8.30 bis 13.30 Uhr.
Spezialschrifttum: An Kiosken und im Buchhandel. Im Informationsbüro kostenloser Stadtplan mit deutscher Beschreibung (3 kurzgefaßte Rundgänge).

18 Pilger in Assisi

Auf den Spuren des hl. Franziskus

Rundwanderung und Stadtspaziergang: Parkplatz Porta Nuova – San Damiano – Rivotorto – Santa Maria degli Angeli – San Francesco – Piazza Comunale – Dom – Santa Chiara.
Höhenunterschied: 250 Meter.
Reine Gehzeit: Etwa 3 Stunden. Mit Besichtigungen mindestens 1 Tag. Von Santa Maria degli Angeli regelmäßige Busverbindungen mit Assisi; dadurch ist 1 Stunde Gehzeit weniger möglich.
Beste Jahreszeit: Frühjahr, Frühsommer, Herbst.

Zwischen Dezember 1181 und Februar 1182, genau ist das Datum nicht bekannt, wurde dem wohlhabenden Tuchhändler Pietro di Bernardone und seiner adeligen französischen Gattin Pica ein Junge geboren: Giovanni, genannt Francesco. Assisi gehörte zum fränkischen Herzogtum Spoleto. Als Vogt Konrad von Lützen 1198 die Stadt kurzzeitig verließ, vereinnahmte sie das Bürgertum und stürmte die Burg. Im Krieg gegen Perugia geriet Francesco in Gefangenschaft. Ende 1203 wurde er freigekauft. Durch dieses Ereignis erlebte der adlige Jüngling eine tiefgehende Wandlung. Er führte fortan ein Leben in bewußter Armut, Demut und Nächstenliebe und gründete in bewußtem Widerspruch zur protzigen Amtskirche den Orden der Minderbrüder (Minoriten).

Seine Regeln billigte Papst Innozenz III. mündlich im Jahre 1210. In Italien wie anderswo gruppierten sich Bruderschaften, Ergebnis der Wanderprediger-Mission des »*poverello*« zwischen 1213 und 1219. Sie führten den »*trovatore di Dio*« (Troubadour Gottes) bis an den Hof des ägyptischen Sultans. Zurückgekehrt, erfuhr Franz, daß es unter seinen Brüdern Streitigkeiten um die Interpretation der Regeln gab. Daraufhin legte er 1220 die Leitung des Ordens nieder, der schon mehr als 5000 Diener gefunden hatte. 1260 waren es bereits 17500 Fromme, zur Zeit der Reformation 100000.

Über dem Grab des hl. Franziskus errichteten seine Ordensbrüder in Assisi von 1228 bis 1253 eine Doppelkirche im Stil der französischen Gotik. Über der gruftartigen Grabeskirche erhebt sich die helle Oberkirche, deren Fassade nur durch zwei Türmchen, eine Rose und das Portal gegliedert ist.

Der erste franziskanische Orden erfuhr Verästelungen. Dem Stamm der Minderbrüder entsprossen die Zweige der Kapuziner (strengste Richtung, 12000 Mitglieder, davon 8600 Priester) und die schwarzgekutteten Franziskaner (von 4000 mehr als die Hälfte Priester).

Den zweiten in Franziskus wurzelnden Stamm bilden die Klarissen. Vom Dritten Orden (Tertianer) lebt ein Teil, hauptsächlich Frauen, monastisch, der andere besteht aus Laien. Rund eine halbe Million Menschen orientiert sich unter Führung des 1991 gewählten 117. Generaloberen, Pater Hermann Friedhelm Schalück, an Franz von Assisi, den »eine bezaubernde Natürlichkeit, eine sonnige Lebensauffassung, zarte Liebe zu allen Geschöpfen, ein sangesfrohes Gemüt, große Achtung vor der persönlichen Eigenart des einzelnen, kühne Unternehmungslust, viel Freiheit für weltweite Aktivität oder eremitorische Abgeschiedenheit, bewußte Ablehnung einengender Normen, urevangelische Frische« auszeichnete. So charakterisierte ihn der Kapuziner Casutt. Das Vermächtnis des unscheinbaren Umbriers, die geradezu kindlich naive Nächsten- und Naturliebe, könnten Grundlagen einer friedlichen Weltordnung sein! Er ist Schutzheiliger Italiens und seit 1980 Patron des Umweltschutzes. Franziskus ist heute so aktuell wie seinerzeit!

Pilgerwanderung

Am *Parkplatz Porta Nuova* zeigt ein Schild den Fußweg nach **San Damiano** (310 m), ursprünglich im 9. Jahrhundert geweiht, eine ausschlaggebende Station im Franziskusleben. Wenn Sie Glück haben, macht Pater Gerardo gerade eine deutsche Führung. Etliche Frati Minori sind ständig hier. Sie begleiten angehende Brüder durch die Zeit des No-

In Assisi begann eine der wichtigsten monastischen Bewegungen der Neuzeit. Hier lebte und wirkte im 13. Jahrhundert der hl. Franziskus, der Kämpfer für eine arme und friedenstiftende Kirche. Hauptziel der heutigen Wallfahrer ist die Ober- und Unterkirche von San Francesco (links im Bild).

viziates. Das Kruzifix des Hauptaltares ist eine Kopie (Original in Santa Chiara) jenes bemalten Kreuzes, vor dem Franziskus oft betete und das ihn 1206 bewog, seinen Weg zu gehen. Im Gärtchen schrieb er zwei Jahre vor seinem Tod, krank und halb erblindet, den *»Cantico delle Creature«* (Sonnengesang): Ausdruck allumfassender Liebe. Erstes religiöses Gedicht in italienischer Sprache! »Gebetbildchen« in deutscher Übersetzung liegen im Kreuzgang aus.

Damals lebten in San Damiano schon Klarissen: Gleichgesinnte der dem zwölf Jahre älteren Franz seelenverwandten Äbtissin Chiara. Für die 1194 in Assisi geborene Adelige hatte Franziskus den Zweiten Orden der armen Frauen gegründet. Er vereint knapp 19000 »Töchter der heiligen Klara« in mehreren Kongregationen (z.B. Urbanistinnen, Kapuzinerinnen). Dem Konvent gehörten auch Klaras Mutter Ortulana und zwei Schwestern – Agnes und Beatrix – an. Klara starb neunundfünfzigjährig in San Damiano, am 11. August 1253, und wurde 1255 kanonisiert. 1260 zog der Orden im Rahmen der Überführung der Heiligen in den neuen Konvent Santa Chiara. Öffnungszeiten von San Damiano: 10.00 bis 12.30 Uhr, 14.00 bis 18.00 Uhr.

Weiterweg: Rechts neben dem Kloster abwärts, dann links entlang der Mauern zu einem Querweg. Rechts, vorbei an einem Antoniusbildstock. Kurz danach rechts, nach einem Bächlein links und bei einem Marienbildstock die Autostraße kreuzen. Der *Podere Zucchetti* bleibt zurück. Auf der nächsten Straße links. Auf dem *Cimitero di Guerra Inglese* ruhen 949 Gefallene des letzten Weltkrieges. Die 500 Meter entfernte neugotische **Wallfahrtskirche Rivotorto** wird verhältnismäßig wenig besucht, obwohl hier die Franziskaner ihre »Jugend« verbrachten, zwischen 1209 und 1211.

Auf der Straße zurück und geradeaus, an dem romanischen Kirchlein *Santa Maria Maddalena* (211 m) vorbei. Bei einer Fabrik links über den Bahnkörper, nach 100 Metern rechts, zur Basilika **Santa Maria degli Angeli**. Achtgrößte Kirche der Christenheit! Aber: paßt der Monumentalbarock zu Franziskus? Ich meine, hier ist er grundfalsch, um nicht zu sagen beleidigend, interpretiert worden, und pflichte dem namhaften deutschen Kulturhistoriker Ferdinand Gregorovius bei, daß der 1569 von Papst Pius V. in Auftrag gegebene Bau zwar »ganz erstaunliche Summen gekostet haben muß«, jedoch »geistlos nüchtern« ist. Manche sahen im Erdbeben 1832, das Teile einstürzen ließ, späte Strafe für päpstliche Großmannssucht! Für mich war es schwierig, in der distanzheischenden, unpersönlichen Kühle des 115 Meter langen Monstrums eine innere Beziehung herzustellen für den, der in gelebter Nachfolge Jesu Christi wirkte und in der Nacht zum 4. Oktober 1226 auf dem nackten Fußboden starb, an Stelle der *Cappella del Transito*, rechts vom Presbyterium. Auf dem Altar liegt der Gürtel des Heiligen. Seine Statue schuf der Florentiner Renaissancekünstler Andrea della Robbia.

Besinnen wir uns der Anfänge! Die Örtlichkeit Portiuncula kam 1210 durch die Mönche von San Benedetto am Monte Subasio an Franziskus und seine Brüder, welche das dem Verfall preisgegebene Kirchlein eigenhändig erneuerten. Daneben entstanden in armseligen, mit Lehm verputzten runden Schilfrohrhütten kleine Zellen: Wiege der Franziskaner. Nach Portiuncula schlich, gerade 18 Jahre alt, im März 1212 die heilige Klara nachts aus dem Elternhaus, gebannt von den Predigten und dem Glaubenseifer des Franziskus. Der, so die Legende, »schneidet ihr feierlich die Haare ab, bekleidet sie mit dem groben Bußgewand – in schwesterlicher Liebe legt sie die Gelübde von Armut, Keuschheit und Gehorsam in seine Hände«. Das Urkirchlein wirkt verloren unter der kolossalen Kuppel, es hat die Dimensionen eines Schreins. Die Innenwände sind von Kerzenruß geschwärzt. Das Altarbild (1393) schildert den Portiuncula-Ablaß.

Der Hinweis »Roseto« leitet rechts aus der Kirche in den *Rosengarten.* Die Blumen haben keine Dornen – seit dem Tag, da sich Franziskus im Gestrüpp nackt wälzte, um einer Versuchung des Teufels zu widerstehen. Diese und andere Legenden malte Tiberio d'Assisi in der *Cappella delle Rose,* durch welche der Rundgang führt. An ihrer Stelle stand die Hütte Francescos. In der *Cappella del Pianto* (Tränenkapelle) beweinte er die Leiden Christi. Die *Apotheke* stammt aus dem Kloster des 14. Jahrhunderts, wie die Zellen, die dem sehenswerten *Museum* angeschlossen sind. Santa Maria degli Angeli ist zugänglich von: 9.00 bis 12.00 Uhr, 14.00 bis 18.30 Uhr, mittwochs geschlossen sowie von Oktober bis März. Zwischen 31. Juli und 2. August wallfahren historisch Bekleidete aus ganz Mittelitalien zur »Festa di Perdono« (Vergebung). Für Pilger stifteten die Florentiner Medici 1610 neben der Kirche den Brunnen mit insgesamt 26 Wasserstellen.

Weiterweg: Zunächst auf der Straße Richtung Assisi. Nach den Schienen rechts zum *Bahnhof.* Ihm gegenüber links, jetzt wieder mit herrlichen Blicken auf das vor dem Monte Subasio kauernde Assisi. Geradeaus auf dem Feldweg in 20 Minuten zu einem geteerten Quersträßchen. 200 Meter nach rechts. Beim abstrakten Eisenkreuz links, und in ¼ Stunde zur Straße, die hochführt zum großen Parkplatz. Vor der Porta San Pietro (14. Jahrhundert) steht rechts oberhalb die romanisch-gotische Kirche *San Pietro.* Durch die *Porta San Francesco,* den westlichen Haupteingang der Stadt, und die *Via Fra Elia* gelangt man zur *Piazza Inferiore.* Sie ist seit dem 15. Jahrhundert mit Säulen eingefaßt. Die niedrigen Laubengänge beherbergten einst Pilger.

Auf dem *Colle Inferiore* strecken sich die »ungeheuren Substruktionen der babylonisch übereinandergetürmten Kirche, wo der heilige Franziskus ruht«, notierte Goethe 1786, ohne sie zu besuchen (dafür tat es ihm der Minerva-Tempel an). Einen Tag nach der Heiligsprechung des Franziskus legte Papst Gregor IX., selbst Ordensmann, am 17. Juli 1228 den Grundstein für eine der meistbesuchten abendländischen Glaubensstätten: **San Francesco**, zwei Kirchen übereinander, entgegen der Tradition wegen des Geländes gewestet, fast unverändert erhalten (offen 6.00–19.00 Uhr). Frater Elias aus Cortona, von Franziskus sehr gefördert, Generaloberer (1232–1239), zeichnete die Pläne mit den das Langhaus flankierenden runden »Torrioni«, und trieb die Arbeiten an der Grabeskirche voran, unterstützt durch Schenkungen. 1230 überführte Elias heimlich den Leichnam des Heiligen aus San Giorgio, einen Tag vor der offiziellen Translatio (25. Mai), um einen Pilgeransturm zu vermeiden, was dem Orden und der Stadt eine schwere Rüge des Papstes einbrachte. Später wurden die Reliquien eingemauert; Räuber sollten keine Chance haben.

Auf der romanischen Unterkirche entstand um 1240 die Oberkirche im Stil der Bettelordengotik. Der riesige Gesamtkomplex, in den Ausmaßen ohne Vorbild, wurde am 25. Mai 1253, im Todesjahr der hl. Klara, von Papst Innozenz IV. geweiht: reiches Denkmal für einen armen Heiligen, dem es mit Sicherheit zu aufwendig gewesen wäre. Diesbezüglich opponierten auch Ordensleute. Gleichzeitig mit den Kirchen entstand ein kleiner Konvent und – ein großer Palast für die Päpste: Innozenz IV. beispielsweise verbrachte die Sommer 1253 und 1254 in Assisi. Ausbau des Klosters 1472 bis 1474 unter Papst Sixtus IV. Übrigens hatten die Franziskaner per Gesetz erreicht, daß sich in Assisi kein anderer Bettelorden niederlassen durfte, was ihnen das Spenden-Monopol brachte!

Die **Unterkirche** – franziskanische »Chiesa Madre« – ist zugleich Mausoleum. Nach dem Durchschreiten des Frührenaissance-Portikus und des gotischen Doppelportales umfängt uns mystisches Halbdunkel, düstere oder feierlich-weihevolle, meditative Stimmung, je nach Empfinden. Es beginnt eine Parade an Kunstwerken, die Normalsterbliche einfach überfordern. San Francesco gilt als üppigst bebilderte Kirche Italiens! Erstmals steht in der sakralen Malerei eine zeitgenössische Person – Franziskus – im Mittelpunkt. Am besten, man vertraut sich der Führung eines deutschsprachigen Franziskaners an. Ausgiebige Betrachtungen dauern Stunden. Im langobardisch anmutenden Langhaus (71,2 m) werden rechts zwischen den sich zu den Seitenkapellen öffnenden Arkadenbögen die Passion, links Szenen aus dem

Leben des Franziskus aus der Zeit um 1270 illustriert.

Pilger steuern aus der Schiffsmitte direkt in die 1822/24 gegrabene, 1925 bis 1932 neoromanisch umgestaltete *Krypta*. Im Januar 1818 ist das Franziskus-Grab nach zweimonatigem Suchen entdeckt worden. Über dem Altar steht der einfache Steinsarkophag des Franz von Assisi. Das »Ewige Licht« wird jedes Jahr am Todestag mit Öl aus verschiedenen Gemeinden und Regionen Italiens gefüllt.

»Einbahnverkehr« regelt die Rückkehr in die Halle. Ohne übersättigen zu wollen, sei im rechten vorderen Querarm, rechts neben der »Thronenden Madonna mit Engeln« auf das vielleicht getreueste Franziskusbild hingewiesen, freskiert um 1280 von Cimabue, wahrscheinlich sein letztes Werk in Assisi.

Aus den Querarmen über Treppen hinauf zu einer Terrasse, die auf drei Seiten der doppelgeschossige Frührenaissance-Kreuzgang (1476) umgibt. Das *Museum* kann, außer sonntags, von 9.30 bis 12.00 Uhr und 14.00 bis 18.00 Uhr besichtigt werden. Sein Schatz gehörte einst zu den reichsten des Abendlandes.

Chiesa Superiore: Oberkirche und Predigerkirche. Sie ist heller, irgendwie freier, was der französisch geprägte hochgotische Stil bewirkt. Die Oberkirche stellt das »Anspruchsvollste dar, was die Sakralarchitektur in Italien um diese Zeit aufzuweisen hat«, wertet Joachim Poeschke. Zu diesem Superlativ paßt auch Cenni di Pepo, bekannt als Cimabue, um 1240 in Florenz geboren, der fähigste toskanische Meister vor Giotto. Cimabue bereitete die Loslösung der Malerei aus der byzantinischen Tradition vor, verlieh seinen Gestalten Plastizität, unterschiedliche Gestik, den Gesichtern individuelle Züge und Gefühle, hob im Bildaufbau die Zentralfiguren hervor, faßte Menschen in Gruppen zusammen, bezog Architektur und Landschaft in dichte Kompositionen ein. Diese Entwicklung kulminiert überwältigend in der Chorapsis, den beiden Querarmen sowie im Vierungsgewölbe. Leider sind zahlreiche Motive, besonders im linken Querarm, infolge Oxydation des Kalkweiß zu »Negativen« verflacht, denn Cimabue setzte »auf dunkle Untermalung das Figürliche in Ocker und

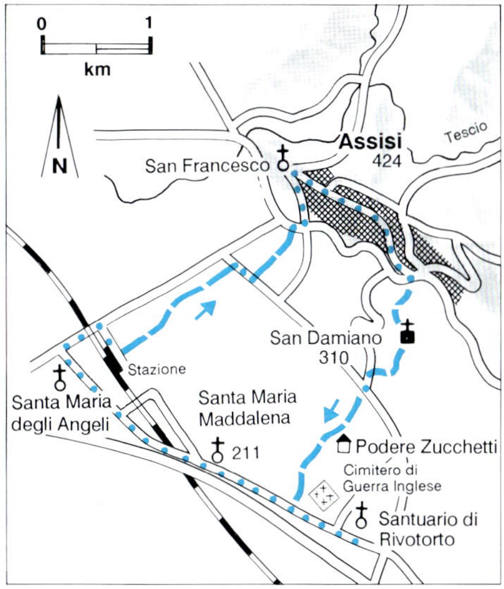

Kalkweiß und fügte dann erst die vollständige Ausmalung hinzu« (Reclams Kunstführer).

Die 28 Szenen der Franziskuslegende in der Sockelzone des Langhauses werden Giotto di Bondone (1266–1337) zugeschrieben, einem Florentiner von elementarer entwicklungsgeschichtlicher Bedeutung für die italienische Malerei, noch revolutionärer als sein Vorgänger Cimabue. Er schuf den »Begriff des abendländischen Bildes, der bis zu Cézanne hin in Geltung war«, urteilte der unvergessene, 1989 verstorbene Kunsthistoriker Harald Keller. Das vermutlich 1296 begonnene »Bilderbuch« Giottos in Anlehnung an die 1263 vollendete »Legenda maior« des Franziskaner-Generalvikars Bonaventura (1257–1274), wird an der dem Hochaltar zugewandten rechten Ecke aufgeschlagen und endet an der gegenüberliegenden Ecke. Bild eins beispielsweise trägt das Motto »Huldigung auf der Piazza«. Bild vier zeigt die »Verkündigung« in San Damiano, Nummer 15 (Eingangswand) die populäre »Vogelpredigt«. Der Zyklus ist der Blickfang, weshalb in den Fenster- und Obergadenzonen das Alte und Neue Testament meist nur gestreift wird. Kein Wunder bei soviel Franziskus!

Draußen erwartet uns die *Piazza Superiore*. Dann taucht man in die *Via San Francesco* ein, zwischen mittelalterlichen Mauern. Daß Assisi erfüllt sei von franziskanischem Geist, wie vielfach zu lesen ist, sind Eindrükke längst verklungener Zeiten. Sie gelten wohl nur mehr hinter Klostermauern!

Rechts (Nr. 19 d) das *Missionsmuseum*. Links die *Loggia dei Maestri Comacini* (Nr. 14): Haus der in Assisi tätigen Steinmetzen; Zunftwappen über dem Schaufenster des Juweliergeschäftes. Rechts darf man das *Oratorio dei Pellegrini* (9.00–12.00 Uhr, 15.00–18.00 Uhr) nicht übersehen, denn sein Inneres, ursprünglich der Betsaal eines 1432 gegründeten, verschwundenen Pilgerhospitals der Jakobs- und Antoniusbruderschaft, ist vollständig mit Fresken umbrischer Meister des 15. Jahrhunderts ausgemalt. Hausnummer 3: siebenbogiger *Portico del Monte Frumentario* (1267), früher ebenfalls Wallfahrerspital.

Gegenüber sprudelt die *Fonte Oliviera* (1570). Im Haus Nummer 2 b schnitzt ein Mann hingebungsvoll kleine Holzkreuze, die sich wohltuend abheben im »religiösen Supermarkt«. Am Übergang zur *Via Arnaldo Fortini* erinnert der Arkadenbogen an ein römisches Stadttor. Anschließend die *Via Portica. Artigiani* sei eine der besten Konditoreien Assisis! Haus Nummer 2: Krypta von San Niccolò, jener romanischen Kirche, in der Franziskus 1209 durch das Evangelium seinen Weg bestätigt glaubte. Die Krypta birgt das *Museo Civico* (9.30–13.00 Uhr, 15.00–19.00 Uhr, Sonntag 9.00–12.30 Uhr, Montag geschlossen); antike Funde. Aus dem Stadtmuseum führt ein Gang unter die Piazza Comunale bzw. auf den einstigen Vorplatz des Minerva-Tempels im römischen »Asisium«.

An der Grenze zwischen Unter- und Oberstadt umfängt uns die *Piazza Comunale*. Staunen vor dem **Tempio di Minerva:** nördlichster erhaltener Römertempel, finanziert durch die vier Stadtvorsteher *(quattuorviri)* im 1. Jahrhundert n. Chr. In der Cella wurde 1539 die Kirche *Santa Maria sopra Minerva* eingerichtet, deshalb blieb der Tempel erhalten. Seitlich reckt sich der *Torre di Popolo*, Bestandteil des **Palazzo del Capitano del Popolo** (13. Jahrhundert). Schräg gegenüber ist in dem aus vier Gebäuden bestehenden ehemaligen Palazzo dei Priori (1337), heute *Palazzo Comunale*, das Verkehrsbüro sowie die *Pinacoteca Comunale* (Gemäldegalerie, offen wie Museo Civico) untergebracht.

Am südöstlichen Ende des Platzes das angebliche Geburtshaus *(Casa paterna)* des Franziskus, dort, wo der spanische König Philipp III. die barocke *Chiesa Nuova* (1615) stiftete. Mauerreste *(Porta di Casa)* halten die Legende wach. Für den Vorplatz formte Roberto Joppolo 1984 das Franziskus-Elternpaar. Die zerrissene Kette in den Händen der Mutter soll die Loslösung des Sohnes symbolisieren.

Von der Piazza Comunale in die *Via San Rufino*. Links (Hausnummer 15) produzieren Stefano Abeltino und Davide Ciammarughi kunstvolle Keramik, keine Massenware.

Die Fassade und der Campanile von **San Rufino** beherrschen den gleichnamigen Platz. Hier wird das antike Forum vermutet. San Rufino, der Dom, steht seit etwa 1120/1130, geweiht dem ersten Bischof von Assisi (Relief im Tympanon des Haupteinganges). Er bekehrte die Stadt zum Christentum und starb Anfang des 3. Jahrhunderts den Märtyrertod. Am Patrozinium (11. August) wird ein feierliches Hochamt zelebriert. Die Fassade spiegelt eine mindestens hundertjährige Bauzeit. Über den drei prächtig skulptierten romanischen Portalen ein Fries mit Tiergestalten, der die dünnsäulige Zwerggalerie unter den drei Rosenfenstern stützt. Das Kircheninnere wurde ab 1567 unter dem gleichen Architekten umgestaltet, der Santa Maria degli Angeli plante: Galeazzo Alessi. Betritt man den Dom durch den linken Eingang, sieht man links die Reste einer römischen Zisterne (1. Jahrhundert). Aus dem rechten Seitenschiff, wo Franziskus sowie Klara getauft worden sein sollen, geht es ins *Dom-Museum*; Karten gelten auch für die vom Domplatz zugängliche *Krypta* (9.30–12.00 Uhr, 14.00–18.45 Uhr); deutsche Informationsanschläge. Dort wurde, glaubt man, Rufinus in dem mit Halbreliefs verzierten römischen Sarkophag bestattet. Im Vorhof der Krypta spendete ein 38 Meter tiefer Ziehbrunnen *(Pozzo della mensa)* Trinkwasser.

An der Piazza San Rufino in die *Via Dono Doni* und abwärts durch Gäßchen zur Kirche **Santa Chiara**, erbaut 1257 bis 1265 im Stil

Neben dem ehemaligen Minervatempel in Assisi reckt sich der Torre del Popolo des Palazzo del Capitano.

der Hochgotik: Mutterkirche der Klarissen. Öffnungszeiten 6.30 bis 12.00 Uhr, 14.00 bis 19.00 Uhr. Die linke Außenmauer stützen drei sogenannte »Schwanenbögen«. An der regelmäßig gestreiften Fassade leuchtet rosa und weiß *»pietra d'Assisi«*, Steine vom Monte Subasio. Das überlebensgroß gemalte Kruzifix im Apsisgewölbe stammt aus der Zeit 1280/1290. Bedeutender ist für Pilger das Kruzifix in der *Cappella di San Giorgio* bzw. *Cappella del Crocefisso*. Es inspirierte nämlich Franziskus in San Damiano.

Hinter einem Doppelgitter, wo das Brevier des Franziskus, Bekleidung und Haarlocken der hl. Klara die Erinnerung pflegen, verteilt eine verschleierte Nonne den Gebetstext des Franziskus vor dem legendären Kreuz. Opfer erwünscht! Den zweiten Teil der Cappella di San Giorgio bildet, getrennt durch eine Glasscheibe, die im 14. Jahrhundert freskierte *Cappella del Sacramento*. Beide Kapellen gehörten zum Vorgängerbau (Langschiff) San Giorgio, in dem Franz ersten Religionsunterricht empfangen und seine erste Grabstätte gefunden hatte. Im rechten Querschiff: Szenen aus dem Leben der hl. Klara. Ihr 1850 wiederentdeckter Leichnam ruht in der neugotischen *Krypta*. Festtag mit Hochamt am 12. August.

Links an der Kirche vorbei in den *Borgo Aretino*. Hinter der *Porta Nuova* rechts hinab zum *Parkplatz*.

Nützliche Informationen

Anfahrt: Von Florenz (185 km) über die Autobahn bis Ausfahrt Val di Chiana, dann Schnellstraße über Perugia. Von Rom 175 km, von Rimini 183 km, von Spoleto 48 km, von Gubbio 54 km. Beste Ausfahrt von der Schnellstraße: Santa Maria degli Angeli (6,8 km). Eisenbahnstrecke Terontola (von Florenz) – Perugia – Spoleto, Bahnhof 4 km außerhalb; halbstündlich Busverbindungen, Haltestellen Piazza Matteotti, Porta Nuova, Porta San Pietro. Direkte Buslinien aus der Umgebung sowie von Florenz und Rom.

Assisi (424 m): 24 669 Einwohner, Provinz Perugia, östlich von Perugia. Überlaufen selbst werktags, mehr noch an Feiertagen (auch Karwoche) und Wochenenden. Innenstadt teilweise autofrei, Hotelanfahrt erlaubt.

Parken: Gebührenpflichtiger Platz unterhalb der Porta Nuova, südöstlicher Altstadtrand (8.00–20.00 Uhr). Informationsbüro, kostenlose Broschüre mit Stadtplan; 11.00–13.00 Uhr, 14.30–19.30 Uhr. – Gebührenfrei auf der Piazza Matteotti, oft frühmorgens schon besetzt.

Gehzeiten ohne Besichtigung: Insgesamt etwa 3 Std. Parkplatz Porta Nuova – San Damiano: 5 Min. San Damiano – Rivotorto: 35 Min. Rivotorto – Santa Maria degli Angeli: 40 Min. Santa Maria degli Angeli – San Francesco: 1 Std. Zum Parkplatz: ½ Std. Mit Besichtigungen mindestens 1 Tag. Von Santa Maria degli Angeli regelmäßig Busverbindungen mit Assisi, dadurch effektiv 1 Std. weniger Gehzeit möglich.

Unterkunft: Exklusiv: *Subasio* (Via Frate Elia 2), Tel. 81 22 06; *Giotto* (Via Fontebella 41), Tel. 81 22 09. Verhältnismäßig preiswert und nahe San Francesco: *Properzio* (Via S. Francesco 38 b, ohne Parkplatz), Tel. 81 31 88. Per Auto gut erreichbar über Porta Nuova: *Belvedere* (Via Borgo Aretino 13), Tel. 81 24 60. Ähnlich *Porta Nuova* (etwas teurer, Parkplatz), Tel. 81 24 05. Betten (mit Halbpension zwischen 30 000 und 50 000 Lire) auch in *»Case religiose di ospitalità* bzw. Klöstern, z. B. *Santa Croce* (Via Santa Croce 4), deutsche Schwestern, Tel. 81 25 15. *Suore di San Brigida* (Via Moiano 1), Tel. 81 26 93. *Suore Francescane di Siessen* (Via delle Querce 55), Tel. 81 66 82.

Camping: *Internazionale*, westlich (2 km) an der Straße 147, Bushaltestelle, auch Bungalows, März bis Oktober; Tel. 81 37 10, 81 68 16. *Fontemaggio*, südöstlich (2 km), Via Eremo delle Carceri, ganzjährig, Bungalows, Tel. 81 36 36.

Jugendherberge: *Ostello della Pace* (außerhalb der Altstadt, Via Valecchi), Tel. 81 67 67.

Herbergen: *Città della Ospitalità* (Via Ancajani 3), Tel. 81 32 31. *Ostello Fontemaggio*, wie Camping Fontemaggio.

Verpflegung: Zahlreiche Lokale. Herausragend u. a.: *Medio Evo* (Via Arco dei Priori 4 b). *Buca di San Francesco* (Via Brizil 1), im Sommer Gartenbetrieb. *Umbra* (Via degli Archi 6). Gute Pizzeria: *Otello* (unterhalb Piazza delle Comune). Preiswerte umbrische

Der Dom von Assisi (San Rufino) ist älter als die Doppelkirche des hl. Franziskus. Die Fassade spiegelt die mehr als hundertjährige Baugeschichte zwischen 1120/30 und 1228.

Küche: *La Stalla* (Via Eremo delle Carceri, 2 km).

Weitere Sehenswürdigkeiten: *Rocca Maggiore*, Stadtburg in trapezförmigem Mauerring, 1174 erstmals erwähnt als kaiserliche Feste, 1198 geschleift. Wiederaufbau 1367 durch Kardinal Albornoz im Auftrag Papst Urbans V., später erweitert. Aussicht vom Bergfried, 8.00 Uhr bis Dämmerung. *Piazza del Vescovado* mit *Santa Maria Maggiore*, romanisch, einst Dom. Rechts angebaut der Bischofspalast, in dem Franziskus auf das väterliche Erbe verzichtete. Die Krypta vermittelt den Zugang in das angebliche Haus des *Sextus Propertius* (Properz), Klassiker der römischen Elegien- und Liebesdichtung um die Zeitwende.

Hauptfeste: *Karfreitags-Prozession*; *Calendimaggio* (Anfang Mai), Frühlingsfest aus heidnischer Zeit. Bürger promenieren in mittelalterlichen Kostümen. Musik- und Theaterwettbewerbe zwischen Ober- und Unterstadt, Bogen- und Armbrustschießen etc.; *Fronleichnams-Prozession*: Sonntag nach Fronleichnam.

Mountainbike-Tour:
Monte Subasio – Spello – Assisi: 39 km, Steigung: 900 Höhenmeter. Vom Altstadt-Ostrand (424 m) 4 km Asphaltstraße zum *Eremo delle Carceri* (792 m, siehe Tour 19). Danach über den *Monte Subasio* (1290 m, Schotterstraße) nach *Spello* und zurück.

Auskunft: Azienda di Promozione Turistica, Piazza del Comune 12, I-06081 Assisi. Tel. 075/81 25 34.

Wanderkarte: Kompasskarte 1:50 000, Blatt 665 (Assisi-Camerino).

Spezialschrifttum: Im örtlichen Buchhandel erhältlich. Auf Franziskus bezogen: Pater Eugen Wetzel, *Pilgerwege in Assisi*. St. Otto Verlag, Bamberg. Die *»Fioretti di San Francesco«*, im 14. Jahrhundert gesammelte Legenden, als Taschenbuch im Diogenes Verlag (Franz von Assisi, Fioretti).

19 Montagna di San Francesco

Monte Subasio und Spello

Tourencharakter: Unschwierige Wanderung.
Höhenunterschied: 800 Meter.
Reine Gehzeit: 5½ bis 6 Stunden.
Beste Jahrezeit: Frühling bis Spätherbst.

Südöstlich von Assisi schwingt wellenförmig der kahle Rücken des Monte Subasio bis auf fast 1200 Meter Höhe. Dort wurde *»pietra d'Assisi«* gebrochen, der Stein, welcher die Rot- und Weißtöne der Häuser bestimmt. An Christi Himmelfahrt *(Ascensione)* geht man mit Blumen auf den Subasio. Botaniker haben mehr als 600 verschiedene Pflanzenarten registriert. Sie machen den Berg im Mai und Juni zum Florawunder: Seit 1983 ist er Parco Naturale Regionale. Leider stören die Antennen von »Radio Subasio«, dem größten Privatsender Umbriens.

Vor allem junge Leute halten besinnlich Einkehr im Mittelgebirge, dem lauten Assisi entfliehend. Vielleicht auch im Gedenken an Franziskus, der mit seinen Brüdern Stille gefunden hat am Monte Subasio, im *Eremo delle Carceri*, zu deutsch »Kerkerklause«, obwohl die Eremiten freiwillig in die Wildnis gezogen waren. Ihr Geist atmet noch im dichten Steineichenwald.

Am Ende der Höhentour wartet Spello, ein Geheimtip, heute noch. Sonnenlicht streift gewundene Gassen, kriecht in pittoreske Winkel. Kunstvoll gefügte Pflastersteine geben sich gegenseitig Halt, bilden Fahrspur, Wasserrinne und Stufen. Am Sonntag nach Fronleichnam, zur Prozession, gleichen die Straßen einem Blumenteppich aus Blüten

Die Einsiedelei Santa Maria delle Carceri oberhalb von Assisi. Der Kern des Klosters aus dem Quattrocento ist ein Oratorium, das die Benediktiner von Subasio Franziskus zur Verfügung stellten.

und duftenden Kräutern, mit liturgischen Themen und Ornamenten in feinster Farbabstimmung. Die »*tappeti fioriti*« bedürfen wochenlanger Vorbereitung.

Spello wurde unter Augustus zum Municipium erhoben, versehen mit eingeschränkten römischen Bürgerrechten. Das Prädikat »*Splendissima Colonia Julia*« nimmt Bezug auf den Adoptivvater des Kaisers, Caesar (100–44 v. Chr.) aus dem Geschlecht der Julier, unter dem »Hispellum« aufblühte. Augusteisch ist das Amphitheater im Tal, außerhalb der Mauern, die übrigens im Verbund mit den Toren zu den besterhaltenen der römischen Welt zählen. Kaiser Konstantin der Große (306–337 n. Chr.) übertrug Spello die rituellen Spiele von Orvieto sowie das nach einem umbrischen Flußgott benannte Quellheiligtum an den Fonti del Clitunno (Kapitel 21). Im Mittelalter schwankte Spello, wie ganz Umbrien, zwischen Kaiser und Papst. Die Folge: ständig Kleinkriege, sogar Zerstörung durch Kaiser Barbarossa. Um 1130 kam der 700 Jahre alte Bischofssitz nach Spoleto.

Kunstfreunde besuchen Spello alleine wegen Santa Maria Maggiore, genauer gesagt der Fresken von Pinturicchio. Bernardino di Betto Biaggio (1454–1513), so der eigentliche Name des Meisters, hinterließ dort seiner Heimat die besten Malereien: das tiefe, naive Frömmigkeit ausstrahlende und doch heitere Spätwerk. Überdies ist Pinturicchios Lehrer vertreten, Perugino: Hauptmeister der umbrischen Frührenaissance und durch den zarten Ausdruck seiner Gestalten Vorbild der »Nazarener« zu Beginn des 19. Jahrhunderts.

Der Wegverlauf

Nach Durchschreiten der *Porta Cappuccini* (469 m) gleich links durch eine Zypressenallee, parallel zur Stadtbefestigung. Beim Turm der *Rocca Minore* übernimmt uns die Markierungsnummer 50: halbrechts ansteigen. Nach 20 Minuten an der Wegedreiteilung geradeaus (halblinks zur Fonte Maddalena, 20 Minuten). Aus der umbrischen Ebene sticht die Kuppel von Santa Maria degli Angeli hervor.

Tafeln mit einfachen Zeichnungen bilden einen Kreuzweg. Nach insgesamt 45 Minuten geht der Anstieg in eine ebene Promenade über. Fantastische Ausblicke – die schönsten im Nahbereich Assisis. Etwa 1/4 Stunde schlendert man genußvoll dahin. Dann wird die geschotterte Subasio-Straße betreten. Auf ihr rechts in 5 Minuten abwärts zur Pforte des **Eremo di Santa Maria delle Carceri** (792 m), so der offizielle Name für die Einsiedelei; geöffnet 6.30 bis 19.30 Uhr. Vom Ausgangspunkt 1 1/4 Stunden. Dem Brunnenwasser wird wundersame Wirkung zugeschrieben. Das eigentliche Santuario entwickelte sich aus einer Marienkapelle. Das Klösterchen entstand durch den hl. Bernhard von Siena, seit 1402 Franziskaner, der hier seine Predigten vorbereitet haben soll. Ist man zu spät dran, herrscht Gedränge. Stufen führen in die *Grotta di San Francesco* mit dem legendären »Felsenbett«. Jenseits des Baches feiern Pilger an einem Felsaltar die Messe.

Weiterweg: Den Eremo verlassen, 100 Meter nach dem Kiosk scharf rechts, Richtung San Benedetto. Etwa 10 Minuten später, in der Rechtskurve, zweigt Markierung 50 links ab in die *Vallonica*. An den Baumstämmen wuchert Efeu. Schon im Frühjahr blüht die wilde Pfingstrose. Nach 1/4 Stunde an der Gabelung halbrechts durch ein Seitentälchen, dessen Bachlauf nach 1/4 Stunde links überschritten wird. Wir kommen auf die freien Hänge des Subasio. Im Nordosten sieht man das Rifugio Stazzi am Colle San Rufino.

Über Wiesen hoch zu einem breiten Querweg. Er endet rechts beim **Rifugio di Vallonica** (1060 m) der Forstbehörde; Unterstand. Rechts am Gebäude vorbei, leicht bergan, an einer Viehtränke vorbei, die Flanken der weiten Mulde queren. In der nächsten flachen Mulde geht es halb links empor in einen Wiesensattel. Nun weist der *Sasso Piano* (1120 m), erkenntlich am Holzkreuz, die Route. Talseitig bricht geschichteter Fels ab. Jugendliche singen christliche Lieder, einer spielt Geige dazu. Spirito di San Francesco unverfälscht! Vom Eremo knapp 1 1/4 Stunden.

Fortsetzung der Traverse in den Subasio-Westhängen, auf einem Pfad am Viehzaun entlang. Kurz danach erlaubt Markierung 20 rechts einen Rückweg zum Eremo. Wir folgen dem Zaun noch etwa 150 Meter. Dann links und die roten Zeichen suchen.

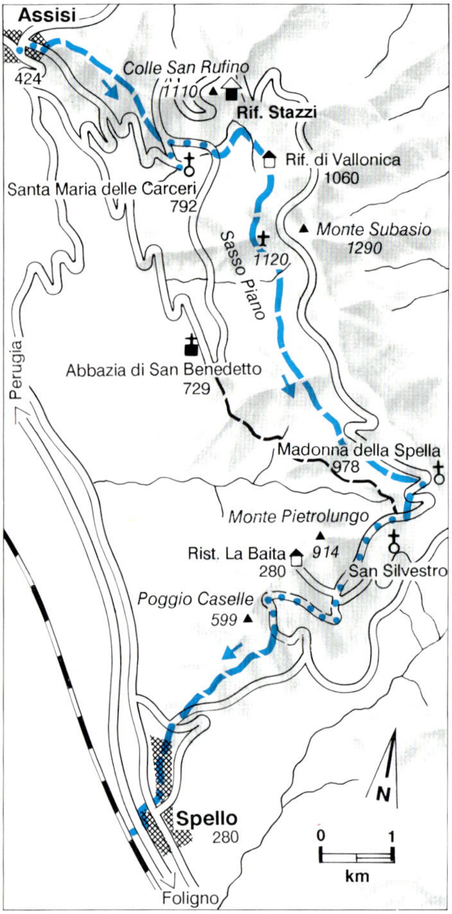

Schwach südöstlich taucht das Kreuz auf dem Monte Pietrolungo auf. Direkt im Südosten erscheinen die Monti Sibillini. Etwa ¾ Stunden nach dem Holzkreuz bleibt die Schotterstraße unbeachtet, weil sie der Wanderweg Nummer 60 rechts begleitet.

Südlich schweift das Auge über Foligno durch das Valle Umbra, wo das beste Olivenöl der Region gewonnen wird. Man erreicht **Madonna della Spella** (978 m), ein mittelalterliches, 1962 restauriertes Hospiz. Hinter dem Gebäude herrlicher Rastplatz. Vom Eremo 2¼ Stunden.

Auf der Schotterstraße bzw. die nächste Haarnadelkurve abkürzen. Erneut erklärt eine Tafel den direkten Rückweg zum Eremo, über San Benedetto. Ziel dieser Tour ist aber Spello! Unterhalb der Straße liegt das Kirchlein San Silvestro. Auch Weg 56 nach Gabbiano (von dort in 1¼ Std. bis Assisi) hat für uns keine Bedeutung, denn die Straße ist aussichtsreicher. Nach dem Passieren der Schranke nicht rechts (Ristorante Panoramico la Baita), sondern links davon in die *Via del Campeggio*, an der einige Villen stehen. Die Linkskurve 5 Minuten später nur etliche Meter ausgehen. Jenseits einer Einfahrt rechts. An der folgenden Gabelung halb links. Vorbei am flachgewölbten Poggio Caselle (599 m). Werden die Farbzeichen nicht übersehen, gelangt man problemlos zum Brunnen bei den ersten Häusern von **Spello**. Ab Assisi 5 Stunden.

Die Porta Montanara führt ins historische Zentrum. Rechts **Santa Maria di Vallegloria**, einst Klarissenkirche und -kloster (1320). Die Kirche ist nur für Gottesdienste geöffnet. Von der *Piazza Vallegloria* kurz rechts, dann links durch die *Via Cappuccini* zur **Porta Cappuccini**, dem Rest eines römischen Stadttores; der Zwischenraum des Bogens war für das Fallgitter gedacht. Rechts das *Belvedere*. Im Tal erkennt man vor der Schnellstraße, rechts vom Stadion, das Amphitheater. Rechts davon die romanische Kirche San Claudio mit ihrem Glockentürmchen sowie die Villa Fidelia auf römischen Fundamenten. Oberhalb des Belvedere steht ein Turm der päpstlichen Burg. Dort, auf der antiken Akropolis, wirken Kapuziner in einem Konvent neben der im 12. Jahrhundert geweihten, 1992 renovierten Kirche *San Severino*.

Parallel zur Stadtmauer absteigen. Das Kirchlein *San Martino* gehört dem 13. Jahrhundert an. Rechts, einige Schritte. Links in die *Via Torre Belvedere*. Wir kommen zur Kirche **San Lorenzo**, errichtet um 1120, Nachfolgerin einer Herculanus-Kirche des 6. Jahrhunderts. Sie nahm den Platz des Apollo-Tempels ein. Aus ihm stammt der Säulenstumpf, welcher die Altarplatte im dreischiffigen, barockisierten Innenraum trägt. Der linke Seitenaltar birgt als Hauptreliquie einen Beinknochen des hl. Feliciano, des Stadtpatrons. Das Lorenz-Martyrium – Verbrennung auf einem Rost – in Holz geschnitzt, zeigt die Kanzelfront. Rechts vom Eingang, gegenüber dem ersten Pfeiler (Tabernakel), ist Bernhard von Siena freskiert. Er hat hier 1438 gepredigt.

Das Kreuz am Monte Subasio. Von hier aus öffnet sich der Blick auf Assisi.

Der **Vecchio Palazzo Comunale** mit Spitzbogenlauben und Biforenfenstern aus der Zeit um 1270 strahlt seit 1992 in neuem Glanze; Archäologisches Museum, Pinakothek, Bibliothek, Archiv. An Stelle der *Piazza della Repubblica* darf man sich das römische Forum vorstellen, südlich bis Sant'Andrea reichend.

(Abstecher: Rechts hinunter zur dreibogigen *Porta Venere*, dem schönsten Stadttor, flankiert von den zwölfeckigen, rekonstruierten *Torri di Properzio*.)

Von der Piazza della Repubblica gelangt man durch die *Via Cavour* zur *Andreaskirche* aus dem frühen 13. Jahrhundert. Im Inneren öffnet sich links die *Cappella del Salvatore* mit qualitätsarmen Fresken (Anfang 14. Jahrhundert) und einer Krippe. Die Schiffsmitte ziert ein gemaltes Kruzifix (um 1290), das im Stil dem jungen Giotto nahesteht.

Links folgt die ursprünglich romanische, 1644 verlängerte **Chiesa di Santa Maria Maggiore**. Zu Füßen des Campanile zwei kannelierte römische Säulenschäfte. Bei dem Eingang dient rechts ein römischer Votivstein als Weihwasserbecken. Links in der von einem Priester der Tyrannenfamilie Baglioni aus Perugia gestifteten *Cappella Baglioni* bestechen die erwähnten Pinturicchio-Fresken; Beleuchtung erhält man gegen einen 1000-Lire-Schein!

Reclams Kunstführer kritisiert, daß es dem Künstler nicht gelang, »zwischen dem Vordergrund mit den Hauptfiguren und dem Hintergrund einen harmonischen Übergang zu schaffen«, besonders beim mittleren Bild »Anbetung der Hirten«. Im Motiv »Jesus unter den Schriftgelehrten« (rechts) ist die Szene, anders als in der Bibel, vor den Tempel verlegt, was für die Bedeutung der Architektur während der Renaissance spricht. An der linken Wand, rechts von der lieblichen »Verkündigung«, hat sich der Maler durch ein 1501 signiertes Konterfei verewigt. Denkt er gar an sein »böses Weib«, das die Historie überliefert? Perugino schuf 1521, im Alter von 76 Jahren, an den Pfeilern des Presbyteriums zwei Fresken: links eine »Pietà«, rechts

»Thronende Muttergottes« mit knienden bzw. stehenden Heiligen als »Sacra Conversazione«. Das kleine Museum in der *Cappella del San Sepolcro* (des Heiligen Grabes) öffnet der Pfarrer zwischen 8.00 und 12.00 Uhr, 15.00 und 18.00 Uhr.

Anschließend führt die *Via Consolare* direkt zur *Cappella Tega.* Ihre Ausmalung war 1461 abgeschlossen. Rechts vorbei, durch die *Via Sant'Angelo.* Attraktiver Schlußpunkt: *Porta Consolare,* augusteischer Triumphbogen bzw. Stadttor an einer Römerstraße, deren Niveau noch gut zu erkennen ist. Die drei Statuen (von römischen Grabmälern) an der Außenseite wurden erst im 16. Jahrhundert postiert.

Vor dem Tor liegt die *Piazza del Mercato,* wie man in Spello noch immer sagt, denn mit Piazza J. F. Kennedy konnte (und wollte) sich niemand anfreunden! Hier sei auf die *Gelateria Ennio* hingewiesen. Ihr leckeres, selbst hergestelltes Eis – *»Specialità sottozero«* – verwöhnt Sie, bis Bahn oder Bus abfahren.

Nützliche Informationen

Anfahrt: Siehe Tour 18.
Ausgangsort: *Assisi* (424 m), siehe Tour 18.
Ausgangspunkt: *Porta Cappuccini,* an der Straße Eremo delle Carceri – Subasio.
Zielort: *Spello* (280 m): 7860 Einwohner, 12 km südlich von Assisi. Bahnhof.
Parken: Siehe Tour 18.
Gehzeiten: Insgesamt (ohne Besichtigungen) 5½ bis 6 Std. Assisi – Eremo delle Carceri: 1¼ Std. Eremo – Kreuz am Sasso Piano: knapp 1¼ Std. Kreuz – Madonna della Spella: 1 Std. Abstieg zum Bahnhof Spello: 2 Std.
Einkehr unterwegs: Kiosk (Getränke) beim *Eremo.* In *Spello.*
Rückfahrt von Spello: Per Bahn 13.40, 16.39, 18.01 Uhr. Bus 14.40, 18.45 Uhr. Abfahrtszeiten vorher in Assisi erfragen!
Unterkunft und Verpflegung: Siehe Assisi, Tour 18. – Spello: *Ristorante Molino,* Piazza Matteotti 6.
Auskünfte: Assisi, Tour 18. – Spello: Associazione pro Spello, Piazza Matteotti 3, Tel. 0742/651408; kostenlos kleiner Stadtplan.
Wanderkarte: Kompasskarte 1:50000, Blatt 665 (Assisi-Camerino). Route als solche nur bis zum Rifugio di Vallonica vermerkt!

20 Sasso di Pale, 959 Meter

Einsiedelei und Klettergarten

Tourencharakter: Rundwanderung. Auf einem kurzen Wegstück Trittsicherheit notwendig. Bei Nässe unangenehm. Schlüssel für die Einsiedelei bei Familie Laureti in Pale, Via Belfiori 14.
Höhenunterschied: 500 Meter.
Reine Gehzeit: Knapp 3½ Stunden.
Beste Jahreszeit: Frühjahr und Herbst.
Markierung: Rot-weiß-rot. Rot, später Gelb.

An der Mündung des vom Menotre bewässerten Altolinatales in die umbrische Ebene bei Foligno sorgen die Südabstürze des Sasso di Pale für bewegte Landschaft. Der Berg zieht die Augen des Reisenden unwillkürlich an, offenbart ihm jedoch erst nach eingehender Betrachtung das Geheimnis im Steilfels: Eremo Santa Maria Giacobbe, wie verwachsen mit dem Kalkgestein.

Zu Füßen des Berges wurde im 14. Jahrhundert eine Feste errichtet, die den Verkehr durch die Klause überwachte und den Kern des Örtchens Pale bildet. Er ist nur durch zwei Mauerbögen zugänglich oder auf dem alten Weg aus dem Tal von Belfiore, vorbei an den Cascate del Menotre und der Forra dell'Altolina. Etwa 50 Menschen leben in dem winzigen Gemeinwesen um die Kirche San Biagio (Blasius).

Die Papierfabrik nutzt das Wasser des Menotre. Es ist die letzte verbliebene *»cartiere«.* Manche reichten ins 13. Jahrhundert und zählten zu den ältesten Italiens. Die Verfeinerung der bei den Kreuzzügen gewonnenen Erkenntnisse führte zu revolutionären Herstellungstechniken. Beispielsweise erreichte man Tintenfestigkeit durch Verarbeitung von Tiergelatine. Auch das Wasserzeichen ist eine Erfindung umbrischer Papiermacher. In Foligno blühte die Buchdruckerkunst. Am 11. April 1472 erschien Dantes »Göttliche Komödie«. Auflage: 300 Exemplare. Es war möglicherweise das erste in Italien bzw. das erste in Italienisch gedruckte Buch.

Leider kann die zwei Kilometer lange

Der Sasso di Pale ist auch ein lohnendes Mountainbikeziel.

Tropfsteinhöhle in Pale nicht mehr besichtigt werden. Dafür bieten die Cascate del Menotre und die Forra dell'Altolina prächtige Naturdenkmäler. In ihrer üppigen Vegetation – Moose, Sträucher, Pappeln, Erlen – läßt der Zaunkönig seinen schmetternden Gesang ertönen.

Der Wegverlauf

Die *Via dell'Eremo* abwärts. Anschließend eben den Hang queren, in 5 Minuten zur Wegeteilung. Halb rechts und über Stufen. An der Linkskehre mündet eine Kletterroute. Der breite Weg ist bestens ausgebaut und endet am **Eremo di Santa Maria Giacobbe**, das unter einem Überhang klebt. Einsiedler bezogen den Horst vermutlich während des 13. Jahrhunderts. In der Kirche hinterließ die umbrische Schule um 1400 einen biblischen Freskenzyklus. Die Gebäude kamen im 17. Jahrhundert hinzu. Seit 1985 haben Felsakrobaten in den Wänden ein vielfältiges Extremrevier.

Etliche Minuten zurücklaufen. Am Ende eines Geländers zweigt halb rechts der rot-weiß-rot markierte Steig ab: exponierte Traverse in das mit Laubwald und Buschwerk bestandene Tal. Bunte Schrothülsen liegen haufenweise herum. Der Pfad ist an sich nicht zu verfehlen. Etwa 40 Minuten nach dem Eremo heißt es achtgeben! Unterhalb ei-

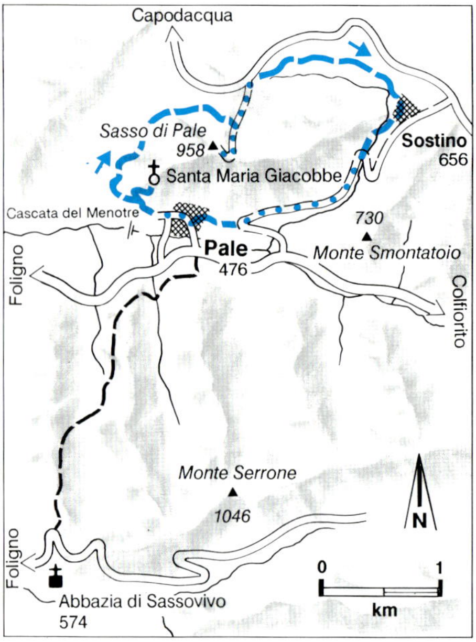

nes langen Geröllfeldes (irreführende Steigspuren) zeigen *links am Baum* die Farben den Weiterweg: halb links also. Etwas später in das Trockenbett eines klammähnlichen *Baches*. Kraxelnd über eine ausgewaschene *Felsstufe*. Dann darf die *rote Linksabzweigung* nicht verpaßt werden. Anschließend rechts halten, ohne die Farbzeichen zu verlieren. Ich wäre an dieser Stelle beinahe über eine junge Aspisviper gestolpert! Rechter Hand erscheint der Gipfelaufbau des Sasso di Pale. Kurz darauf geht es rechts. Eine Weile eben dahin. Dann wieder bergan, zu einem *Brunnentrog*. 1½ Stunden von Pale.

Dem ausgewaschenen Weg folgen. Nach 5 Minuten, vor einem Wäldchen, rechts über Wiesen zur *Schotterstraße*. Rechts, in ¼ Stunde zum felsigen, südseitig steil abbrechenden **Sasso di Pale** (958 m). Freie, umfassende Schau! Südlich die grasigen, kargen Höhen des Monte Serrone. Dahinter versteckt sich die ehemalige Benediktiner-Abtei Sassovivo. Nordöstlich der Monte Pennino. Im Südosten bilden die Monti Sibillini den Horizont. Von Pale 2 Stunden.

Zurück in 10 Minuten an die Stelle, wo links die *Straße von Capodacqua* hochkommt. Geradeaus, das heißt leicht rechts versetzt, etwas unterhalb der Straße dem kleinsplittrigen Weg folgen *(gelbe Farbzeichen)*, vorbei an einer zementierten *Viehtränke*. Wir queren absteigend die Hänge der linken Talflanke. Sostino wird sichtbar. Reben gedeihen im kultivierten Tal. Ungefähr 35 Minuten nach dem Gipfel trifft man im verschlafenen **Sostino** (656 m) ein. Die Jungen unter den 90 Einwohnern müssen ihr Brot außerhalb verdienen.

Vom Waschbrunnentrog in 5 Minuten zur Autostraße. Smaragdeidechsen genießen die sonnige Böschung. Links erscheint der Monte Smontatoio. Knapp ½ Stunde nach Sostino wird die Straße in der Linkskurve rechts verlassen. Ab dem Marien-Bildstock entlang einem Trockenmäuerchen – im Tal die Häuser von Ponte Santa Lucia – in 10 Minuten nach *Pale*.

Nützliche Informationen

Anfahrt: Von Foligno (Bahnhof, Busse werktags nach Pale 7.35 und 12.35 Uhr, zurück 18.55 Uhr; Haltestelle an der Umgehungsstraße) auf der Straße 77, Richtung Colfiorito. Ab Assisi 27 km.
Ausgangsort: *Pale* (476 m): nordöstlich von Foligno, 300 m abseits der Staatsstraße 77.
Parken: *Piazza del Castello* in Pale, auf der Nordseite der Befestigungsmauer; Brunnentrog.
Gehzeiten: Insgesamt nicht ganz 3½ Std. Pale – Eremo: 20 Min. Eremo – Gipfel: 1¾ Std. Abstieg: 1¼ Std.
Unterkunft: In *Foligno* Hotels, Gasthöfe. Billig (EZ mit Dusche 32 DM, DZ 55 DM) *Ospitale Santa Rosa*, Via Rubicone 7, Tel. 60383. Etwa 80 DM: *Hotel Dei Pavoni* (Viale Mezzetti 29, am Bahnhof), Tel. 56263. *Vier-Sterne-Hotel Nuovo Poledrini* (Via Mezzetti 3), DZ 170 DM, Tel. 60259.
Jugendherberge (Ostello Fulginum), Piazza San Giacomo 11, März bis Oktober, Tel. 352882.
Camping: Östlich von Spello, Fraktion Chiona: *Camping Umbria*, auch 3 Bungalows, Sommermonate; Tel. 651772. Westlich

Im Schutze der Felsen des Sasso di Pale kauert der verlassene Eremo di Santa Maria Giacobbe.

(11 km) Foligno, bei Bevagna: *Camping Pian di Boccio*, auch 10 Bungalows, März bis September; Tel. 360391, 360472, 360164.
Verpflegung: *Ponte Santa Lucia* (1 km von Pale): Ristorante Da Angelo, umbrische Küche, Donnerstag Ruhetag. Lebensmittel-Spezialitätengeschäft, Porchetta.
Einkehr unterwegs: *Sostino* (Bar).
Sehenswürdigkeiten: *Cascate del Menotre:* Vom Parkplatz einige Schritte absteigen, links in die Via Belfiori (rot-weiß-rote VUT-Markierung), vorbei am Waschhaus, hinunter zur Klammschlucht *Forra dell'Altolina.* Kurz vor der Klammschlucht führt die Bezeichnung A 2 (auf gelbem Grund) gerade zum oberen, höheren Wasserfall des Menotre. Läuft man von der Klammschlucht abwärts, wird der untere Wasserfall erreicht. Hin und zurück 20 Min.
Weiterer Tourenvorschlag: *Abbazia di Sassovivo:* Hin- und Rückweg knapp 3 Std. Neben der Bushaltestelle (siehe Anfahrt) beginnt der steile Geröllpfad; Markierung rot-weiß-rot, VUT auf weißem Feld. Nach 1 Std. über einen kleinen Sattel (761 m) westlich des Monte Serrone und jenseits ins Renaratal. Auf der Straße rechts zur *Kapelle* mit der Krypta des seligen Alano (1263–1313). Trinkwasserquelle, Ausschüttung 700 Liter pro Stunde. Etwa 200 Meter zur ehemaligen *Abtei Sassovivo* (574 m). Ihr Kreuzgang (128 in Rom gemeißelte Säulchen, vielfach als doppelte Spiralen, welche 58 Bögen tragen) gilt als Juwel romanischer Steinmetzkunst. Das im 11. Jahrhundert gegründete Kloster entwickelte sich zu einer der bedeutendsten Abteien Umbriens und war kirchlicher Gegenpol zum weltlichen Foligno.
Mountainbike-Tour zum *Sasso di Pale* (958 m): 7 km, 500 Höhenmeter. Von *Pale* 1 km talein zu den Häusern von *Ponte Santa Lucia.* Die Staatsstraße links verlassen, asphaltiert hinauf nach *Sostino* (3 km, Bar). Vor der Kirche rechts, dann links und auf breiter Schotterstraße bis zu ihrem Ende am Gipfel.
Auskunft: Ufficio informazioni, Porta Romana 126, I-06034 Foligno. Tel. 0742/60459.
Wanderkarte: Kompasskarte 1:50000, Blatt 665 (Assisi-Camerino). Die Aufstiegsroute sowie der erwähnte Übergang nach Sassovivo sind nicht eingezeichnet.

21 Von Spoleto auf den Castelmonte

Über den heiligen Berg Monteluco

Tourencharakter: Unschwierige Rundwanderung. Je früher man in Monteluco eintrifft, desto ruhiger ist es dort, besonders an Sonn- und Feiertagen.
Höhenunterschied: 700 Meter.
Reine Gehzeit: 4¾ bis 5 Stunden. Einschließlich der Besichtigung von Monteluco 5¼ bis 5½ Stunden. Monteluco kann auch mit dem Bus ab Bahnhof erreicht werden. Beim Direktabstieg von Monteluco über San Giuliano dauert die Wanderung etwa 3 Stunden.
Beste Jahreszeit: Ab April, im Sommer sehr heiß.
Markierung: Wegnummern 1,3,4; rot-weiß-rot.

Spoleto, vollgestopft mit hochwertigen Sehenswürdigkeiten, klettert aus dem breiten Tal des Tessino empor zum Colle Sant'Elia. Er trägt eine die Szenerie erdrückende Festung. Sie lastete auf den Bürgern: Als »Dornenkrone« wurde sie nach dem Willen des zu Avignon im Exil lebenden Papstes Innozenz VI. im 14. Jahrhundert unter seinem Reichsverweser, dem kastilianischen Kardinal Aegidius Albornoz, errichtet,um die Bevölkerung in Schach zu halten. Spoleto hatte sich nämlich 1240 faktisch als eine der ersten umbrischen Kommunen dem Vatikan gebeugt, durfte aber Volksvertreter wählen, was jedoch nur ein schwacher Ersatz war für verlorene Rechte. »Spoletium«, römische Kolonie, wurde spätestens 241 v. Chr. gegründet, erblühte aber erst, als die Via Flaminia (Rom – Adria) einen zweiten Ast erhielt, welcher die Talsperre nutzte. Ureinwohner waren Umbrer. Beweis sind die polygonalen Steinblöcke der zwei Kilometer langen alten Stadtmauer. Aus römischer Epoche sind ein paar ansehnliche Zeugen erhalten.

Das Theater bot 3000 Zuschauern Platz. Es wird zeitweilig wieder seinem Zweck zugeführt, nämlich bei den Veranstaltungen (letzte Juniwoche bis Mitte Juli) des 1958 von dem italo-amerikanischen Komponisten

Gian Carlo Menotti gegründeten »Festival dei due Mondi«: Kennenlernen und Erfahrungsaustausch der Kulturen Europas und Amerikas, zweier Welten. Allerdings brachte die Neue Welt bzw. neue Zeit keine neuen Aspekte in die, wie der Autor empfindet, an Atmosphäre arme Stadt. Moderne Metallskulpturen und eine gewisse Amerikanisierung haben Spoleto wahrlich nicht bereichert, wenn man einmal den Umsatz der Festspiele außer acht läßt! Und der einfache Mann in Spoleto nimmt kaum Anteil an dem extravaganten Spektakel.

Von dem Anfiteatro Romano aus dem 2. Jahrhundert ist nur mehr wenig sichtbar. Der Ostgotenkönig Totila verwandelte die Anlage, wo sein Vorgänger Theoderich (453–526) das Heerlager aufgeschlagen hatte, nach der Rückeroberung Italiens im Jahre 545 in eine Festung, aus der dann Baumaterial für die »Rocca« gebrochen wurde. Totila fiel 552 bei »Tadinum« (Gualdo Tadino) in der Schlacht gegen den oströmischen Feldherrn Narses. Auf die byzantinischen Herren folgten 571 die Langobarden. Faroald I. gründete den fast autonomen »*Duca di Spoleto*« als Gegengewicht zur Papstmacht, eines der maßgebenden 36 Herzogtümer Italiens. Es reichte bis in die Abruzzen und die Marken, schloß die »*Pentapoli*« ein, die fünf Seestädte Rimini, Pesaro, Fano, Senigallia, Ancona, griff in die Sabiner Berge. Dem lombardischen Territorium entsprach auch das fränkische Herzogtum ab 774. Es wurde jedoch zunehmend kleiner, besonders in den Marken, und glich nach dem Tode des letzten Herzogs (898) einem Spielball zwischen Kaiser und Papst.

Die heutige Bischofskirche wird erstmals 956 dokumentiert: »Santa Marie episcopii spolitani«. Weil Spoleto mit dem Papsttum sympathisierte, rückte 1155 die respektheischende Strafexpedition Friedrichs I. an, belagerte und zerstörte teilweise die Stadt, von der überliefert wird, ihre Silhouette sei durch 100 Geschlechtertürme geprägt worden. Wahrscheinlich erlitt auch der Dom schwere Schäden. Barbarossa, am 18. Juni 1155 in Rom zum Kaiser erhoben und etwas versöhnt, schenkte dem um 1175 begonnenen

Einzigartig in Umbrien: der Ponte delle Torri, 230 Meter lang, entstanden im 13./14. Jahrhundert als Aquädukt, heute Viadukt zur Fortezza dei mulini, jenseits des Tales.

neuen Dom als Friedensunterpfand die byzantinische Metallikone »Fürbitte Muttergottes« (12. Jahrhundert). Heute in der »Cappella della Santissima Icone«, rechts des Chores. 1198 weihte Papst Innozenz III., Kirchenpolitik manifestierend, das Gotteshaus der Santa Maria Assunta (Mariä Himmelfahrt).

Die streng geometrisch eingeteilte Giebelfassade ist beispielhaft für umbrische Romanik. Zu beiden Seiten des Renaissance-Porticus sind Kanzeln angebracht, von denen Bürgermeister und Oppositionsführer alternierend zum Volk sprachen, denn der Domplatz war Versammlungsort. Innen, über dem mittleren Portal hinter der Säulenvorhalle, erinnert eine Bronzebüste von Lorenzo Bernini an Papst Urban VIII., Bischof zwischen 1608 und 1617. Er veranlaßte die barocke Ausstattung, die sein Neffe, Kardinal Francesco Barberini, realisierte (1623–1644). Unangetastet blieben der dekorative Mosaikfußboden – quadratische Platten mit Zahlen sind Grabstätten – und die Form der Chorapsis. Dort schuf Filippo Lippi während seiner letzten drei Lebensjahre in dem ihm eigenen linearen, ausdrucksbetonten, von poetisch verklärter Wirklichkeitsbeobachtung und religiöser Empfindung erfüllten Stil wunderschöne Marienfresken, starb aber am 9. Dezember 1469 kurz vor ihrer Vollendung.

Lippi, geboren 1406 in Florenz, Karmelitermönch (1425–1465), hatte mit päpstlicher Dispens eine ehemalige Nonne geheiratet, den Orden verlassen und war führend geworden in der Florentiner Malerei des Quattrocento. Sein Sohn Filippino, in Spoleto noch Gehilfe, lernte ab 1472 bei Sandro Botticelli und setzte die Familientradition würdig fort. Er entwarf das Grabmonument des Vaters, vorne im rechten Seitenschiff (an der linken Wand).

Die Gebeine gingen beim Dombau verloren. Vater und Sohn haben sich im Apsismotiv »Mariä Tod« ihres (1983 bis 1990 restaurierten) Zyklus selbst dargestellt, zu Füßen Marias, mit dunklen Mützen; Filippo trägt den helleren Umhang. Ein anderer namhafter Renaissancekünstler, Pinturicchio aus Perugia, der mit Perugino die Sixtinische Kapelle bereicherte (1481–1483), schuf 1497 in der Kapelle des Bischofs Costantino Eroli, nach dem Eingang rechts, die Apsis- und Kuppelfresken. Für die spoletinische Malerei ist das 1187 von Alberto Sozio auf Pergament gemalte und auf Holz aufgezogene Kreuz in der »Cappella delle Reliquie« (linkes Seitenschiff) bedeutungsvoll. Sozio, offensichtlich byzantinisch beeinflußt, ist nämlich Vater einer Malerschule, deren feiner höfischer Stil sämtliche in und um Spoleto bis ins 13. Jahrhundert gemalten Kreuze kennzeichnet.

Südöstlich Spoletos begrenzen die waldigen Höhen des Monteluco den Horizont. Ein heiliger Berg Umbriens, genau gesagt ein heiliger Hain *(lucus)*, schon ehe die Römer kamen. In der *»Lex Spolentina«*, in Stein geritzt nach 241 v. Chr., wird die Verletzung der Stätte bzw. das Fällen von Bäumen unter Strafe gestellt (Museo Archeologico Nazionale Civico). Bereits im 6. Jahrhundert sind auf dem Monteluco Eremiten bezeugt – bis ins 19. Jahrhundert. Thebais Umbriens!

Der Wegverlauf

Auf der **Piazza del Mercato** rechts vorbei am Marktbrunnen, über den Rathausplatz zur *Piazza Bernardino Campello* (410 m). Beginn der eigentlichen Tour: neben der profanierten Franziskanerkirche San Simone und der *Fontana del Mascherone*.

Halb links der Eingang in die **Rocca dell' Albornoz**. Sie diente zuletzt als Gefängnis und mußte gründlich restauriert werden. Unter den Papstwappen erinnert das mit dem Stier an die attraktive, skandalumwitterte Lucrezia Borgia, Tochter des korrupten, skrupellosen, allein durch Geld zur Macht gelangten Papstes Alexander VI. aus spanischem Adel. Lucrezia war 1499, im Alter von 19 Jahren, bereits zweimal verheiratet, Statthalterin von Spoleto. Ihr Bruder Cesare unterwarf um 1500 mit französischer Hilfe das gesamte Umbrien, verlor es aber schon wenige Jahre später wieder an die Kirche. Die Papstherrschaft endete 1860, als Truppen des neuen Königreiches Italien einmarschierten.

An der *Via del Ponte* begleiten uns links Teile der archaischen Stadtmauer; südlich zeigt sich San Pietro, etwas oberhalb San Giuliano. Dann der Paukenschlag: **Ponte delle Torri**. Er überspannt auf einer Länge von 230 Metern in 76 Meter Höhe das Tessinotal mit zehn Bögen. Was wie ein antiker

Der um 1175 begonnene Dom Santa Maria Assunta von Spoleto. Die Giebelfassade ist ein typisches Beispiel für die umbrische Romanik.

Aquädukt erschien, war zwar Wasserleitung und Gehweg, entstand aber erst im 13./14. Jahrhundert. Man schließt jedoch nicht aus, daß unter Rom eine ähnliche Konstruktion existierte!

Jenseits der »Brückenkopf«, die *Fortezza dei mulini,* wo ein Becken das Wasser aus dem Fosso di Valcieca sammelt. Rechts. Auf dem Parkplatz nicht zur Straße, sondern scharf links *(Markierung 1),* in langen Kehren ansteigen. Die Linksabzweigung *(Nummer 3)* bleibt unbeachtet. Nach insgesamt ½ Stunde wendet sich die Route vor einem hohen *Marienbildstock* links. Zurück bleiben in Abständen vier verlassene *Eremitenkirchen.* Die Autostraße wird gekreuzt. Etwa 10 Minuten später erwartet uns schon die Ummauerung des *Monteluco.* Wir kommen zum *Albergo Ferretti* und erreichen rechtshaltend das **Santuario di San Francesco** (760 m); geöffnet 9.00 bis 12.30 Uhr, 16.00 bis 18.00 Uhr. Von Spoleto 1¼ Stunden.

Das heimelige Kloster gründete Franz von Assisi 1218 als einen seiner ersten Konvente; sieben Zellen sind erhalten. Mit dem Brunnenwasser soll Franziskus ein körperbehindertes Mädchen geheilt haben. Links vom Eingang errichtete Bernhard von Siena 1430 ein Oratorium. Im Kloster fand der selige Volksmissionar Leopold von Gaichis (1732–1815) sein Grab. Noch immer leben Franziskaner auf Monteluco, vereint um 17.00 Uhr bei der Vesper. Schlendern wir in den Schatten des Steineichenwaldes neben dem Kloster! Etwas unterhalb wartet der *Belvedere,* eine herrliche Plattform. »Ich kenne nichts Lieblicheres als mein Spoletotal«, steht dort geschrieben, angeblich ein Franziskus-Zitat. In Spoleto soll Francesco, 1205 als Abenteurer nach Apulien ziehend, um im päpstlichen Heer unter Walter von Brienne zu kämpfen, der »göttliche Gnadenstrahl« seiner Bestimmung getroffen und ihn nach Assisi zurückgerufen haben. Etwas oberhalb suchen wir die Grotte des seligen Francesco Beccaria aus Pavia. Unweit davon, gleichfalls in einer Höhle, bereitete der hl. Antonius seine Predigten vor.

Der Weiterweg führt rechtshaltend um die an Sonntagen dichtbevölkerte Monteluco-Wiese *(Piazzale del Monteluco),* links am Albergo Michelangelo vorbei. An der Gabelung halb rechts, vorbei an Villen. Nach 20 Minuten geht es an der Straßenteilung links zur freien Höhe oberhalb der Häuser des Weilers *Le Porelle* (876 m). Knapp 10 Minuten später berührt das Sträßchen die *Forcella delle Porelle* (910 m). Südöstlich tritt die Kuppe des Castelmonte ins Blickfeld: Richtpunkt. In der Kurve die Straße links verlassen. An einem Baum leiten auf der oberen Spur rot-weiß-rote Zeichen von Wegnummer 4 die ebene, halbstündige Hangtraverse über der hinteren Valcieca ein. Bergan in die *Forcella di Castelmonte* (950 m). Im Frühjahr blüht hier intensiv riechender Weißdorn. Jenseits senken sich die Hänge in das Neratal.

Mit dem breiten Querweg links, in 5 Minuten zu einem verfallenen *Bauernhof.* Achtung: Kurz danach links, weglos den markanten Fels an der Nordbasis des Castelmonte suchen. Dort übernehmen uns Pfadspuren. Sie winden sich empor auf die Kuppe des **Castelmonte** (1038 m). Sein Boden gab mittelalterliche Mauerreste frei, denn hier wurde der seinerzeit wichtige Übergang in die Valnerina kontrolliert. Östlich dominieren die Höhen des Monte Coscerno (Tour 22). Von Monteluco 1½ Stunden.

Wieder hinunter in die *Forcella di Castelmonte.* Links mündet der Hinweg. Wir laufen annähernd geradeaus längs der Talmulde, ganz schwach rechtshaltend. Dann begegnet man den Farbzeichen *(Nummer 3)* in den *Fosso di Valcieca: Sentiero Angelo Maiocchi* heißt der Rückweg.

Nach 20 Minuten links über das Bächlein und weiter talaus über den klammähnlichen Bachgraben. Stechginster piekst am Wegrand, an dem hier und dort Stacheln von Stachelschweinen liegen. Der Sentiero wird von einer Wasserleitung zum Ponte delle Torri begleitet. Ungefähr 1½ Stunden nach dem Castelmonte ragen links überhängende Felsen hoch. Es folgt eine Wegeteilung, an der man sich links hält. Paukenschlag: Vom prächtigsten Aussichtsplatz im Nahbereich Spoletos sieht man den *Ponte delle Torri* zu Füßen der Rocca. Die ebene Promenade bildet den krönenden Abschluß. Auf der anderen Seite der Brücke sollte man, um die Eindrücke ganz auszuschöpfen, rechts um die Rocca gehen, entgegen dem Uhrzeiger.

Direktabstieg vom Monteluco: Am untersten Rand der **Monteluco-Wiese**, links von einem Trafohaus, leitet *Markierung 1* südlich in ¼ Stunde zu einem *Rastplatz* im Wald. Auf dem Querweg links. Gleich nach der romanischen *Kirchenruine* halb rechts, jetzt wieder *rot* bezeichnet, dem Fahrsträßchen abwärts folgen zur Häusergruppe *Le Aie* (762 m). Während Weg 7 weitläufig über die Forcella Vellana nach Spoleto strebt, überschreiten wir den Bach und gelangen in 20 Minuten nach **San Giuliano** (628 m) an Stelle einer frühchristlichen Kirche. Das Mittelschiff der romanischen Anlage ist fensterlos. Seitlich des 1442 ausgemalten Presbyteriums führen Stufen in die Krypta; Schlüssel im Ristorante (Mittwoch Ruhetag).

Links der Terrasse weiter abwärts zur Kirche **San Pietro**, gegründet Anfang des 5. Jahrhunderts durch Bischof Achilleo, anläßlich der Überführung der Kettenreliquien des hl. Petrus nach Rom, an der Stelle eines prähistorischen Friedhofes; Grablege der ersten Bischöfe. Von der Kirche des 12./13. Jahrhunderts blieb als Augenweide die reliefgeschmückte Fassade, ein Glanzlicht umbrischer Romanik.

Unterhalb der Kirche über die Kreuzung und rechts. Am Ende der *Via San Carlo* geradeaus, durch die *Porta Monterone,* vorbei an der *Chiesa di San Rocco* zum *Arco di Monterone,* dem südlichen Tor der Römerstadt. Danach rechts. **Sant'Ansano:** vor dem Altar links über Treppen (Lichtschalter) in die eindrucksvolle, dreischiffige *Cripta di Sant'Isacco;* byzantinische Freskofragmente des 12. Jahrhunderts, u.a. Szenen der Vita des syrischen Eremiten Isaak, der mit Gefährten im 6. Jahrhundert nach Spoleto gekommen war. Die Krypta befindet sich in einem *»Tempio Romano«* (1. Jahrhundert n. Chr.), von dem außen an der Kirche ein Säulenstumpf zeugt. Dort erkennt man auch das Niveau der Via Flaminia.

Der **Arco di Druso** wurde 21 v. Chr. für Siege des jüngeren Drusus, Sohn des Kaisers Tiberius, sowie des Germanicus, erstellt. Die Via Flaminia ist identisch mit dem *»Cardo maximus«* zum Forum, dessen Niveau 1,50 Meter tiefer lag als das der *Piazza del Mercato.* Säulenteile eines Forumtempels zieren das Antiquitätengeschäft im Haus Nummer 13.

Nützliche Informationen

Anfahrt: Von Florenz 212 km über Perugia-Assisi-Foligno. Von Assisi 48 km. Staatsstraße 3 von Terni 28 km. Von Norcia 49 km. Von Rom 126 km. Bahnstrecke Perugia – Assisi – Terni. Gute Busverbindungen.
Ausgangsort: *Spoleto* (396 m): 37 885 Einwohner, im südlichen Umbrien; Provinz Perugia.
Parken: Am nördlichen Altstadtsaum um die *Piazza della Vittoria* und den *Ponte Garibaldi* bzw. beiderseits des *Torrente Tessino* sowie am *Bahnhof* (10 Minuten zur Piazza della Vittoria, Busse). *Parkhaus* unter der Piazza Mentana (Zufahrt Via Giustolo).
Gehzeiten: Insgesamt 4¾ bis 5 Std. ohne Besichtigungen. Spoleto (Piazza del Mercato) – Monteluco: 1¼ Std. Monteluco – Forcella delle Porelle: ½ Std. Forcella delle Porelle – Castelmonte: knapp 1 Std. Abstieg: 2 Std. Direktabstieg vom Monteluco: insgesamt 2 Std. weniger.
Unterkunft: Bis zum Fünfsterne-Hotel *Barbarossa* (Via Licina 2, außerhalb). Die Altstadthotels leiden meist unter Parkraumnot. Günstig (auch preislich, eigener Parkplatz): *Clarici* (Piazza della Vittoria 32), Tel. 46706. Weiter vom Altstadtrand entfernt (zu Fuß 10 Minuten, Busse): *Europa* (Viale Trento e Trieste 201, Bahnhof), Tel. 46949. *Eremo delle Grazie* (Monteluco): EZ 280 DM, DZ 560 DM, Tel. 49624.
Camping: *Monteluco*, südlich der Altstadt, oberhalb der Kirche San Pietro; Zufahrt von der Straße zum Monteluco; Mai bis September, Tel. 220358, 28158.
Verpflegung: Lokale im Zentrum, wie Sergios *Trattoria del Festival* (Via Brignone 8), oder *Ristorante Sabatini* (Corso Mazzini 52–54). Feinste Adresse: *Il Tartufo*, Piazza Garibaldi 24. Am Stadtrand (Via III Settembre 1) empfehlenswert *»Giancarlo«* (Ristorante dei Pini). Für den schnellen Hunger: *Pizzeria Porta* (Porta Garibaldi), ofenfrische Pizza vom Blech, offenes Bier.
Einkehr unterwegs: Monteluco bzw. San Giuliano.
Mountainbike-Tour: Zum *Monteluco*, auf Fahrstraße, 7,5 km. Weiter, bald auf breiter Schotterstraße, an der Gabelung links zum Weiler *Patrico* (1018 m), Bergbauernhof

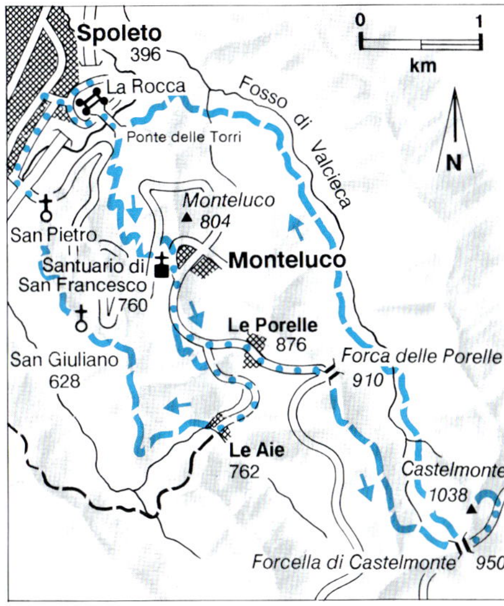

bzw. Ausflugsgaststätte Bartoli *(Azienda Agrituristica)*, auch vier Fremdenzimmer. Die Bartoli wirtschaften auf ihren 60 Hektar Land hauptsächlich mit Milchschafen (Käseerzeugung). Insgesamt 13 km, Höhenunterschied 700 Meter.
Weitere Tourenvorschläge: Zu ersehen aus den erwähnten Karten. Beispielsweise von *Pratico* (1018 m, 13 km von Spoleto, hinter Monteluco Schotterstraße), auf den *Monte Fionchi* (1337 m) in 1¾ Stunden. Markierung: *SC (Sentiero dei Castellieri)*; Parkplatz vor Pratico.
Weitere Sehenswürdigkeiten: An der Ostseite der Piazza della Vittoria, neben Luigis Porchetta-Kiosk, führen Treppen zu dem 1817 ausgegrabenen römischen *Ponte Sanguinario*, vom Volk so genannt wegen der blutigen Spiele im nahen Amphitheater. Auf der 24 Meter langen Brücke rollte der Via-Flaminia-Verkehr über den Tessino, der bis ins 14. Jahrhundert hier floß. Schlüssel in der Bar am rechten Durchgang der Porta Garibaldi. Lichtschalter gleich links nach dem Eisengitter. – *Dom*, siehe Haupttext, geöffnet 8.00–13.00 Uhr, 15.00–18.00 Uhr.
Teatro Romano (Piazza della Libertà; 9.00–13.30 Uhr, 15.00–19.00 Uhr, Sonn- und Feiertage 9.00–13.00 Uhr): 2. Viertel des 1. Jahrhunderts v. Chr., Zuschauerränge (27 Stufen) teilweise rekonstruiert, ebenso

Eingang zum Santuario di San Francesco, gegründet 1218 durch Franz von Assisi.

der Steinfußboden der Orchestra; dahinter (vor der Kirche Sant'Agata) stand die hohe gemauerte Bühnenwand. Neben dem Theater, im Gebäude des ehemaligen Monastero di Sant'Agata (15./16. Jahrhundert), das *Museo Archeologico Nazionale*.
San Filippo Neri, Barockkirche, bei den Einheimischen geschätzt als Santuario del Beato Pietro Bonilli (1841–1936), 1988 selig gesprochen.
Sant'Eufemia (oberhalb des Domplatzes, ganztags offen), 7. Jahrhundert, 980 Anbau eines 1017 aufgelösten Benediktinerinnenklosters, das 1231 als Bischofsresidenz Erwähnung findet. Die heutige dreischiffige, 26,72 Meter lange Kirche stammt aus der zweiten Hälfte des 12. Jahrhunderts, romanisches Kleinod mit lombardischen Elementen: dreiseitiges Emporengeschoß, einzige Frauenempore Umbriens. Sie ist Bestandteil des *Palazzo Arcivescovile* (Erzbischöflicher Palast); *Raccolta diocesana d'arte sacra* (Diözesanmuseum). Sein Ostflügel wurde 1952 abgerissen, um den Apsiden der Kirche mehr Geltung zu verschaffen.
Pinacoteca Comunale (Gemäldegalerie) im *Palazzo Comunale* (Rathaus), der auf das 13. Jahrhundert (Turm, linker Flügel 1913) zurückgeht; 10.00–13.00 Uhr, 15.00–19.30 Uhr, dienstags geschlossen. Unter dem Rathaus die *Casa Romana* (Via di Visiale), Reste eines Wohnhauses pompeianischen Typs, angeblich das der Mutter von Kaiser Vespasian (69–79 n. Chr.). Geöffnet (außer Dienstagvormittag) 9.30–13.00 Uhr, 15.00–19.30 Uhr, Sonn- und Feiertage 10.00–13.00 Uhr, 15.00–18.00 Uhr.
San Gregorio Maggiore (7.30–19.00 Uhr), an der Piazza Garibaldi, zu Ehren eines Spoletiner Bischofs, Gebeine im 4. Jahrhundert aus dem Amphitheater in die Krypta überführt. Neubau 1146 nach 67 Jahren vollendet. Rechts vom Presbyterium der Sarkophag der seligen Christina von Spoleto. Unter dem Chor romanische Krypta. Freskoreste (15.–17. Jahrhundert). Basis des Campanile (1491) aus römischem Material.
San Domenico, 13. Jahrhundert, außen weiß-rote Steinbänderung. Links die »Capella di San Pietro Martire« (Petrus aus Verona), in welcher an den Seitenwänden Gemälde die Piazza del Mercato (links) sowie die Roc-

ca mit dem Ponte delle Torri (rechts) in der Zeit um 1800 darstellen, im Zusammenhang mit San Pietro. Im rechten Querarm die im 15. Jahrhundert reich ausgemalte »Cappella di Santa Maddalena« (rechts Lichtschalter). Im linken Chorschiff führen Stufen in die Krypta der vormaligen Peterskirche.
Porta Fuga: Der Vorgängerbau soll Hannibal nach der Schlacht am Lago Trasimeno (217 v. Chr.) abgewiesen haben, deshalb auch »Porta Annibale«; unterhalb des Tores ein Stück der antiken Straße sowie der imposante Geschlechterturm *Torre dell'Olio.*
San Salvatore (nordöstlich, beim Friedhof, die Steineichen wurden 1225 gepflanzt), auf die mittelalterliche Sakralarchitektur Umbriens einflußnehmende Kirche, »eines der bedeutendsten Monumente Mittelitaliens« (Reclams Kunstführer), über dem Grab des Märtyrers Concordius. Die Kirche wurde angeblich unter Kaiser Konstantin 313 n. Chr. begonnen und im 5. Jahrhundert durch syrische Mönche vollendet, worauf die spitze, strahlenförmige Ornamentik hinweist – Unikum in Europa –, die das mittlere (balkengestützte) Fenster in der einst höheren, marmorverkleideten Fassade rahmt. Das Presbyterium umschließen ionische Säulen; Kuppel aus dem 17. Jahrhundert.
San Ponziano (Anfahrt wie San Salvatore), über dem Grab des Märtyrers Pontianus, Patron Spoletos (und Utrechts), dessen Tod das Hauptaltarbild zeigt. Um das Grab des Heiligen bildete sich ein Friedhof, auf dem Kirche (1788 neugestaltet) und Augustinerinnenkloster (seit 1905) stehen. Romanische, horizontalgegliederte Fassade, mosaikgeschmücktes Portal. In der dreischiffigen Krypta (fünf Apsiden) Säulenstümpfe, Sarkophage, Fresken; zwecks Führung (italienisch) am Haus links läuten.
Sehenswürdigkeiten der Umgebung: *Fonti del Clitunno:* 11 km nördlich (Parkplatz, Bar) an der Staatsstraße 3 Richtung Foligno – Assisi; 9.00–12.00 Uhr, 14.30 Uhr bis Sonnenuntergang. Die seit der Antike besungenen Quellen, Orakel des umbrischen Flußgottes Clitumnus, einst von Tempeln gerahmt, sind als solche zwar eine Idylle, die aber infolge des Verkehrslärmes ihren Reiz verloren hat bzw. an Sonn- und Feiertagen überlaufen ist. Einen Kilometer weiter, ebenfalls links (Parkplatz) der *Tempietto del Clitunno:* christliches Oratorium, vor 1300 Jahren vermutlich aus Bauteilen eines römischen Tempels im langobardischen Stil entstanden; 9.00–12.00 Uhr, 16.00–19.00 Uhr, Sonntag 9.00–12.00 Uhr, Montag geschlossen, freier Eintritt (Trinkgeld für den Aufseher).
Auskunft: Ufficio turistico, gegenüber dem Bahnhof. – Azienda di promozione turistica, Piazza della Libertà 7, I-06049 Spoleto, Tel. 0743/28111, 22031. Deutschsprachiger Stadtplan kostenlos erhältlich, mit Stadtrundgängen in Stichworten.
Wanderkarten: Für die Tour und weitere Wege im Südosten Spoletos genügt das Kartenfaltblatt 1:25000 vom Verkehrsamt (kostenlos). Sämtliche markierten Wanderwege im Raum um Spoleto: Carta dei sentieri del comprensorio spoletino 1:25000, Club Alpino Italiano, Sezione Spoleto, Vicolo Pianciani 11, Bürostunden Freitag 17.30 bis 19.00 Uhr.

Mönchszelle im Santuario di San Francesco, am Monteluco oberhalb von Spoleto.

22 Monte Coscerno, 1684 Meter

Schau-Platz der Valnerina

Tourencharakter: Unschwierige Rundwanderung.
Höhenunterschied: 550 Meter.
Gehzeit: 3¼ Stunden.
Beste Jahreszeit: Ende Mai bis Herbst.
Markierung: Wegnummer 14.

Der blumenreiche Monte Coscerno bildet die höchste Erhebung auf der Ostseite des natur- und kunstgesegneten Neratales (Valnerina). Außerdem ist er das Zentrum eines Naturparks mit einer Längsausdehnung von 25 Kilometern und einer Breite bis zu 14 Kilometern zwischen Valnerina und Cascia. Gelegentlich sei der Königsadler am Himmel zu sehen, berichtet der World Wildlife Fund; es soll Wölfe geben und Wildkatzen.

Die felsige, karstig-zerschrundene Südwestflanke des leicht gewölbten Berges bedroht den uralten Verkehrsweg aus der Valnerina, von Sant'Anatolia di Narco über Caso in das von der römischen Familie Tiberti gegründete Monteleone di Spoleto. Auf halber Strecke drängt sich der Weiler Gavelli um einen Geländesporn des Monte-Coscerno-Stockes über dem Val Casana. Im Mittelalter postierte Spoleto hier eine Burg. Das Gotteshaus wurde im 15. Jahrhundert dem Erzengel Michael geweiht. Die Fresken stammen von dem Renaissancekünstler Giovanni di Pietro (1450–1528), genannt »Lo Spagna«. Der gebürtige Spanier, vertreten auch im Dom zu Todi, lernte bei Perugino und stand in würdiger Nachfolge seines Meisters, kann aber ebenso den Einfluß Raffaels nicht verleugnen. Damals brachten die Minen bei Gavelli und Monteleone das Rohmaterial für die bis ins 17. Jahrhundert blühende Metallindustrie in Scheggino (abgelöst 1794 durch Terni).

Von den zwanzig Leuten, die ständig in Gavelli leben, weiß keiner mehr von Bernardo Latini aus Castel San Felice, der 1798 mit anderen Rebellen sicheren Unterschlupf fand. Seinerzeit war das Nest eine Hochburg der Aufrührer gegen die französische Besatzung. Heute drücken andere Sorgen!

Der Wegverlauf

Gavelli: Von der Bushaltestelle der Straße 200 Meter nach Osten folgen. Vor der gefaßten Quelle zeigt eine gelbe Tafel den markierten Wanderweg *Nummer 14:* 3,5 Kilometer, wie angegeben, reichen allerdings nicht bis zum Gipfel (5,5 km), sondern nur auf den Kamm des Monte Coscerno.

In den Hintergrund des Tälchens. Dort *links* halten. Nach ¼ Stunde genießen wir den ersten Rückblick auf Gavelli, das frühmorgens noch im Schatten döst. Die *roten Zeichen* verlaufen entlang des Zaunes. An seiner Ecke (1322 m), etwa ½ Stunde oberhalb von Gavelli, geht man links noch 100 Meter; dann kann man den Zaun übersteigen. Anschließend schräg halbrechts durch den 1991/92 aufgeforsteten Hang. Diese Zone wird mittels einer hölzernen *»Brücke«* verlassen. Nun ist das Gelände von Fels durchsetzt. Die Hangtraverse führt mäßig bergan. Südöstlich, auf der anderen Seite des Casanatales, steht hinter dem Monte Rotondo, in dessen Waldschluchten die verlassene Einsiedelei Sant'Antonio träumt, der Monte dell'Eremita; rechts davon der Monte di Civitella. Und schwach nordöstlich, jenseits der Valnerina, ertastet das kundige Auge den Castelmonte (Tour 21). Unsere Spur quert einen Waldgürtel. Ungefähr 1 Stunde nach Gavelli bestätigen Markierungen, daß der *untere Pfad* gilt. In 10 Minuten an den Rand steiler Felsen (1491 m).

Vom Zaun halbrechts abwenden, über Wiesen. Plötzlich werden die Sendemasten auf dem Monte Coscerno sichtbar. Zwischen *Punkt 1581* (rechts) und *1614* (links) weglos durch die Wiesenmulde, empor zum Buchenwald des Kammrückens. Nach links, östlich vorbei an der *Doline de la Vasca,* auf dem Rücken über zwei Kuppen (1652 m, 1665 m) in 25 Minuten zum **Monte Coscerno** (1684 m). Von Gavelli 1¾ Stunden.

Zurück und geradeaus am Waldrand entlang. Etwa 5 Minuten später dringt *Weg 14* links in den Buchenwald ein (gestrichelte Linie der Wegeskizze) und führt nordöstlich vom Kamm durch die Macchia Cerasa. Schöner ist jedoch die *Kammwanderung:* Knapp 10 Minuten später wird die *Kuppe 1593* erreicht. Noch 5 Minuten am Waldrand blei-

Das scheinbar weltentlegene Dörfchen Gavelli bildet den Ausgangspunkt für die Tour zum Monte Coscerno.

ben, dann rechts davon, genau gesagt in Falllinie des Gemeindegrenzsteines, über den Südosthang. Im Gesichtskreis die Gipfel der Monti Reatini rund 20 Kilometer weiter südlich.

Am Auslauf des Hanges geht es links von einer Erosionsfurche in die **Forca della Spina** (1274 m). Jetzt leiten wieder die roten Farben des *Rundweges 14:* aus dem Sattel rechts, hinunter auf ein Weglein, dem man links folgt, 5 Minuten lang. Dann mit dem Fahrweg rechts zu den *Prati di Gavelli.* Bald tritt Gavelli ins Blickfeld. Die Autostraße kreuzen und nun auf dem alten Weg. Er geht am **Friedhof** vorbei (1136 m) und gelangt durch einen Torbogen der einstigen Burg in das *»centro storico«*. Hinter der Kirche rechts zur Bushaltestelle.

Nützliche Informationen

Anfahrt: Von Sant'Anatolia di Narco (Valnerina, Staatsstraße 209) 13 km. Ab Monteleone di Spoleto 12 km. Von Cascia 26 km. Von Perugia 80 km. Bus werktags um 13.00 Uhr ab Spoleto über Sant'Anatolia di Narco (13.55 Uhr). Von Monteleone di Spoleto um 5.15 Uhr.
Ausgangsort: *Gavelli* (1153 m), südlich des Monte Coscerno.
Parkplatz: Bushaltestelle.
Gehzeiten: Insgesamt 3¼ Std. Gavelli – Kammrücken: 1¼ Std. Kammrücken – Gipfel: 25 Min. Gipfel – Forca della Spina: 1 Std. Forca della Spina – Gavelli: 35 Min.
Unterkunft und Verpflegung: *Sant'Anatolia di Narco:* Hotel-Ristorante Annunziata (Via della Stazione 10, Talstraße), Tel. 07 43/ 61 31 18. Im Zentrum bürgerliche Trattoria Franca. *Scheggino:* Albergo-Ristorante del Ponte (Via di Borgo 15), Tel. 07 43/6 11 31, 6 12 53.
Camping: Valnerina (bei Scheggino), siehe Tour 23.
Sehenswürdigkeiten der Umgebung: *Sant'-Anatolia di Narco:* 700 Einwohner, malerisch über dem Talboden der Nera. Siedlungsspuren reichen rund 10 000 Jahre zurück. Ursprünglicher Ortsname *»Naharco«*, nach dem in der Valnerina im 3. vorchristlichen Jahrhundert bezeugten Volksstamm *»naharscus«*. In staufischer Epoche Lehensgut des Schwaben Konrad von Urslingen, Erzieher Kaiser Friedrichs II. Mauerring aus dem 14. Jahrhundert. Kirche Santa Maria delle Grazie, freskiert Mitte des 15. Jahrhunderts. Ebenfalls Fresken des 15. Jahrhunderts in Sant'Anatolia.
Monteleone di Spoleto: 834 Einwohner, reizvoll über dem Cornotal. 529 Gründung des

Im Aufstieg zum Monte Coscerno, höchste Erhebung auf der Ostseite des Neratales.

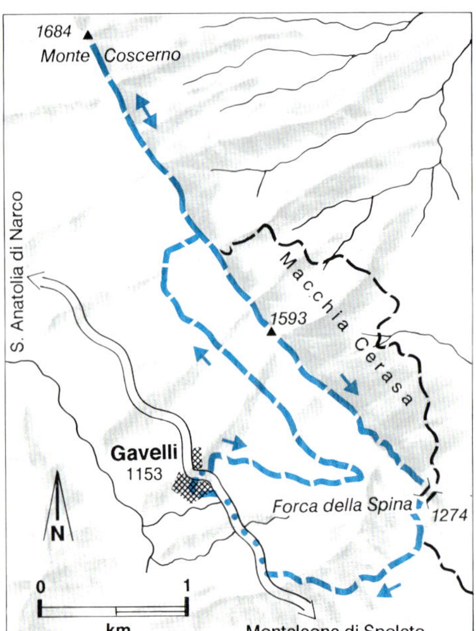

Benediktinerklosters durch Benedikt von Nursia. Kirche San Francesco, Fresken aus dem 15. Jahrhundert.

Cascia: 3225 Einwohner, römisches Municipium (Stadt mit eingeschränkten Bürgerrechten), Geburtsort der Mutter von Kaiser Vespasian (69–79 n. Chr.). 1979 durch Erdbeben erheblich beschädigt. Eine der großen Pilgerstätten Italiens. Verehrt wird neben der Augustinerinnen-Äbtissin Teresa Fasce (1881 bis 1947, Seligsprechung geplant) und dem seligen Augustiner Simon Fidati, Theologe und Schriftsteller (1285–1348), in erster Linie die 1900 heiliggesprochene Rita (1381–1457) aus dem nahen Dorf Roccaporena (5,5 km, Wallfahrt seit 1950), Patronin der Dienstmädchen und Hausfrauen. Sie trat dem Augustinerinnenorden im Alter von 33 Jahren bei, nachdem ihr gewalttätiger Mann ermordet, die zwei Söhne gestorben waren. Gläserner Sarg links in der 1937 bis 1947 im neuromanisch-byzantinischen Stil erbauten Basilica di Santa Rita. Sarkophag (Unterkirche) des Seligen Simon Fidati (links) sowie das »Tabernakel des eucharistischen Wunders« (rechts). Spektakuläres Fest der hl. Rita: 21./22. Mai.

Weitere Tourenvorschläge: In Sant'Anatolia di Narco, Scheggino, Monteleone di Spoleto beginnen markierte Rundwanderwege; siehe Spezialschrifttum.
Auskunft: Azienda di Promozione Turistica Valnerina-Cascia, Via G. da Chiavano 2, I-06043 Cascia; Tel. 0743/71401.
Wanderkarte: Istituto geografico militare (IGM), Carta d'Italia 1:25000, Foglio 131 II S. E. (S. Anatolia di Narco); siehe auch Spezialschrifttum.
Spezialschrifttum: Die Azienda di Promozione Turistica Valnerina-Cascia (siehe Auskunft) brachte 1990 die Broschüre *»20 sentieri ragionati in Valnerina«* heraus, in der 20 Touren beschrieben und mit amtlichen Kartenausschnitten illustriert sind, wodurch der umständliche Erwerb der IGM-Karten entfällt. Ausführlicher (Touren um Gavelli) ist das bei Tour 23 genannte Wanderbuch von Silvano Lepri.

23 Abenteuerliches Ferentillo

Kletter-Mekka im Neratal

Tourencharakter: Unschwierige Rundwanderung.
Höhenunterschied: 750 Meter.
Reine Gehzeit: Ca. 5 Stunden.
Beste Jahreszeit: Frühling, Frühsommer, Herbst.
Markierung: Keine.

Die Nera entspringt in den Monti Sibillini, mißt 116 Kilometer und fließt bei Orte, südwestlich von Narni, in den Tiber. Ihr Tal, das Valnerina, ist das großartigste in Umbrien. Romantische Bilder begleiten die langen Schlingen, vorbei an zerrissenen Felsstöcken, steinalten Brücken, geschichtsbeladenen

Kunsthistorischer Ausklang im Valle Suppenga: Abbazia di San Pietro, gestiftet um 720 durch den Langobardenherzog Faroald II.

Dörfern, an denen die Spuren des Erdbebens von 1979 beseitigt worden sind. Die Landflucht, welche in den sechziger und siebziger Jahren das Gebiet zu dreißig Prozent entvölkerte, hat sich beruhigt; man hört sogar von wirtschaftlichen Zuwachsraten. Natur gehört sich noch selbst. Begrenzte Bettenzahl schließt Urlauberschwärme aus. Die Entwicklung ließ die Seelen der Menschen mitkommen, weil das Umfeld keine sichtbaren Schäden erlitten hat und nicht ins Imaginäre purzelte. Tal und Himmel nehmen das Auge gefangen!

Ferentillo liegt am Südwestrand eines Naturparkes und besteht aus den Ortsteilen Matterello und Precetto, orographisch rechts bzw. links der Nera. Als Ureinwohner im 3. Jahrhundert v. Chr. nennen die Eugubinischen Tafeln (Gubbio) den Volksstamm der *»naharskus«*. Das Tal ist seit jeher wichtiger Verkehrs- und Handelsweg, worauf die mumifizierten Leichen chinesischer Reisender in der Stefanskirche schließen lassen. Bis 1960 rumpelte eine Straßenbahn zwischen Ferentillo und Terni.

Von Terni kommend, wird das Valnerina bei Ferentillo tailliert. Fluß und Straße passieren die wehrhafte Klause. Auf beiden Seiten erheben sich Burgen über dem Talgrund. Felsen bilden natürliche Sperren. Ihr rötlich-gelbes Gestein leuchtet aus den Flanken. Und diese Felsen haben 1988 zum Aufschwung beigetragen: Kletterer finden hier den höchsten Schwierigkeitsgrad (X. Grad). Gefördert wird der »sanfte Tourismus« von Bürgermeister Mario Proietti, als Christdemokrat im roten Umbrien eine »schwarze« Rarität. Initiator des Sportkletterns war Gigi Mario, genannt *»Il Bonzo«*, den hier jeder kennt. Zum Fachsimpeln trifft man sich in der Bar bei Gianna (Montag geschlossen) an der Piazza von Precetto. Sie verteilt die aktuelle Liste der Kletterrouten, wie auch Romeo, der Wirt droben in Le Mura, im gleichnamigen Ristorante. Er serviert ein preiswertes Menü und hat den *»Amaro del Free Climber«* kreiert.

Der Wegverlauf

Vom *Parkplatz* (Chiesa Santa Maria) in 5 Minuten zur *Piazza Garibaldi*. Links in die *Via della Rocca*. An der Rechtskurve (zur Burg) geht es geradeaus auf schmalem Weg zu einem breiten Querweg. Links etwa drei Meter, dann rechts dem *Schottersträßchen* durch Olivengärten folgen. Im Westen erscheint das hochgelegene Dorf San Mamiliano, nördlich dräut die Felsbarriere von Gabbio. In **Gabbio** (429 m) instruiert beim ersten Haus eine Tafel: *»Arrampicata sportiva settore Gabbio«*. Das ist vorläufig unsere Richtung. Durch den malerischen, verlassenen Weiler. Ein Abstecher führt zum freskierten, verfallenden Kirchlein.

Der Wanderweg wendet sich bei *Haus Nummer 7* scharf rechts und wird bald vom Laubwald umschlungen. Linksabzweigungen (für Kletterer) bleiben unbeachtet. Ungefähr 20 Minuten nach Gabbio erreicht man einen stumpfen, strauchbewachsenen Rücken. Hier links (rechts abwärts zur Burg) noch 5 Minuten bergan, dann unter Felsen queren. Etwa 5 Minuten später aufpassen! Nicht geradeaus bzw. Geröllfelder traversieren (Pfad endet nach 5 Minuten), sondern *scharf links*, wenig später rechts. Vor einer Lichtung schräg links hoch zur pfeilerähnlichen breiten Felsbasis des *Monte*. Dahinter sind wieder deutliche Spuren vorhanden, in gebänderten Schrofen hinaus zu einer Felskante. Lorino wird sichtbar. Nördlich bildet der kahle Monte Solenne den Blickfang: »La montagna più elegante della Valnerina«, schwärmt Silvano Lepri. Südöstlich dominiert jenseits des Tales der Monte San Angelo. Linkshaltend über eine kurze Felsrampe, dann rechts auf dem Rücken in das Bergnest **Lorino** (706 m), wo nur mehr drei Familien ständig leben. Vom Parkplatz 1½ Stunden.

Vorbei an dem Kirchlein *San Giovanni Evangelista*. Auf der *Via di Monte Solenne* ansteigen. Im Rückblick der Monte mit seiner dachartigen schrägen Westflanke und den steilen Ostwänden. Der Fahrweg erreicht ½ Stunde nach Lorino einen Sattel (*La Forca*, 802 m) vor dem Monte Solenne.

Rechts, zwischen Zäunen abwärts. Schon 5 Minuten später wird San Pietro in der Valle Suppenga sichtbar. Dann links, jetzt steiler mit Serpentinen. Knapp ½ Stunde nach der

Ferentillo ist der malerischste Ort in der Valnerina.

Forca geht es rechts an einem *Stall* vorbei, vollends hinab in den *Fosso dell'Abbazia*.

Auf der Asphaltstraße halb links zur ehemaligen **Abbazia di San Pietro** (364 m), dem bemerkenswertesten Kunstwerk im Valnerina. Stifter war der in Spoleto residierende Langobardenherzog Faroald II., um 720. Wahrscheinlich war in der Nähe oder an der gleichen Stelle eine Römersiedlung. Indiz dafür könnten die bis ins frühe 4. Jahrhundert zurückreichenden Sarkophage sein. Möglicherweise existierte hier ein Kultplatz, denn der *Cippus* (1. Jahrhundert v. Chr.), innen links neben dem Eingang, diente der Aufnahme von Opfergaben.

Nach der Absetzung durch seinen Sohn Trasamund lebte Faroald im Benediktinerkloster und starb dort 728. Er sei in dem römischen Sarkophag rechts von dem Presbyterium beigesetzt worden. Trasamund, ebenfalls zur Tonsur gezwungen, im Sarkophag rechts an der Wand. Der in den dreißiger Jahren zusammengesetzte Hauptaltar, konkret seine vordere und hintere Verkleidung aus herrlich verzierten Marmorplatten, genießt uneingeschränkte Beachtung. Sie lassen nämlich eine Datierung zu: HILDERICUS, wie vorne (links oben) im Rahmen der Petrus-Weiheinschrift zu lesen ist, war nämlich Herzog von Spoleto (739/40). Die linke der beiden Gestalten unter den Scheibenkreuzen stellt vielleicht den Steinmetz dar (Inschrift rechts des Kopfes: *Ursus magister (f)ecit*). Rückseitig bilden konzentrische Kreise den Schmuck. Kirche und Kloster fielen in der zweiten Hälfte des 9. Jahrhunderts dem Sarazenensturm zum Opfer. Vom romanischen Neubau ab dem frühen 10. Jahrhundert stammen die Reliefs Petrus (links) und Paulus beiderseits des heutigen Einganges aus dem doppelgeschossigen, im 16. Jahrhundert umgestalteten Kreuzgang sowie das Petrus-Relief an der Ostseite des Campanile. Das Schema der biblischen Freskenzyklen an den Langhauswänden erläutert Klaus Zimmermanns in seinem Reiseführer »Umbrien« ausführlich. Öffnungszeiten: Sonn- und Feiertage ganztags, sonst 14.00 bis 18.00 Uhr.

Der Weiler Gabbio, in dessen Umgebung rassige Klettereien warten, ist direkt an die Felswände gebaut.

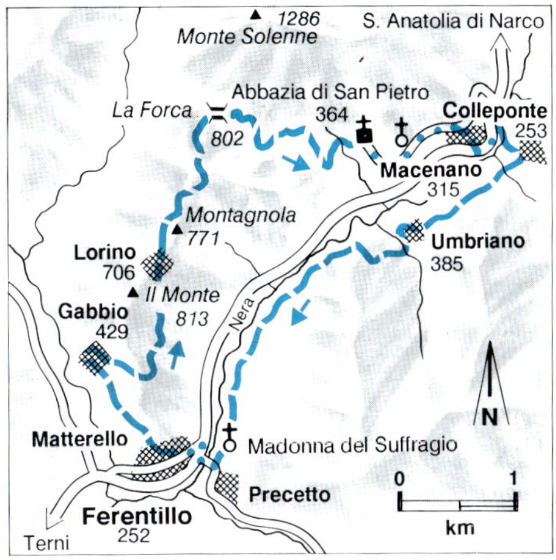

Es folgt ein genußvoller Spaziergang auf dem Schottersträßchen. Etliche Minuten später weist eine Tafel auf die Kapelle links oberhalb hin, wo sich laut Legende zwei syrische Eremiten niedergelassen haben. Am gegenüberliegenden Hang wartet das burgähnliche, zauberhafte Umbriano. Nach ¼ Stunde treten die Häuser von *Macenano* (315 m) an das Sträßchen. Am Kirchlein rechts, im Gewinkel abwärts. Bei Hausnummer 25 links, zur *Talstraße*. Links, in der Linkskurve die Straße rechts verlassen. Am Wachturm links vorbei und über die *Nera* nach *Colleponte* (253 m), früher Standort einer Eisenhütte. Von Ferentillo 3¼ Stunden.

Rechts, etwas bergan, dann rechts über den kanalisierten Bach. Wenig später an der Wegegabelung halb links (geradeaus absteigend direkt nach Ferentillo) auf dem *Schotterweg*. In der Linkskurve geradeaus. Nach 50 Metern halb rechts auf dem schmalen Hangweg. Nun haben wir die Abtei San Pietro zur Rechten. Und 35 Minuten nach Colleponte umfängt uns die mittelalterliche Atmosphäre des schon vor 70 Jahren verlassenen Fleckens **Umbriano** (385 m). Um die Geländenase herum quert man in den *Fosso d'Umbriano*. Der Abstieg dauert ¼ Stunde. Auf dem Talboden links. Rechter Hand das von Höhlen zerfressene Penna-Massiv, ein *»settore«* des Kletterparadieses Ferentillo über dem Nera-Ufer. Nach 20 Minuten erscheint die 1190 urkundlich erwähnte *Rocca* von Ferentillo. Links am Weg träumt die *Madon-*

na del Suffragio. Das Kirchlein wird von einem gehbehinderten Franziskaner betreut. Er schuf auch die sehenswerte Krippe.

In *Precetto* auf der ersten Brücke über die Nera. Links durch die *Via Roma* und über die *Piazza Garibaldi* wieder zum *Parkplatz* bei der im 13. Jahrhundert erbauten Marienkirche.

Nützliche Informationen

Anfahrt: Ab Terni (nächster Bahnhof) 18 km auf der Staatsstraße 209; Buslinie 21, Haltestelle u. a. an der Kirche Santa Maria.
Ausgangsort: *Ferentillo* (252 m), 2200 Einwohner, nordöstlich der Provinzhauptstadt Terni. Im 16. Jahrhundert kleine Stadtrepublik der herzoglichen Familie Cybo mit eigenen Statuten.
Parken: Westlicher Ortsrand von Ferentillo-Matterello, bei der Pfarrkirche Santa Maria.
Gehzeiten: Insgesamt ca. 5 Std. Ferentillo – Gabbio: ½ Std. Gabbio – Lorino: 1 Std. Lorino – La Forca: ½ Std. La Forca – San Pietro: ¾ Std. San Pietro – Nera: 25 Min. Nera – Umbriano: 25 Min. Umbriano – Madonna del Suffragio: 50 Min. Zum Parkplatz 20 Min.
Einkehr unterwegs: *San Pietro* (Ristorante Abbazia, Mittwoch Ruhetag), *Macenano* (2 Bars an der Talstraße).
Unterkunft und Verpflegung: *Albergo-Ristorante Le Mura* (Montag geschlossen), 1,8 km nordöstlich von Matterello; Tel. 07 44/78 05 11. *Ristorante Piermarini* in Matterello. Lebensmittelgeschäfte. Fraktion *Sambuchetto* (5 km nördlich an der Staatsstraße) Hotel-Ristorante (Dancing) Ninfa del Nera; Tel. 07 44/78 01 72. *Fontechiaruccia* (5,5 km südlich, etwas abseits der Staatsstraße) Hotel-Ristorante Fontegaia; Tel. 07 44/78 86 21.
Camping: *Valnerina* (13 km nördlich bei Scheggino), 1,2 km von der Talstraße entfernt (Val Casana), Sommermonate geöffnet, geschlossen 14.00–16.00 Uhr. Tel. 07 43/ 6 12 57. Nahebei Schwimmbad.
Sehenswürdigkeiten: *Ferentillo-Precetto:* Chiesa di Santo Stefano. Hinweistafel *»Mummie«*. In der Krypta (13. Jahrhundert) haben sich durch besondere Bodenbeschaffenheit zahlreiche Leichname ohne Einbalsamierung erhalten; Custode Haus Nr. 7, links vor dem Eingang. Günstiger Parkplatz: Piazza Garibaldi. 200 Meter talein der erste Sportkletterfels *(Settore l'isola)*, dem weitere gekennzeichnete, an Wochenenden vielbesuchte Felsen folgen.
Auskünfte: Azienda di Promozione Turistica del Ternano, Viale Cesare Battisti 5, I-05100 Terni; Tel. 07 44/4 30 47.
Spezialschrifttum: Silvano Lepri, *Escursionismo in Valnerina, nel Ternano e sui Monti Martani*. CAI Sezione Terni 1991. 82 Wandervorschläge mit sehr gutem Kartenmaterial, auch für die Umgebung von Ferentillo, wodurch sich der umständliche Kauf von IGM-Karten erübrigt. Erhältlich (25 000 Lire) in der Bar an der Piazza in Ferentillo-Precetto.
Wanderkarte: Istituto geografico militare (IGM), Carta d'Italia 1:25 000, Foglio 138 I. N.O. (Ferentillo).

24 Monte Torre Maggiore, 1120 Meter

Götterberg Umbriens

Tourencharakter: Unschwierige Wanderung. Bei Nebel im Gipfelbereich Orientierungsprobleme.
Höhenunterschied: 750 Meter.
Reine Gehzeit: 4 Stunden.
Beste Jahreszeit: Frühling und Herbst.
Markierung: Rot-gelb, »MT« auf rot-weiß-rot, rot.

»Balcone della Valle Ternana«, sagt ein älterer Mann neben mir auf der Piazza Federico Cesi und macht mit der rechten Hand eine ausgreifende Bewegung. In der Tat: Belvedere, herrlich gelegen über dem von der Nera durchflossenen Ternibecken. Wie andere Umbrergründungen – beispielsweise Narni, Spoleto, Gubbio, Spello – schmiegt sich auch Cesi, in den zwanziger Jahren nach Terni eingemeindet, an einer Flanke, an die dem Monte Torre Maggiore vorgesetzte Rocchetta.

Die »Ombriker« sind vor rund 3000 Jahren eingewandert. Sie verschmolzen mit der pelasgischen Urbevölkerung zwischen oberem

Sant' Erasmo am Aufstieg von Cesi zum Monte Torre Maggiore, der sich im Hintergrund zeigt.

Tiber und Apennin. Laut Plinius habe ihnen der mythische Etruskerkönig Tyrrhenos 300 befestigte Plätze entrissen. Umbrer traten – wie die westlich benachbarten Etrusker – im 7. vorchristlichen Jahrhundert aus dem Dunkel ihrer Herkunft und wurden vierhundert Jahre später von Rom unterworfen, das als erstes Nequinum (Narni) zerschlug. Cesi wird im 11. Jahrhundert durch den Bau des Gotteshauses Sant'Angelo dokumentiert.

Der Wegverlauf

Am nördlichen Ortsrand, ab der *Bar Lupetto,* 200 Meter zur *Farmacia.* Dort halb links *(Viale Regina Elena)* aufwärts. An der ehemaligen Kirche *Sant'Angelo* links. Durch die *Via San Antonio* hoch, vorbei an der *Antoniuskirche* und links. Bei der *Piazza Federico Cesi,* vor der einstigen Kirche Sant'Andrea (Theater), geht es rechts durch den Torbogen in die *Via Stefano Bellini.* Nach 50 Metern links *(Via della Rocca).* Bei Hausnummer 19 rechts der *Via San Onofrio* und den gelb-roten Markierungen über Steinstufen folgen. Rechts durch das Tor. Etwa 50 Meter vor der *Chiesa Sant'Onofrio* schwenkt man spitzwinkelig links in einen schmalen, uralten Weg ein.

Er wendet sich 20 Minuten später vor einer *Felskluft* (Blick in den Fosso di Sant'Andrea) rechts. Kurz danach begegnen uns Mauerreste der unter Arnolfo II. errichteten mittelalterlichen *Befestigung.* Am Turm halb rechts, die Lichtung am oberen Rand queren, dann jenseits der Mauer auf einer Holzkonstruktion über den Stacheldrahtzaun. Halb links durch Laubwald. Kurz vor einem quadratischen Wehrturm links. Sobald uns der Wald freigibt, rechtshaltend zur künstlich abgeflachten Ebene von **Sant'Erasmo** (790 m). Die romanische, im 12. Jahrhundert geweihte Kirche gehörte zu einem Benediktinerkloster – Zisterne erhalten – der Abtei Farfa in den Sabiner Bergen. Das Plateau (200 × 200 m) stützen mächtige Polygonalmauern aus dem 5./4. Jahrhundert.

Kultstätte der Umbrer! Möglicherweise war hier sogar das Heiligtum des Volkes –

oder auf dem Gipfel des Monte Torre Maggiore, dessen kahle Kuppe schwach nordöstlich lockt. Südöstlich breitet sich Terni aus, Provinzhauptstadt mit 110000 Einwohnern und einer maroden, von Staat und EG subventionierten Schwerindustrie. Während der Antike war es als »Interamna« die Metropole Südumbriens. Beim Bau der Stahlwerke in den achtziger Jahren des 19. Jahrhunderts legte man 2000 eisenzeitliche Gräber der Epoche zwischen dem 10. und 7. Jahrhundert v. Chr. frei. Am 10. August 1943 bombardierten alliierte »Fliegende Festungen« die Stadt in Schutt und Asche: sie wurde zu 96 Prozent zerstört. Südwestlich zieht sich das alte Narni am Bergrücken hoch. Den Talboden durchmißt die Superstrada: Ersatz für die römische Via Flaminia.

Nun auf dem Fahrweg etwa 150 Meter ansteigen, dann rechts, getreu dem *rot-gelb* bezeichneten *Wanderweg 1*. Etwa 20 Minuten nach Sant'Erasmo wird der Wald verlassen. Halb links, jetzt der Markierung *MT* (= Martani Trekking) auf rot-weiß-rot folgen. Wenig später rechts halten in Richtung der Monte-Torre-Maggiore-Kuppe. Rechts unterhalb der Rastplatz *»Cisterne nuove«* (922 m).

Geradeaus (Eisenschranke). In der Mulde beginnt der Gipfelgang. Halb links, das heißt rechts oberhalb des Fahrweges, zu einer betonierten *Viehtränke*, an der wir links auf Wegspuren vorbeigehen. Nach 50 Metern rechts halten, orographisch rechts der (trokkenen) Bachmulde, parallel zum *Stacheldrahtzaun* talein. Dünne Pfadspuren und blasse rote Markierungen leiten empor zum stumpfen Westrücken. Nordwestlich ist Todi auszumachen, schwach südwestlich Sangemini.

Auf dem Rücken rechts in 10 Minuten zum **Monte Torre Maggiore** (1120 m). Die stellenweise noch durch Polygonalmauern eingefriedete Kuppe ist umzäunt. Jetzt erkennen wir die dominierende Position sowie das umfassende 360-Grad-Panorama des höchsten Gipfels der Monti Martani, der Marsberge. Die Umbrer verehrten jedoch statt dessen Laran, »so hieß der dem italienischen Mars entsprechende Gott«, betont Erika Simon, Professorin für Klassische Archäologie an der Universität Würzburg. Wem der Tempel (Fundamente 1987 freigelegt) – in solcher Position einmalig für Europa – geweiht war, ist nicht bekannt. Er stammt aus umbrischer Ära und dürfte mit den 1992 teilweise konservierten Grundmauern von verschiedenen Gebäuden ein Heiligtum gebildet haben. Die Eugubinischen Tafeln (Gubbio) erzählen vom umbrischen Göttertriumvirat, von religiösen Tänzen, Bruderschaften, Opfern, Sühnebräuchen, Gebeten und Weissagungen aus dem Vogelflug. Aus Ehrfurcht vor dem heiligen Ort ist der Sendemast demontiert worden. Das Wellblechhüttchen dient Archäologen als Unterschlupf.

Den Bereich durch das Tor verlassen. Links, am Zaun entlang, vorbei an der *Zingarelli-Gedenktafel*, ostwärts. Etwa 5 Minuten später rechts halten: von der Kuppe weglos Richtung Terni absteigen durch schrofiges, wacholderbewachsenes Gelände in die Mulde. Am *Steinmann* (Markierungen) rechts vorbei, die Kuppe umgehen, links zum nächsten niedrigen Steinmann. Rechts, über die Kuppe (980 m), dann halbrechts auf Wegspuren hinunter zu einem kreisrunden *Tümpel*. Vom Gipfel ½ Stunde.

Gleich nach dem Tümpel rechts, wo uns wieder rote Farbzeichen führen. Die Flanken des *Fosso delle Pennuzze Rosse* mäßig ansteigend traversieren, in ¼ Stunde zum Rastplatz *»Cisterne nuove«* (922 m) am Aufstiegweg.

Ab *Sant'Erasmo* (790 m) entweder auf dem bekannten Steig oder mit dem Fahrsträßchen (4,5 km), vorbei an der Sternwarte *(Osservatore Astronomico)*, nach *Cesi*.

Nützliche Informationen

Anfahrt: Vom Bahnhof Terni (Busverbindungen) 11 km, zunächst Richtung Perugia, dann der Beschilderung Sangemini-Cesi folgen. Ab Todi 30 km.

Ausgangsort: *Cesi* (437 m): 600 Einwohner, nordwestlich von Terni.

Parken: Nordwestlicher Ortsrand bei der Bar Lupetto.

Gehzeiten: Insgesamt 4 Std. Parkplatz – Sant'Onofrio: ¼ Std. Sant'Onofrio – Sant'Erasmo: ¾ Std. Sant'Erasmo – Cisterne nuove: ½ Std. Cisterne nuove – Gipfel: ½ Std. Gipfel – Cisterne nuove: ¾ Std. Cisterne nuove – Sant'Erasmo: 25 Min. Von dort nach Cesi ¾ Std.

Auf dem Monte Torre Maggiore wurden die Grundmauern eines umbrischen Tempels freigelegt. Ein vorchristlicher Tempel in solcher Position ist einmalig in Europa.

Unterkunft: Nächste Hotels (4 km) in *Fonte Sangemini:* Alla Fonte, Tel. 07 44/63 00 25; All'Antica Carsulae, Tel. 63 01 63. *Sangemini* (6,5 km): Il Duomo, Tel. 07 44/63 00 15.
Verpflegung: *Pizzeria Il Mulino* (nördlicher Ortsrand von Cesi). *Trattoria Caprareccia* (nördlich, etwas außerhalb). Lebensmittelgeschäft im Ort an der Wanderroute.
Mountainbike-Tour: Am nordwestlichen Ortsrand (Tafel: *Osservatore Astronomico*) auf sehr steilem Teersträßchen 3 km zur *Sternwarte*. Weiter auf schlechter Naturstraße 1,5 km nach *Sant'Erasmo*. Das Sträßchen setzt sich fort (2 km) bis an die Basis des Monte Torre Maggiore bei den *Cisterne nuove* (922 m; siehe auch Wanderung). Bis Sant' Erasmo 4,5 km, 390 Höhenmeter.
Sehenswürdigkeiten der Umgebung: *Carsulae* (4,5 km nordwestlich, beschildert) auf einem Travertin-Plateau, bedeutendstes archäologisches Zentrum Umbriens. Ruinen der im 1. Jahrhundert v. Chr. an der 220 v. Chr. trassierten ersten Via Flaminia gegründeten Römerstadt Carsulanus, Versorgungsstation und Umschlagplatz, erwähnt von Tacitus nur im Krieg zwischen Vitellius und Vespasian 70 n. Chr. Sie war Municipium, besaß also eingeschränkte Bürgerrechte; Selbstverwaltung durch *»quattuorviri«* (vier Stadtvorsteher). Die Via Flaminia war zugleich *»Cardo maximus«*, Hauptstraße. Keine Stadtmauern, zwei Tore. Bautätigkeit bis ins 3. Jahrhundert n. Chr. In der Spätantike verlassen, wahrscheinlich infolge eines Erdbebens. Während des Mittelalters hausten in den Ruinen monastische Gemeinschaften (u. a. Franziskaner).
Die romanische Kirche *San Damiano* gehörte zu dem bis 1317 existierenden Kloster *Santi Cosma e Damiano*. Die Nummern auf der In-

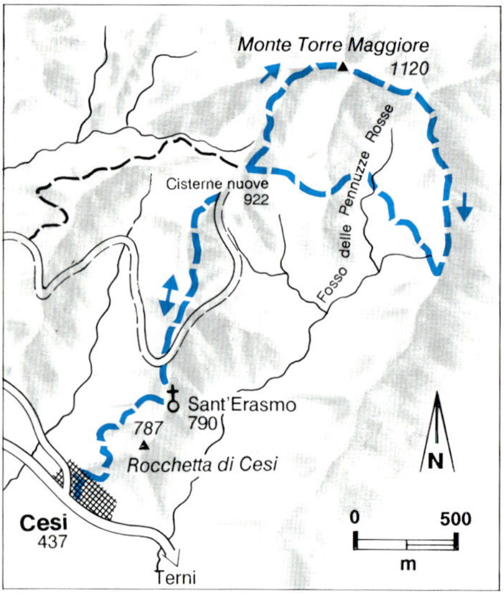

formationstafel bedeuten: 1 = Forum; 2 = Gebäude für den Kaiserkult; 3 = Podium zweier Forumstempel; 4 = Zisterne; 5 = Thermen; 6 = San Damiano, 11./12. Jahrhundert. Bei der Südwand handelt es sich möglicherweise um eine Mauer des *»Macellum«* (Markthalle); 7 = Forums-Basilika (Gericht, Börse, Handel), dreischiffig mit Apsis. Daneben vermutlich eine Herberge; 8 = Zisterne; 9 = Amphitheater (86,50 × 62 m); 10 = Theater: die Bühne hatte 62 m Durchmesser. Zwischen den beiden Theatern gab es Kanäle, um die Arena für Seekämpfe zu fluten – eines der wenigen erhaltenen Beispiele. Die axiale Lage der Theater ist ungewöhnlich, jedoch dem Gelände angepaßt; 11 = Portikus-Gebäude; 12 = Nördliches Stadttor (»Arco di San Damiano«), mittlerer von drei Durchgängen, die seitlichen waren schmaler und niedriger; 13 = Grabmonument der Familie Furia, Durchmesser 17 m, ursprüngliche Höhe mit Zinnenkranz und aufgeschüttetem Erdtumulus mindestens 11 m; 14 = Turmgrab; dorischer Fries (Waffen, Tiere, ornamentale Figuren).
Auskunft: Azienda di Promozione Turistica del Ternano, Viale Cesare Battisti 5, I-05100 Terni; Tel. 07 44/4 30 47.
Spezialschrifttum: Siehe Tour 25.
Wanderkarte: Istituto geografico militare (IGM), Carta d'Italia 1:25 000, Foglio 138 IV N. E. (Cesi).

25 Lago di Piediluco

Und der schönste Wasserfall Europas: die Cascate delle Marmore

Tourencharakter: Unschwierige Rundwanderung.
Höhenunterschied: 170 Meter.
Reine Gehzeit: Knapp 1 1/4 Stunden.
Beste Jahreszeit: Frühling bis Spätherbst. Sonntags und im August hektischer Besucherandrang am See.

Obwohl nicht einmal 400 Meter hoch gelegen, vermittelt der bis zu 19 Meter tiefe Lago di Piediluco, zweitgrößtes Gewässer Umbriens, den Eindruck eines Bergsees. Die Wasserqualität läßt jedoch zu wünschen übrig. Die Hügel um das 17 Kilometer lange Ufer sowie ein angenehmes alpines Klima machen ihn zum beliebtesten Picknick- und Ferienplatz an der umbrischen Südgrenze. Mit dem See hängt die Hauptattraktion des Gebietes zusammen: die »Cascate delle Marmore«. Sie erhalten nämlich ihre »Nahrung« aus dem Lago bzw. aus dem unter dem römischen Konsul Curio Dentatus 271 v. Chr. installierten, mit dem See verbundenen »Cavo Curiano«. Er speist die 162 Meter hohen, dreistufigen, gewaltigen Wasserfälle. Der oberste Fall stürzt 80 Meter tief – pro Sekunde 285 Kubikmeter.

Ein brausendes Schauspiel, das an den Betriebstagen volksfestähnlich bejubelt wird. »Le più belle cascate d'Europa«, schwärmen die Staunenden, vor allem nach Einbruch der Dämmerung, wenn die Gischt beleuchtet ist. Während der übrigen Zeit saust die Energie verrohrt zu Tal und betreibt seit 1924 ein Elektrizitätswerk (Centrale di Galletto). Damals war es das leistungsfähigste in Europa.

Piediluco, einzige Ortschaft am See, nimmt den Ufersaum an der Basis des annähernd 200 Meter höheren Monte Luco ein. Durch die Umgehungsstraße ist wieder Ruhe

Der Lago di Piediluco, zweitgrößtes Gewässer Umbriens, mit der mittelalterlichen Rocca (Burg) auf dem Monte Luco.

Die Palasmauern der Burgruine auf dem Monte Luco.

eingekehrt am *»lungolago«*. Bunte Häuserfassaden spiegeln sich im blauen, kühlen Element. Anfang April feiert der Frühling seine Premiere. Und am letzten August-Sonntag findet die *»Festa delle acque«* statt.

Der Wegverlauf

Vom *Parkplatz* nicht auf der Straße nach Piediluco, sondern links, neben dem Betonmast der Elektroleitung mit dem Weglein rechtshaltend den Waldhang ansteigend queren, oberhalb des alten Friedhofes. Dann durch eine Öffnung der *Wehrmauer*, die von der Burg bis an das Ufer reichte. Nach ¼ Stunde wird südlich, auf der Höhe des Monte Caperno die weiße Statue der *Madonna dell'Eco* sichtbar. Der Volksmund nennt den Berg Monte dell'Eco, des Echos wegen, das er zurückwirft.

Der Pfad führt in angenehmer Steigung empor zur *Rocca* auf dem **Monte Luco** (542 m). *»Lucus«* (Hain) hieß in der Antike der Heilige Wald um den Kegel. Die Burg, während des Mittelalters Streitobjekt zwischen Rieti und Terni, soll aus dem 11. Jahrhundert stammen. 1364 ließ sie Kardinal Albornoz im Auftrag des zu Avignon im Exil lebenden Papstes erweitern und den fünfseitigen, in die Mantelmauer integrierten Bergfried verstärken. Die Fenster des Palas schauen über den See. Gott sei Dank sind die Gestade von Hotelkästen verschont geblieben, obwohl Immobilienhaie bereits derartige Pläne in den Schubladen liegen haben, munkelt man.

Nordöstlich, links von dem teilweise verbauten Monte Rotondo, grüßt das um eine Burg aus dem 10./11. Jahrhundert entstandene Bergstädtchen Bonacquisto. Den Ostteil des Sees durchschneiden schlanke Ruderboote. Dort befindet sich das Zentrum der »Federazione Italiana di Canottaggio« (italienischer Ruderverband).

Für den *Abstieg* dient der breite Weg unterhalb des Bergfrieds. Er schwenkt zunächst in Ostrichtung, dann in Südrichtung ein und liefert uns nach 20 Minuten am Ostrand von **Piediluco** ab. Durch den Ort, dessen Einwohner früher ausschließlich vom Fischfang lebten. Rechts die Breitseite der im späten 13. Jahrhundert begonnen *Chiesa San Francesco*. In der Chorapsis hängt »Buon Gesù«, ein verehrtes Holzkruzifix aus dem 15. Jahrhundert.

Nützliche Informationen

Anfahrt: Von Terni (nächster Bahnhof, Busverbindungen Linie 24) 15 km auf der Staatsstraße 79 Richtung Rieti.
Ausgangsort: *Piediluco* (375 m), südöstlich von Terni.
Parkplatz: Nördlich von Piediluco, unweit der Abzweigung nach Piediluco von der Staatsstraße 79.
Gehzeiten: Insgesamt knapp 1¼ Std. Parkplatz – Burg: 35 Min. Burg – Piediluco – Parkplatz: 35 Min.
Unterkunft und Verpflegung: Z. B. *Hotel-Ristorante Lido* (Piazza Bonanni 2), Tel. 368354. *Albergo Eco* (Via IV Novembre 12), Tel. 368124.

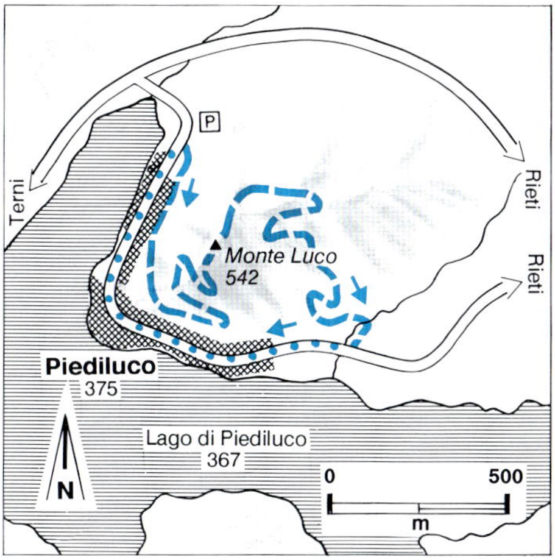

Camping: *Lago di Piediluco* (Ara Marina), Mitte April bis Mitte Oktober; Tel. 69195. *Cascate delle Marmore* in Marmore (6 km von Piediluco), unweit der Aussichtskanzel (»Belvedere Cascata«) auf die Wasserfälle, Mai bis September, Tel. 67198.
Sehenswürdigkeiten: *Cascate delle Marmore:* Ab 16. März, April, September, Oktober: Sonn- und Feiertage 10.00–12.00 Uhr, Samstag 18.00–21.00 Uhr. Mai, Juni, Juli, August: Sonn- und Feiertage, 22. Mai (Santa Rita), 16. August 10.00–13.00 Uhr, 15.00–23.00 Uhr, Samstag 17.00–22.00 Uhr; 15. Juli bis 31. August auch werktags 17.00–18.30 Uhr. November bis 15. März Sonn- und Feiertage 15.00–16.00 Uhr, Weihnachtsfeiertage und Neujahr 13.00–16.00 Uhr.
Aussichtspunkte: Bei *Marmore* (Beschilderung »Belvedere Cascata«, vom Parkplatz 5 Minuten zu dem 1781 erstellten Pavillon), oder östlich (6 km) von Terni an der Staatsstraße 209 (*Piazzale George Byron*, Buslinie 21).
Auskunft: Pro Loco, Via IV Novembre 7, I-05038 Piediluco; Tel. 0744/68225.
Spezialschrifttum: Silvano Lepri, *Escursionismo in Valnerina, nel Ternano e sui Monti Martani.* CAI Sezione Terni 1991. 82 Wandervorschläge mit guten Karten. Erhältlich im Buchhandel in Terni (25000 Lire).
Wanderkarte: Istituto geografico militare (IGM), Carta d'Italia 1:25000, Foglio 136 I S.O. (Labro).

26 Giro d'Umbria

Umbrien mit dem Fahrrad

Tourencharakter: Streckenweise bergig.
Länge: 420 Kilometer. Jede Etappe ist kilometermäßig so gestaltet, daß genügend Zeit für Besichtigungen bleibt.
Fahrzeiten: Auf Zeitangaben ist wegen des individuellen Leistungsvermögens verzichtet worden.
Beste Jahreszeit: Frühjahr, Spätsommer, Herbst.
Anmerkung: Sofern das Fahrrad nicht mit dem Auto befördert wird, muß es per Bahn geschickt werden (eine Woche vor Antritt der Tour aufgeben). In Italien ist die begleitende Mitnahme des Radls (Selbstverladung) nicht möglich!

1. Tag: Assisi – Gubbio

In **Assisi** (Tour 18), am südlichen Stadtrand (Beschilderung: »*Gualdo Tadino*«) auf der Straße Nr. 444 aufwärts und ins Tesciotal. Nach 15 Kilometern links (Castalda). Vier Kilometer Schotterstraße, dann wieder asphaltiert, links nach *Castalda.* Links etwa 350 Meter, dann rechts und über *Carbonesca – Col Palombo* zur verkehrsreichen *Staatsstraße 219,* auf der es links nur mehr 6 Kilometer nach **Gubbio** (Tour 12) sind.
Charakter: Ab Assisi auf 36 km sehr bergig.
Streckenlänge: 48 km.

2. Tag: Gubbio – Colfiorito

Von **Gubbio** (529 m), am nördlichen Altstadtsaum, steigt die *Straße 298* (Beschilderung: »Scheggia«) durch die romantische *Gola del Bottaccione* 5 Kilometer in den *Valico della Cima* (780 m) an. Danach rollt man – im Vorblick den Apennin – nach **Scheggia** (572 m), wo uns die Trasse der antiken *Via Flaminia* in Richtung Rom übernimmt. Zwischen Sirca und Sigillo sind rechts an der Straße beachtliche Reste des **Ponte Spiano** (Römerbrücke) erhalten. In **Sigillo** zweigt links die Straße (10 km) ab zum *Monte Cucco* (Tour 11): Fleißaufgabe für Konditionsstarke. Ansonsten bleibt man auf der Staatsstraße. **Gualdo Tadino** entstand in vorchristlicher Zeit, wurde

996 durch Kaiser Otto III. zerstört und 1180 neu erbaut. Am Ortseingang des mittelalterlichen Städtchens **Nocera Umbra** (548 m) geht es spitzwinkelig links (Straße 361, Macerate), 7 Kilometer in das Dörfchen **Bagnara** (634 m). Wer hier, 57 Kilometer nach Gubbio, nächtigen oder essen möchte, ist im »*Pennino*« bestens aufgehoben; siehe Tour 3.

Extreme Mountainbiker »überwinden« den *Monte Pennino* (1570 m) auf Schotterstraßen (20 km). Doch schon die gängige Route von Bagnara rechts in die *Valle Egna* bietet Schotterstraße und anhaltende Steigung auf 5 Kilometer bis **Colle Croce** (872 m, Mündung der Monte-Pennino-Variante). Nun wieder asphaltiert und genußvoll über dem Piano di Colle Croce – nordöstlich der doppelgipfelige Monte Pennino – nach *Annifo* (874 m). Zum Ausklang 5 Kilometer eben nach **Colfiorito** (760 m, Tour 4).

Charakter: Von Gubbio 250 Höhenmeter (5 km) bergauf. Ab Nocera Umbra 12 km mäßige Steigung nach Colle Croce.
Streckenlänge: 70 km (ohne Abstecher).

3. Tag: Colfiorito – Norcia

Neben dem *Hotel Lieta Sosta* 700 Meter nach Osten, dann rechts. In *Cesi* geradeaus. Anschließend nimmt man halb rechts die untere Straße, vorbei am Kirchlein *Madonna del Piano* nach *San Martino*. Weiter durch die scheinbar vergessene Apenninlandschaft. *Forcella und Rassena* (931 m) heißen die nächsten Weiler. Richtung »Riofreddo – Croce«. Nach insgesamt 18 Kilometern sind die Hauptsteigungen vorläufig geschafft. Um das Bergnest *Riofreddo* beschreibt das Schotersträßchen einen Bogen. Die Abfahrt (7 km) ist wieder asphaltiert. Sie bringt uns in die **Valnerina** (490 m); von Colfiorito 31 Kilometer.

Auf der *Staatsstraße 209* links (*Trattoria del*

Von Gubbio steigt der »Giro« an in den Valico della Cima. Dahinter erscheinen der Monte Acuto (links) und der Monte Catria.

Des Radfahrers Rast nach einem Regenschauer. Auf dem Giro d'Umbria in der Nähe von Todi.

Pescatore, Mittwoch geschlossen). Nach 800 Metern Quellbrunnen. Dann nicht in die Gole della Valnerina, sondern scharf rechts, hinauf nach *Saccovescio* (724 m), an dem es rechts vorbeigeht, hinunter nach **Preci** (523 m) im Schutze einer Burg des 13. Jahrhunderts. Jetzt gelten die Schilder »Norcia«. Nach 2 Kilometern links Abstecher (600 m) zur ehemaligen **Abbazia di Sant' Eutizio**, benannt nach einem syrischen Mönch, der das Kloster im 5. Jahrhundert gegründet haben soll und in der um 1200 errichteten Kirche begraben liegt. Weiter im *Val Nido.* Hinter Ancarano gilt es, die *Forcella Ancarano* (1008 m) zu überwinden: 4 Kilometer, 250 Höhenmeter. Als Ausgleich 7 Kilometer Abfahrt nach **Norcia** (604 m, Tour 9). (Lohnender Abstecher: von Castelluccio in die Monti Sibillini, 58 Kilometer hin und zurück, 850 Höhenmeter.)

Charakter: Fast durchgehend bergig.
Streckenlänge: 55 km.

4. Tag: Norcia – Todi

An der *Porta Romana* vertraut man sich der *Staatsstraße 396* an, durch die wildromantische Schlucht (in den Tunnels Licht anschalten!) 16 Kilometer in die **Valnerina**. Dort übernimmt uns die *Staatsstraße 209.* An den Hängen des großartigsten umbrischen Tales reihen sich verschachtelte, mittelalterliche Ortschaften, die teilweise beim Erdbeben 1979 Schäden erlitten. Die Hilfsgelder fließen erst seit 1987.

Sant'Anatolia di Narco liegt mit seinem Ortskern (Tour 22) links oberhalb des Talbodens. Wir kommen in die Provinz Terni. Gleich hinter *Sambuchetta* sollte man die Rechtsabzweigung (gelbe Tafel) des Sträßchens nicht übersehen, das zur **Abbazia di San Pietro** (Tour 23) führt. Eine Asphaltstraße bringt uns wieder ins Tal, wo wenig später **Ferentillo** (252 m, Tour 23) liegt, die Perle der Valnerina. Talaus warten nach 12 Kilometern (Tunnel) die grandiosen **Cascate delle**

Marmore (Tour 25). Anschließend die Industrieanlagen der Provinzhauptstadt **Terni** (130 m), die 1943 von alliierten Bombern zu 96 Prozent zerstört wurde. Terni hat eine der höchsten Selbstmordquoten Italiens. Von Norcia 55 Kilometer.

Wir orientieren uns an den Hinweisen *»stazione«* (Bahnhof). Dort Richtung Perugia 1,5 Kilometer, dann Richtung Sangemini (SS 79). Etwa 5 Kilometer nach dem Bahnhof rechts halten *(Cesi)*. Noch 1,5 Kilometer, dann beginnt rechts die eigentliche Auffahrt (4,5 km, 210 Höhenmeter) nach *Cesi* (437 m); siehe Tour 24.

Jetzt kommen wir in den Genuß einer Höhenroute. Nach 3 Kilometern schwenkt man halb links ein und erreicht nach 1,2 Kilometern die Ruinen der Römerstadt **Carsulae** (420 m); Tour 24. 1,5 Kilometer geschottert, dann wieder auf asphaltierter Straße, links und 2 Kilometer zur querverlaufenden *»Tiberina«*. Rechts. Nach 1,5 Kilometern sind rechts, unter dem Stadel eines aufgelassenen Bauernhofes, mächtige Quadern einer Via-Flaminia-Brücke erhalten. Der Kurort *Acquasparta* (Hotels, Gasthöfe) bleibt zurück. Etwa 6 Kilometer danach führt links durch die Unterführung der Schnellstraße ein geschotterter Fahrweg (400 m) zu einer römischen **Katakombe**; Besichtigung Dienstag, Donnerstag, Samstag, Sonntag, Feiertage 9.00 bis 13 Uhr. Von Terni 27 Kilometer.

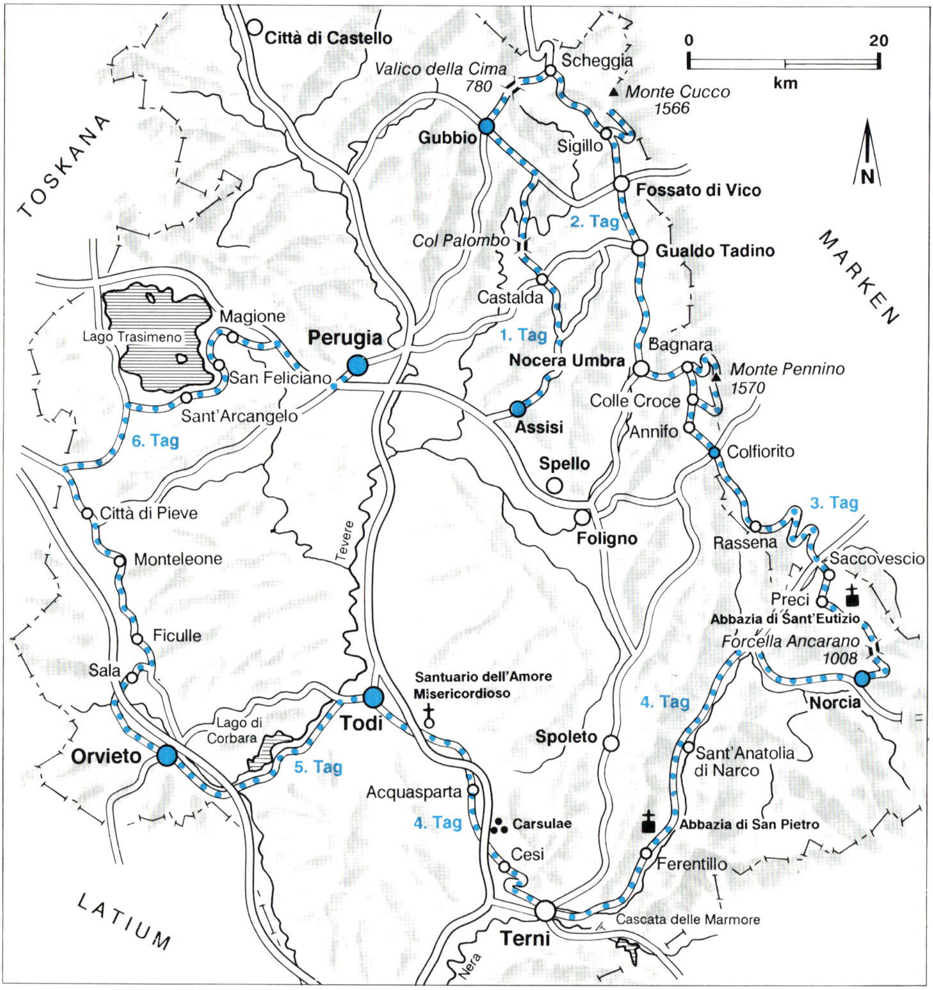

An der Strecke zwischen Cesi und Todi (vierter Tag des Giro d'Umbria) werden die Ruinen der Römerstadt Carsulanus, des großartigsten archäologischen Zentrums Umbriens, besichtigt.

In Richtung Todi taucht nach 7 Kilometern plötzlich ein 46 Meter hoher Glockenturm auf: **Collevalenza – Santuario dell'Amore Misericordioso** (350 m). Das »Heiligtum der Barmherzigen Liebe« ist ein Superlativ an Monumentalität und wurde am 18. August 1951 durch die Spanierin »Mutter Speranza Alhama di Gesù nach dem Plan der Vorsehung mit ihren Schwestern und ersten Söhnen ihrer Kongregation der ›Barmherzigen Liebe‹ gegründet«, heißt es in der deutschen Broschüre (erhältlich im Andenkenladen); sehenswerte Krippe. Die von dem Madrider Architekt Giulio Lauente entworfene, 1965 geweihte Kirche ist geöffnet von 6.30 bis 12.30 Uhr, 14.30 Uhr bis zur Dämmerung.

Abschließend 7 Kilometer nach **Todi** (350 m, Tour 16).

Charakter: Norcia – Terni (55 km): Gefälle und eben. Ab Terni 11 km bergauf, 300 Höhenmeter.

Streckenlänge: 96 Kilometer.

5. Tag: Todi – Orvieto

Links an der Kirche *Santa Maria della Consolazione* vorbei, ins *Tibertal,* wo man flußabwärts fährt zu dem 1962 gestauten **Lago di Corbara** (200 m); Fassungsvermögen 137 Millionen Kubikmeter. Nach insgesamt 21 Kilometern rechts zwei Campingplätze. Problemlos leitet die Beschilderung nach Orvieto. Zunächst wird die Unterstadt (Bahnhof)

erreicht. Dort heißt es kräftig in die Pedale treten, bergauf. Nach 2 Kilometern, am *Etrusker-Friedhof* vorbei, in das historische **Orvieto** (315 m); siehe Kapitel 15.
Charakter: Die letzten 4 km nach Orvieto bergauf.
Streckenlänge: 38 km.

6. Tag: Orvieto – Perugia
Auf der Straße 3,5 Kilometer abfahren, dann links. Richtung Allerona 15,5 Kilometer. In *Allerona-Scalo* (171 m) rechts. *Sala* (320 m) ist das nächste Ziel. Von hier zur *Staatsstraße 71*. Sie steigt an zum *Valico di Nibbio* (574 m), dem höchsten Punkt der Etappe. Ab Orvieto 25 Kilometer.

Ficulle hat eine Marienkirche aus dem 13. Jahrhundert. Die Straße führt im Halbkreis um das mittelalterliche Städtchen *Monteleone* (494 m). Und 50 Kilometer nach Orvieto sind wir in **Città della Pieve** (509 m), dem Geburtsort des Renaissancemalers Perugino, dessen bestes Fresko (»Anbetung der Könige«) das Oratorio Santa Maria dei Bianchi bewahrt; 10.30 bis 12.30 Uhr, 15.30 bis 19.00 Uhr. Unweit davon der Vicolo Baciadonne (Frauenkußgasse), angeblich die engste Gasse Italiens.

Fast 8 Kilometer Abfahrt in das Val di Chiana, ehe man sich angesichts der Etruskermetropole Chiusi rechts hält auf der *Staatsstraße 71*, noch 12 Kilometer. Dann gilt die Beschilderung *»Perugia«*. Bald erscheint links die Isola Polvese im Lago Trasimeno (Tour 14). In *Sant'Arcangelo* sind wir bereits 77 Kilometer gestrampelt. Sechs Kilometer nachher verläßt man die Straße 599 linkshaltend. In **San Feliciano** verdient das Fischerei-Museum (Museo della Pesca) einen Besuch; April bis September 10.00 bis 12.30 Uhr, 15.30 bis 18.00 Uhr, Mittwoch geschlossen.

Rechts an der Straße folgt die ehemalige Festung *Zocco*. In *Monte del Lago* rechts, letztmals bergauf (1,5 km), über die Kuppe zur *Staatsstraße 75*. In *Maggione* trennen uns noch 19 Kilometer von **Perugia** (Tour 17), wo man sich von den Tafeln *»stazione«* zum Bahnhof in der Unterstadt leiten läßt; Linienbusse in die Altstadt.
Charakter: Hinter Allerona-Scalo (nach 15,5 km) bergig (35 km) bis Città della Pieve.
Streckenlänge: 113 km.

27 Zwischen Adria und Rom

Radtour über den Gran Sasso d'Italia

Tourencharakter: Bis zum Campo Felice (ca. 180 km) bergig.
Länge: 324 Kilometer. Jede Etappe ist streckenmäßig so gestaltet, daß Zeit für Besichtigungen bleibt.
Fahrzeiten: Richten sich nach dem Leistungsvermögen.
Beste Jahreszeit: Frühsommer, ab Mai, Herbst.
Anmerkungen: Siehe Tour 26.
Ausgangsort: *Giulianova* (4 m) an der Staatsstraße 16, nördlich (37 km) von Pescara. Hotels, Alberghi, Privatzimmer. Campingplätze.

1. Tag: Giulianova – Gran Sasso (Prati di Tivo)
Bereits der erste Tag bringt die große Herausforderung: Von der Adria zu den Bergriesen des Gran Sasso: 1500 Meter Steigungen. In **Giulianova** (Bahnhof) auf der Durchgangsstraße 1,5 Kilometer südwärts, worauf rechts die *Staatsstraße 80* Richtung Teramo abzweigt. »Einrollen« im *Tordinotal*, durch gesichtslose Orte, 25 Kilometer bis »Interamnia Praetutorium«, wie **Teramo** (256 m) unter den Römern hieß, von denen zwei Theater zeugen. Die Kathedrale entstand im 12. Jahrhundert; Tafel *»Centro storico«*. Unsere Fahrt orientiert sich an den Wegweisern »L'Aquila«. Hinter **Montorio** (263 m) dringen wir in das wildromantische *Vomanotal* ein. Ab der *Bar Arno*, 48 Kilometer ab Adriastrand, muß kräftig in die Pedale getreten werden: links, zunächst 8 Kilometer bis **Pietracamela** (1005 m, Tour 28). Dann nochmals 6 Kilometer, hoch nach **Prati di Tivo** (1465 m, Tour 28), nördlich zu Füßen des zentralen Gran Sasso.

Kontraste: Von den Badestränden des Mittelmeeres über Pietracamela – nach sommerlichem Wettersturz – zum Gran Sasso.

Charakter: Nach 35 km spürbare Steigung, sehr steil ab Kilometer 48.
Streckenlänge: 62 km.

2. Tag: Prati di Tivo – L'Aquila
Zurück zur Paßstraße, nach 11 Kilometern links abzweigen, auf prächtiger Panoramastraße über *Intermesoli* wieder zur *Staatsstraße 80.* Sie steigt 24 Kilometer an, vorbei an *Ortolano* (1027 m) und am *Lago di Provvidenza* (1080 m) zum **Passo Campannelle** (1299 m). Links, nun in der Gran-Sasso-Südseite auf herrlicher Route hinunter nach **Assergi** (867 m, Tour 31). Die Fahrt bleibt reizvoll, im Raialetal zwischen Felsen. Nach 9 Kilometern wieder aufwärts, noch drei Kilometer, dann ist es nicht mehr weit nach **L'Aquila** (714 m, Tour 31); Hotels, Gasthöfe.
Charakter: Insgesamt 27 km Steigung.
Streckenlänge: 91 km.
Abstecher: Vor dem Erreichen der Autobahn bei Assergi zweigt links die Straße (29 m) zum Campo Imperatore (2115 m, siehe Tour 31) am Gran Sasso ab; 1100 Höhenmeter.

3. Tag: L'Aquila – Avezzano
Am Südrand von L'Aquila nach den Schildern *»Avezzana«* richten. Zunächst im Tal, nach 8 Kilometern in die Abruzzenberge: 17 Kilometer Steigung, dann taucht südöstlich die mächtige Barriere des Monte Sirente auf. *Terranera* (1286 m) und *Rocca di Mezzo* (1329 m) bleiben zurück. Wir sind auf dem weitläufigen **Piano di Campo Felice**. Rechts der Monte Rotondo, wo die Seilbahn-Bergstation zu erkennen ist.

Vorbei an *Rovere* (1413 m) wird der Hauptort des Plateaus, **Ovindoli** (1375 m), erreicht. Alle Strapazen sind vergessen bei der Abfahrt (11 km) nach **Celano** (857 m, siehe Tour 34). Lohnend: Wanderung in die grandiosen *»Gole di Celano«*, wie in Tour 34 eingehend beschrieben.

Weiterfahrt: Zur Autobahn (4 km). Dann rechts, am Nordrand der *Piana del Fucino* (siehe Tour 34) nach **Avezzano** (695 m); Hotels, Gasthöfe.
Charakter: Die ersten 30 km Steigungen.
Streckenlänge: 64 km.

Die Villa Adriana in Tivoli war die Sommerresidenz der römischen Kaiser. Mit dem Bau wurde 118 n. Chr. unter Kaiser Hadrian begonnen. Neben dem Kaiserpalast wurden Thermen, Tempel, Kasernen und Theater angelegt. Im Bild der Canopus mit griechischen Statuen.

4. Tag: Avezzano – Rom
In der Stadtmitte orientiert man sich an den Hinweisen *»Tagliacozzo«*: das erste größere Ziel nach 18 Kilometern. Die Altstadt von **Tagliacozzo** (750 m) zieht sich aus dem Imeletal über einen Bergsporn hoch. Hier ging das Stauferreich in Italien unter, als der sechzehnjährige Konradin, letzter Staufererbe, am 28. August 1268 die entscheidende Schlacht gegen Karl I. von Anjou verlor. Bald erscheint links oben das Bergnest Tremonti. Wir passieren den Ortsteil Santa Maria und überwinden den **Valico Colle Civitella**.

Anschließend umfängt uns das *Valle di Luppa*. Rechter Hand thront auf steilem Fels die Ortschaft *Pietrasecca*, deren Höhle (Beschilderung: *»Inghiottitoio di Pietrasecca«*) zu den ausgedehntesten Italiens gehört. Nach 9 Kilometern folgt **Carsoli** (616 m), vor der Römerherrschaft ein Zentrum des Aequer-Volkes, das auch *Vicovaro* (308 m) gründete; Teile der Zyklopen-Mauerringe sind erhalten.

Seit Carsoli fahren wir auf der antiken *Via Valeria* bis **Tivoli** (235 m) oberhalb der 160 Meter hohen Wasserfälle des Aniene, der aus den Sabiner Bergen kommt.

Vorbei an der *Rocca Pia* (15. Jahrhundert). Nach 4 Kilometern, am Ortsanfang der *Comune Adriana,* zeigen Wegweiser links zur **Villa Adriana**. Die Villa Hadrians, zwischen 118 und 138 n. Chr. geschaffen, ist die großartigste derartige Anlage in Italien; geöffnet (außer Montag) 9.30 Uhr bis Sonnenuntergang.

Die abschließenden 27 Kilometer werden auf der *Via Tiburtina* (Staatsstraße 5) zurückgelegt. Sie endet bei der mehrmals umgestalteten *Porta Tiburtina* (Porta San Lorenzo), einem Tor in der während des 3. Jahrhunderts vollendeten, insgesamt 18,8 Kilometer langen *Aurelianischen Mauer,* unweit des Hauptbahnhofes *(Stazione Termini)* von Italiens Hauptstadt **Rom**.
Charakter: Überwiegend eben und bergab.
Streckenlänge: 107 km.

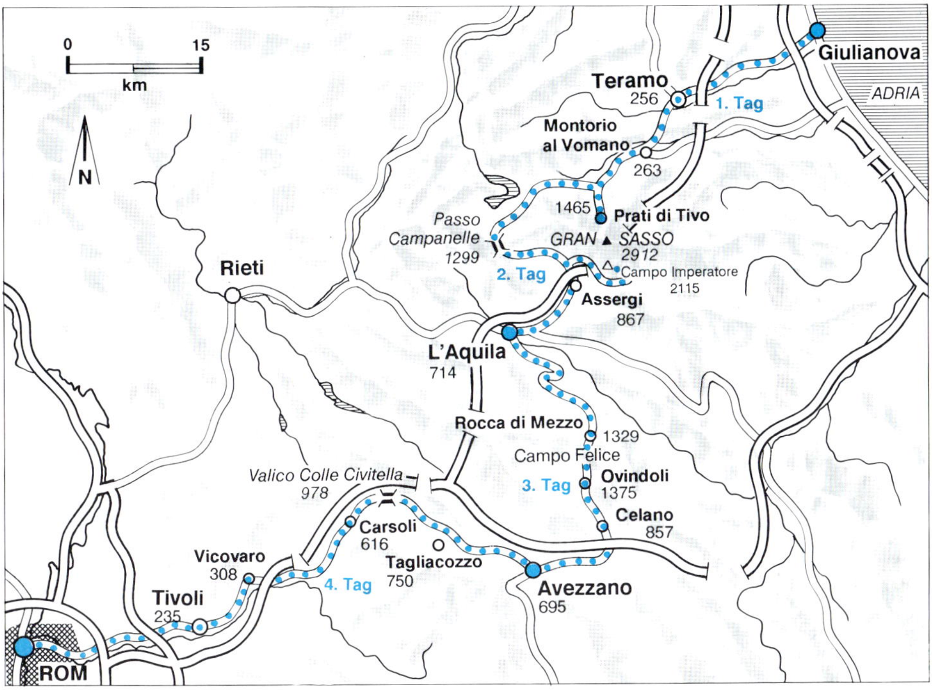

Die Engelsburg in Rom (Bauzeit 135 bis 139 n. Chr.) war ursprünglich das Mausoleum Hadrians und seiner Nachfolger. Unter Gregor dem Großen und unter den Renaissancepäpsten wurde es zur Festung ausgebaut. Auch die Brücke stammt noch aus römischer Zeit.

Gran Sasso d'Italia

Felskrone der Apennin-Halbinsel

Im Gruppo del Gran Sasso d'Italia erreicht die 10794 Quadratkilometer umfassende, zu 75 Prozent aus Bergland bestehende Region Abruzzen ihren Kulminationspunkt, gleichzeitig natürlich auch der Apennin, jenes 1400 Kilometer lange tertiäre Faltengebirge aus Kalk, Dolomit, Sand, Schiefer, Mergel und Ton, das den italienischen Stiefel von Ligurien bis Kalabrien rückgratähnlich durchzieht. Das Gran-Sasso-Gebirge – Grenze der Provinzen L'Aquila und Téramo – mißt zwischen dem Valico delle Capannelle im Westen und dem Vado di Sole im Osten rund 40 Kilometer, in der Breite etwa 10 Kilometer.

Knapp eine Autostunde von den Adriastränden, 150 Kilometer von der Ewigen Stadt Rom entfernt, baut sich in Gestalt des zentralen Gran Sasso ein Bergsteiger-Mekka auf, das dem Vergleich mit berühmten Dolomitenrevieren standhält und knapp unter 3000 Meter im Corno Grande gipfelt. Nicht umsonst sagen die Italiener: »pezzo di Dolomiti trapiantato in Appennino« (ein Stück Dolomiten versetzt in den Apennin). Am Corno Grande lagert der Ghiacciaio del Calderone als südlichster Gletscher Europas. Etwa 1200 Hektar um den Corno Grande, einschließlich des Calderonegletschers, sind seit 1991 Naturschutzgebiet (»Riserva di Corno Grande«).

Den prächtigsten Anblick vermittelt die Autobahn auf der Nordostseite, vor dem 1984 eröffneten Gran-Sasso-Tunnel (10,4 km) nach Assergi und L'Aquila. Zwar ist der Hauptgipfel nicht sichtbar, doch vertritt ihn gebührend die Vetta Orientale. Sie bestimmt, zusammen mit der Vetta Centrale, auch das Bild bei der Fahrt über den Campo Imperatore, ehe man am Parkplatz eintrifft. Der Campo Imperatore, eine 27 Kilometer lange, bis 7 Kilometer breite, faszinierend fremdartige,

Die Bewältigung des Campo Imperatore mit dem Fahrrad wird mit dem herrlichen Anblick des Gran Sasso belohnt.

baumlose und steppenähnliche, in grauer Vorzeit von einem See gefüllte Hochfläche auf 1800 Meter Höhe, bildet das landschaftliche Gegengewicht zu den Felsburgen. Der Name rühre daher, daß Kaiser Friedrich II. dort gejagt habe.

Bergsteigerische Interessen konzentrieren sich auf die Hauptgipfel: Corno Grande (Vetta Occidentale), Vetta Orientale, Vetta Centrale sowie auf den Corno Piccolo. Der Ostkamm mit dem herausragenden Monte Prena (2561 m) und dem Monte Camicia (2564 m) ist in der Popularität zweitrangig, indes bei Kennern beliebt. Ähnliches kann vom Westteil der Gruppe jenseits der Val Maone gesagt werden: Monte Intermesoli (2635 m) und Monte Corvo (2623 m) haben lange Zugänge. Häufigen Besuch erhält nur der Pizzo Cefalone, was mit seiner Nähe zum Campo Imperatore zusammenhängt. Sämtliche gängigen Wege, Steige, Vie ferrate sind vorbildlich markiert, ja sogar leichte Klettereien wie die Corno-Grande-Direttissima oder die beiden üblichen Südwand-Führen am Monte Prena. Zur Orientierung trägt außerdem die genaue »Carta dei Sentieri« (1:25000) bei.

Im Herbst 1943 ging der Gran Sasso durch die Weltpresse. Deutsche Fallschirmjäger unter Befehl des SS-Hauptsturmführers Otto Skorzeny hatten am 12. September den Diktator Benito Mussolini aus dem Gran-Sasso-Hotel befreit. Mussolini war nach der Landung der Alliierten auf Sizilien von dem faschistischen Großrat am 25. Juli 1943 gestürzt, verhaftet, auf die kleine Insel La Maddalena vor Sardinien, dann zum Gran Sasso gebracht worden, bewacht von 150 Carabinieri. Zu den Bedingungen des am 8. September zwischen den Alliierten und der Regierung Badoglio geschlossenen Waffenstillstandes gehörte die Auslieferung Mussolinis an die Kriegsgegner. Dem wollte Hitler zuvorkommen, um seinen Verbündeten wieder als Diktator über das restliche, von den Deutschen besetzte Italien einzusetzen. Am 12. September 1943 gegen 14.00 Uhr landeten zehn Lastensegler mit 100 Mann auf dem Campo Imperatore; Skorzenys Flugzeug 15 Meter vor dem Hotel. Die Wachhabenden ergaben sich ohne Gegenwehr. Der »Duce« trat zögernd und wenig überzeugt am Gardasee die Leitung des Marionettenregimes »Repubblica di Salò« an. Ende April 1945 wurde Mussolini, der mit seiner Geliebten auf der Flucht war, gefaßt, erschossen und kopfüber aufgehängt, dem erlösten Volk makaber zur Schau gestellt.

Während der achtziger Jahre machte der Gran Sasso erneut Schlagzeilen, als bekannt wurde, daß nordöstlich von Assergi im Bergesinneren, 1400 Meter unter dem Gipfel, ein internationales kernphysikalisches Forschungszentrum existiert, begründet von dem italienischen Physik-Nobelpreisträger Carlo Rubbia. In den Laboratorien arbeiten ständig rund 100 Wissenschaftler bei der dafür idealen Luftfeuchtigkeit von 100 Prozent und Temperaturen um 9 Grad. Das Istituto Nazionale Fisica Nucleare (INFN) ist u.a. der Neutrino-Strahlung aus dem Kosmos auf der Spur. Neutrinos, massenlose, die Erde durchdringende Elementarteilchen ohne elektrische Ladung, sind Sendboten von Vorgängen im Sonneninneren sowie von kosmischen Katastrophen, zum Beispiel Sternexplosionen. Um die radioaktive Gesteinsstrahlung abzuschirmen, legte man 1993 um die Meßgeräte einen Bleimantel. Das Material stammt aus einem Schiff, das vor 2000 Jahren im Mittelmeer gesunken war und 1991 gehoben wurde. Dieses Blei hat im Laufe der Zeit seine Radioaktivität verloren und ist auch frei von radioaktivem Schmutz, den Atombombentests und havarierte Reaktoren in die Atmosphäre schleudern.

Sichtbar sind von der unterirdischen »*cucina del diavolo*«, wie die Einheimischen sie skeptisch nennen, lediglich die kleinen Blechhütten über den Luft- und Ventilschächten in den Hängen südöstlich des Monte Aquila, rechts oberhalb der Straße zum Parkplatz bei der Seilbahnstation auf dem Campo Imperatore.

Spezialführer: Grazzini/Abate, Gran Sasso d'Italia. Club Alpino Italiano, Milano 1992. Für CAI-Mitglieder beim Kauf 18000 Lire Ermäßigung. Siehe auch im Literaturverzeichnis bei Ardito, Stefano sowie Ciato/Pennisi/Vitale.

Das nördliche Tor zum Gran Sasso, oberhalb von Prati di Tivo. Links der Ansatz des Corno Grande, rechts Corno Piccolo.

28 Corno Grande, 2912 Meter

Normalweg von Norden

Tourencharakter: Kurze Passage I-. Überwiegend Wanderungen, die jedoch Trittsicherheit und Schwindelfreiheit voraussetzt.
Höhenunterschied: 910 Meter.
Reine Gehzeit: Aufstieg 2¾ Stunden.
Beste Jahreszeit: Anfang August bis September.
Markierung: Rot-gelb-rot, Wegnummer 3.

Der in Pescara geborene wortgewaltige Dichter Gabriele D'Annunzio (1863–1938) sah im Profil des Gran Sasso von seiner Heimatstadt aus *»la bella addormentata«*, die schöne Schlafende zwischen Himmel und Meer. Beim Näherkommen von Osten treten jedoch anstatt üppiger Formen kühne, kantige Felsgestalten hervor, Zacken und Türme, wobei der Corno Grande im Hintergrund fast verkümmert.

Dominierend sind die Wächter vor dem grandiosen Felsenreich um das Rifugio Franchetti, die Vetta Orientale und der Corno Piccolo. Dies ist ohne Zweifel der landschaftliche Höhepunkt des Gran Sasso. Deshalb verwundert es nicht, daß er von dort am häufigsten Besuch erhält, was aber nach meinen Beobachtungen auch mit der Vielzahl von Adria-Ausflüglern zusammenhängt.

Erster Mensch auf dem höchsten Gran-Sasso-Gipfel war der neunundsechzigjährige Capitano Francesco De Marchi aus Bologna am 19. August 1573. Mittlerweile sind sämtliche Grate, Kanten, Pfeiler und Wände erschlossen mit Routen in allen Schwierigkeitsbereichen. Das gedrungene Gipfelkreuz fußt unterhalb des höchsten Punktes. An klaren Tagen soll die dalmatinische Küste zu sehen sein.

Ein Italiener zeigt südostwärts: Isole Tremiti. Er muß Röntgenaugen haben. Ich selbst konnte bei zweimaligem Besuch nicht einmal die Halbinsel Gargano lokalisieren, und jedesmal jagten uns, Anfang September, Gewitter zu Tal.

Der Wegverlauf

In **Arapietra** (2008 m), bei der Sessellift-Bergstation, erklärt eine Tafel den Weg zum Rifugio Franchetti: links unterhalb der Mariengrotte (*»la Madonnina«*) bzw. der Pietra della Luna folgt man dem *rot-gelb-rot markierten Weg* südwestlich in Richtung Corno Piccolo. Etwa 10 Minuten später zweigt in einer Linkskehre rechts der *Sentiero Ventricini* ab. Wir bleiben auf der breiten Spur und sind nach 5 Minuten am luftigen *Passo delle Scalette* (2100 m). Er vermittelt den Eintritt in den Vallone delle Cornacchie zu Füßen des Corno Piccolo. Gigantische Felsblöcke liegen herum. Den geringsten Widerstand suchend, führt der vorerst noch kommode Weg durch die Karmulde in ¼ Stunde zu einer links hochziehenden Rampe; lockere Drahtseile! Anschließend kehrenreich zu dem 1960 eingeweihten **Rifugio Franchetti** (2435 m).

Südlich der Hütte zunächst 5 Minuten am schrofigen Rücken aufwärts, dann schräg rechts, die Geröllmulde traversieren, aber nicht bis in die Sella dei Due Corni, sondern kurz davor mit den Farbzeichen links in die felsige, schwach ausgeprägte *Einsattelung* (2547 m) oberhalb der Sella dei Due Corni, von welcher sich ein erster Blick über das westlich eingelagerte Val Maone zum Pizzo d'Intermesoli ergibt. Von der Hütte 20 Minuten.

Direkt im Süden steht ein Vorgipfel des Corno Grande. Der südwestwärts führende Steig ist identisch mit der Via ferrata Brizio in Richtung Campo Imperatore. Für uns gelten die üppigen Farbzeichen, etwas links des leicht gewölbten Rückens. Ungefähr ¼ Stunde später zweigt links ein Geröllsteig ab zum Calderonegletscher, dessen Szenerie man bewundern sollte. Der Aufstieg über den Gletscher zum Nordgrat ist nur bei sicheren Firnverhältnissen ratsam!

Die gängige Route quert, kurz nach der erwähnten Linksabzweigung, nach rechts. Etwa 10 Meter hinter einer kleinen Scharte

Corno Grande vom Rifugio Franchetti aus. Der Normalweg verläuft auf dem Rücken am rechten Bildrand.

Die letzten Meter zum Nordrücken des Corno Grande. Blick über die Conca degli Invalidi zum Pizzo Cefalone.

setzt links eine Rampe an: ungefähr 3 Meter empor (I-) in »abgeschmiertem«, eisenfestem Fels. In der Folge beschreiben die Markierungen einen Halbkreis rechts (südwestlich) gemäß *Wegnummer 3*. Wenig später entweder links durch schrofigen Fels mit Trittspuren in ein Schärtchen oder auf dem Pfad über den *Passo del Cannone* (2679 m) an den oberen, nordöstlichen Rand der *Conca degli Invalidi*. Dort links durch Geröll und über Felsen in die genannte Scharte im Nordrücken. Rechts von der zackigen Schneide gut markiert empor bis zum Westgrat bzw. links auf einen Vorgipfel und hinüber zum Hauptgipfel.

Nützliche Informationen

Ausgangsort: *Prati di Tivo* (1465 m): Ortsteil von Pietracamela. Sommer- und Wintertourismuszentrum nördlich des Gran Sasso. Von

der Autobahnausfahrt Téramo (Adria) 49 km, von München 950 km, von der Autobahnausfahrt Villa Vomano (von L'Aquila) 15 km. Von der Ausfahrt Assergi 33 km. Busverbindungen mit Pietracamela und Téramo.
Ausgangspunkt: *Arapietra* (2008 m), Bergstation des Sesselliftes von Prati di Tivo. Betriebszeiten: Juni – September 9.00–17.30 Uhr, letzte Talfahrt 17.15 Uhr, August 9.00–18.30 Uhr. Ermäßigung für CAI-Mitglieder. Zu Fuß $1\,^{1}/_{4}$ Std., annähernd parallel zum Sessellift.
Gehzeiten: Aufstieg: $2\,^{3}/_{4}$ Std. Bergstation – Rifugio Franchetti: 65 Min. Rifugio Franchetti – Gipfel: $1\,^{3}/_{4}$ Std.
Bergrettung: *Corpo nazionale del soccorso alpino,* Prati di Tivo, Tel. 9 56 65.
Einkehr unterwegs: *Rifugio Carlo Franchetti* (2435 m). CAI-Sektion Roma. 23 Schlafplätze, bewirtschaftet vom 1. Juli bis 30. September. An der Hütte Hahn für Trinkwasser. Tel. 9 56 42.
Unterkunft: Im unmittelbaren Bereich von Prati di Tivo drei ganzjährig geöffnete Hotels: *Amorocchi,* Tel. 9 56 03; *Gran Sasso 3,* Tel. 9 56 39, 9 56 60; *Gran Baita,* Tel. 9 56 04.
Verpflegung: *Pizzeria* (ab 19.30 Uhr) im Hotel *Gran Sasso 3. Selbstbedienungsrestaurant* im Hotel *Gran Baita.*
Camping: *Jarkhun* (1490 m), 2 km nordöstlich von Prati di Tivo an der Asphaltstraße, die hinter dem Hotel Gran Sasso 3 beginnt. Ganzjährig, auch 10 Bungalows; Tel. 9 56 16. Freier, schön gelegener Zeltplatz am Ende der Straße, kein Wasser.
Sehenswürdigkeit der Umgebung: *Pietracamela* (1005 m), 6 km nördlich von Prati di Tivo, an der Zufahrtstraße. Malerische Ortschaft mit schmalen Treppengassen zwischen teilweise mittelalterlichen Häusern im Schutze pittoresker Felsen (Sportklettern). An der Durchgangsstraße die Pfarrkirche San Leucio; das Weihwasserbecken ist innen und außen mit Skulpturen von Reptilien geschmückt; Barockaltar. Ehemalige Pfarrkirche San Giovanni (1432) sowie San Rocco (1530) geschlossen. Pietracamela hatte nach dem letzten Weltkrieg noch 1500 Einwohner, heute nur mehr rund 200. Geburtsort des Malers Guido Montauti (1918–1979), Begründer der hiesigen Künstlergruppe *»Il pastore bianco«.*

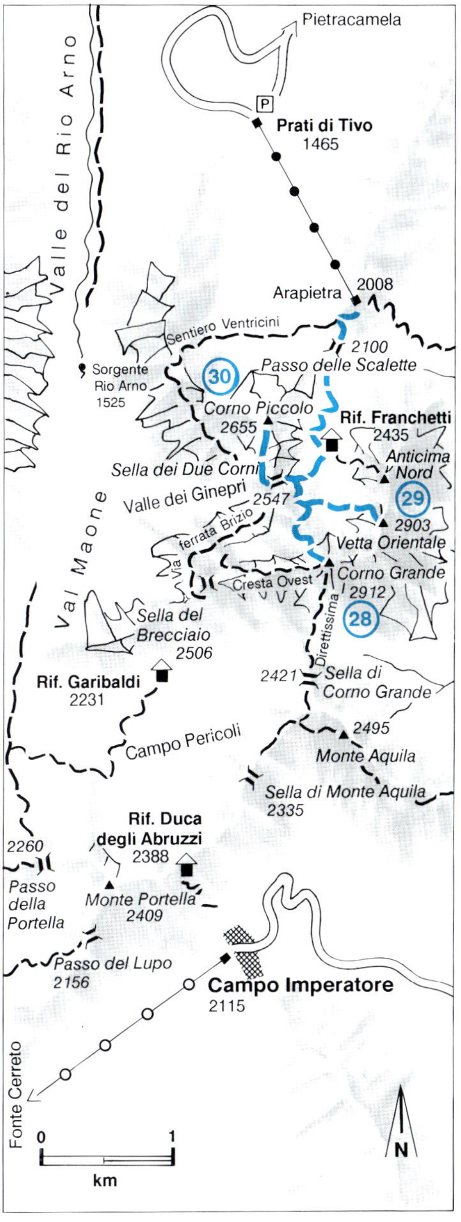

Auskunft: Municipio, I-64097 Pietracamela, Tel. 08 61/95 51 12, 95 52 30; Associazione Pro Loco, I-64097 Pietracamela. CAI-Sezione Téramo, Tel. 08 61/5 39 34.
Wanderkarte: Carta dei Sentieri Gran Sasso d'Italia 1:25 000. Erhältlich u. a. im Verkehrsbüro (Pro Loco) Pietracamela.

An der Bergstation des Sessellifts von Prati di Tivo. Links Vetta Orientale, rechts Corno Grande.

Vetta Orientale im Gran-Sasso-Massiv von Westen. Die Normalführe verläuft von links zum Gipfel. Rechts die Vetta Centrale.

29 Vetta Orientale, 2903 Meter

Die Normalroute zum Ostgipfel

Tourencharakter: Am Nordgrat stellenweise brüchig, Schwierigkeitsgrad I, sonst Spuren. Die vorhandenen Drahtseile können durch Steinschlag beschädigt sein!
Höhenunterschied: 900 Meter.
Reine Gehzeit: Knapp 3 Stunden zum Gipfel.
Beste Jahreszeit: August und September.
Markierung: Rot-gelb.

Nicht der Corno Grande, der höchste, stellt die eindrucksvollste Berggestalt dar, sondern der neun Meter niedrigere Ostgipfel des Stokkes über den Prati di Tivo. Je mehr man diesem Berg, wegen seiner Tausend-Meter-Wände achtungsvoll »*Il Paretone*« genannt, nähertritt, desto mächtiger und erdrückender wirkt sein Felsleib, geradezu abschreckend bei der Sesselliftstation Arapietra. Erst droben an der Franchettihütte offenbart er eine Schwachstelle: die schräg links hochziehende Rampe im unteren Teil der Westabstürze. Dort verläuft die Via Enrico Ricci, rot-gelb markiert, teilweise drahtseilgesichert und mit Schwierigkeiten im I. Grad, empor zu Punkt

2550 am Nordgrat der Anticima Nord (2700 m), über welche man den Hauptgipfel erreicht. Kombiniert mit der Normalführe als Abstieg ergibt dies eine attraktive Überschreitung. Allerdings sind die Drahtseile nicht immer in Ordnung. Erfragen Sie die aktuellen Verhältnisse bei Pasquale Jannetti, dem hilfsbereiten Wirt des Rifugio Franchetti.

Weniger anstrengend und kürzer ist die empfohlene »Via normale« aus dem schon morgens sonnenerhellten Becken des Calderonegletschers. Es handelt sich aber nicht um die Route des Erstbesteigers Orazio Delfico am 30. Juli 1794. Der war in Isola del Gran Sasso aufgebrochen und hatte das Ungetüm von Nordosten »angegriffen«.

Der Wegverlauf

Wie bei Tour 28 von der **Sessellift-Bergstation** (2008 m) in 65 Minuten zum **Rifugio Franchetti** (2435 m). Östlich hinter der Hütte beginnt der Steig durch eine Mulde bis zum Auslauf der Via-Ricci-Rampe.

Wir bleiben auf dem *Normalweg* in Richtung Corno Grande (siehe Tour 28) noch etwa 35 Minuten, bis auf einem Fels *»Calderone«* geschrieben steht: Links, nach Osten auf die Endmoräne des *Ghiacciaio del Calderone* traversierend. Den Vorblick füllt die Nordwestwand der Vetta Orientale, durch die Forchetta Sivitilli vom Massiv des Zentralgipfels (Vetta Centrale, 2893 m) getrennt. Im Blick von links nach rechts: Forchetta Gualerzi – Torrione Cambi – Forchetta del Calderone und die Madonnina im gigantischen Calderone-Amphitheater des Gran Sasso.

Links der Gipfelfallinie der Vetta Orientale zieht eine markante rinnenähnliche *Rampe* vom Nordgrat schräg rechts herab. Ihre Basis (2680 m) wird durch das Geröll angesteuert, wobei die rechtsabzweigenden Spuren der Route 3 B (Forchetta Gualerzi – Bivacco Bafile) unbeachtet bleiben. Die Rampe hoch – *Markierung rot-gelb*, Drahtseile – mit Steigspuren in die breite Nordgratscharte, die neue Aussichtsperspektiven vermittelt. Hier mündet die Via Enrico Rizzi vom nördlichen Vorgipfel.

Aus der Scharte rechts dem Nordgrat folgend, ein kurzes Stück luftig (I) und oftmals von starkem Wind behindert, in ½ Stunde auf die Gipfelplatte. Instruktiv – und Anreiz für weitere Unternehmungen – ist die Schau Richtung Südosten zum kilometerlangen Grat vom Vado di Corno über Monte Brancastello, Monte Prena zum Monte Camicia.

Nützliche Informationen

Gehzeiten: Insgesamt knapp 3 Std. zum Gipfel. Bergstation – Rifugio Franchetti: 65 Min. Hütte – Einstieg: ¾ Std. Einstieg – Gipfel: 1 Std.
Weitere Angaben: Siehe Tour 28.
Tourenskizze: Siehe Seite 143.

30 Corno Piccolo, 2655 Meter

Der Monolith

Tourencharakter: Klettersteig mit einzelnen Stellen II-. Zeitweise heftige Böen am Gipfelgrat. Keine Steine lostreten: Kletterer in der Ostwand!
Höhenunterschied: 710 Meter.
Reine Gehzeit: 2½ bis 3 Stunden auf den Gipfel.
Beste Jahreszeit: Ende Juli bis September.

»Il Monolito« bezieht sich auf die prallen, 200 Meter hohen Ostabstürze des Corno Piccolo über dem Vallone delle Cornacchie, besonders auf den oberen, scheinbar haltlosen Wandteil. Er bietet extremste Klettereien. Der VII. Grad hatte längst Premiere, wie die Wandfotos mit eingezeichneten Routen im Rifugio Franchetti verdeutlichen. *»Solo per esperti«*, bemerkt der Wirt.

Beliebteste Felsfahrt im unteren Schwierigkeitsbereich (III, IV-) ist die 1911 eröffnete luftige Südgratführe Chiaraviglio-Berthelet. »Normalverbraucher« nehmen im rechten Teil der zahmen Südwestflanke die Via M. Danesi. Sie weist allerdings etliche Passagen um den Schwierigkeitsgrad II- auf, wodurch der Rahmen des Wanderns erheblich gesprengt wird! Der alte Normalanstieg (II-, I) durchzieht die linke Südwestflanke zur Prima

Vom Rifugio Franchetti aus scheinen die Ostabstürze des Corno Piccolo zum Greifen nahe zu sein. Sie bieten interessante Kletterrouten.

Spalla (Erste Schulter, 2550 m) und gewinnt die Spitze am breiten Westgrat. Diese Route hatten auch die Erstbesteiger, E. Abbate mit dem Führer Giovanni Acitelli aus Assergi, am 8. September 1887 gewählt. Infolge der Sicherungen und der kürzeren Route wird heute fast ausschließlich die Via Danesi begangen, im Aufstieg wie im Abstieg, der »Urweg« nur gelegentlich absteigend im Rahmen einer Überschreitung.

Ansprüche stellt auch der Sentiero Pier Paolo Ventricini. Er umschlingt die Basis des Corno Piccolo auf drei Seiten. Die italienischen Führer empfehlen ihn als Zugang oder Rückweg der einfachen Corno-Piccolo-Anstiege. Obwohl rot markiert, muß bedacht werden, daß im »Canale del Tesoro Nascosto« eine ausgesetzte Kletterstelle I+ wartet und die Tour bei Nässe äußerst gefährlich ist!

Der Wegverlauf

Ab der *Sessellift-Bergstation* (2008 m) wie bei Tour 28 in 65 Minuten zum **Rifugio Franchetti** (2435 m) im Banne der Corno-Piccolo-Ostwand.

Weiter wie Tour 28 noch etwa ¼ Stunde. Dann nicht links hoch, sondern geradeaus auf dem rotmarkierten Steig zur **Sella dei Due Corni** (2547 m). Jenseits in dem *Valle dei Ginepri* abwärts zu Füßen der Punta dei Due. Nach etwa 100 Metern setzt rechts die rampenähnliche Rinne in die Forcella del Campanile an: Einstieg der Südgratführe Chiaraviglio-Berthelet.

Nochmals 100 Meter abwärts, dann rechts um den *Campanile Livia* herum und durch eine kurze Geröllrinne hoch, über eine grasige Scharte in den *Canale Danesi,* eine unten breite, dann schmaler werdende Schutt- und Schrofenrinne, die zu einer Scharte im Südgrat hochzieht. Je mehr an Höhe gewonnen wird, desto umfänglicher taucht westlich das Blau des Lago di Campotosto ins Visier.

Im Süden, auf der Schneide des Corno-Grande-Westgrates, erscheinen zwischendurch Konturen von Bergsteigern. Und im Südwesten bilden die mächtigen Pfeiler des Pizzo d'Intermesoli den Blickfang. Am obersten Rand des Gerölls geht es schräg links und durch die brüchige *Rinne* (Drahtseile) in Fallinie des massigen Vorgipfels. Dort, das heißt links von der Anticima, helfen Eisenleitern und Fixseile über den sogenannten *»piccolo parete«*. Ein Felsloch bringt uns auf den Südgrat. Die *gelb-roten Kleckse* leiten zwischen kleinen Türmen durch bzw. traversieren in der Ostseite. Erneut ist ein Wändchen mittels Drahtseil entschärft. Die letzte Sicherung führt aus einer Scharte über den glatten Aufschwung zum Gipfelkreuz der kühnen Warte.

Nützliche Informationen

Gehzeiten: Aufstieg insgesamt 2½ bis 2¾ Std. Bergstation – Rifugio Franchetti: 65 Min. Hütte – Einstieg: 25 Min. Einstieg – Gipfel: 1 bis 1¼ Std.
Weitere Angaben: Tour 28.
Tourenskizze: Siehe Seite 143.

Corno Piccolo von Süden. Die Normalführe beginnt im rechten Teil, links neben dem untersten großen Turm (Campanile Livia).

31 Von Süden auf den Corno Grande

Startplatz Campo Imperatore

Tourencharakter: Unschwierig, jedoch Trittsicherheit und Schwindelfreiheit ratsam.
Höhenunterschied: 850 Meter.
Reine Gehzeit: Aufstieg etwa 3 Stunden.
Beste Jahreszeit: Ende Juli bis September.
Markierung: Gelb-rot, grün.

Der Campo Imperatore dient deutschsprachigen Bergsteigern traditionell als bevorzugte Startrampe für den Gran Sasso. Er ist von der Autobahn rasch erreichbar und garantiert dem Autofahrer Unabhängigkeit, weil keine Betriebszeiten des Lifts berücksichtigt werden müssen. Den Anblick des Berges herbeisehnend, wird man zunächst durch das Bild eines riesigen Felsstockes verwöhnt: Vetta Centrale und Vetta Orientale wirken als Einheit. Der Hauptgipfel – Corno Grande – zeigt sich erst vom Parkplatz bei der Seilbahnstation: im Norden, hinter der Sella di Monte Aquila hervorschauend, als wolle er auf Distanz bleiben. Im Gegensatz zur landschaftlich eindrucksvolleren Nordseite (siehe Tour 28), bietet der Ausgangsplatz Campo Imperatore gleich drei »Normalwege« – wie's beliebt und das Leistungsvermögen es erlaubt. Die »Direttissima« fast im Gipfellot darf – trotz zeitweiligem Massenansturm – nicht unterschätzt werden. Zwar leiten die gelb-roten, im oberen Teil grünen Farbzeichen unmißverständlich, doch sind drei Passagen im Schwierigkeitsgrad II zu meistern; Steinschlaggefahr bei unvorsichtig Vorausgehenden! Davon abgesehen, ist die »Direkte« als Auftakt einer Überschreitung mit Abstieg über den Westgrat das Nonplusultra für Geübte!

Geringere Anforderungen stellt die gängigste Trasse: Sella del Brecciaio – Conca degli Invalidi. Dabei erreicht man das Kreuz entweder von Norden oder entlang dem Westgrat. Ihm vertrauten sich übrigens die Wintererstbesteiger, das Brüderpaar Corradino und Gaudenzio Sella, am 9. Januar 1880 an. Heutzutage wird der Westgrat begangen, wenn in der »Invalidenmulde« viel Schnee liegt oder Abwechslung und umfassende Ausblicke gewünscht werden. Aber auch bei dieser Alternative ist zu bedenken, daß sie leichte Kletterstellen (I) birgt; hier und dort sind Eisenstifte und Drahtseile installiert. Im Zweifelsfall auf der beschriebenen Route bleiben!

Der Wegverlauf

Von den Parkplätzen links am *Observatorium* vorbei, aufwärts in Richtung des sichtbaren Rifugio Duca degli Abruzzi, aber nur 10 Minuten. Dann halb rechts weiter nach Norden mit dem *Sentiero Geologico*, die Steilflanken queren, auf den Kammrücken. Dort rechts in die nahe **Sella di Monte Aquila** (2335 m). An der Gabelung halb links (halbrechts zur *»Direttissima«* bzw. zum Monte Aquila) am oberen Rand des *Campo Pericoli*, einer von Gletschern geschürften Karstmulde. Die Linksabzweigung 5 Minuten später gilt für Tour 33.

Etwa 20 Minuten nach der Sella di Monte Aquila heißt es wieder ansteigen. Im Geröllhang schräg hoch, etwas mühsam, in 20 Minuten bis zur **Sella del Brecciaio** (2506 m). Wegeteilung beim Markierungsstein: geradeaus führt die schmale Via ferrata Guido Brizio (Sicherungen meist schadhaft!) in Richtung Franchetti-Hütte. Die Corno-Grande-Route setzt sich *halb rechts* fort auf gutem Weg durch den schrofigen Hang. Ungefähr ¼ Stunde ist es bis zur *Conca degli Invalidi*, eine Hochkarmulde, wo es um die Jahrhundertwende noch einen kleinen Gletscher gab und Wolfsspuren keine Seltenheit waren.

Nordöstlich sieht man erstmals den Corno Piccolo, und zwar die Südwestflanke, durch welche die weniger schwierigen Steige verlaufen (Tour 29). Östlich weist der Vorgipfel des Corno Grande das Ziel. Rechts der Conca erstreckt sich der markante Westgrat, angezeigt durch den rot-gelben Markierungskreis und die Aufschrift *»cresta ovest«* rechts von unserem Weg, von dem der ausgetretene Steig zu den Gratfelsen leitet.

Der leichteste Weg: Südwärts längs durch die Mulde und bergan zur nächsten Gabelung. Die Spur halblinks vermittelt den Übergang zum Rifugio Franchetti (3 m I-). Wir stei-

An der Sella di Monte Aquila. Vom linken Bildrand führt der Normalweg rechts, hinter dem Westgrat, zum Gipfel. Etwa in Gipfelfallinie die »Direttissima«.

gen geradeaus durch feines Geröll und über Felsen in 1/4 Stunde in die markante Scharte am Ende des Nordrückens des Westgrates. An dieser Stelle mündet der Zugang vom Rifugio Franchetti, dessen Dach schwach nordöstlich sichtbar ist. Im Nordwesten glitzern die Wasser des Lago di Campotosto. Vom Parkplatz 2 Stunden.

Aus der Scharte rechts, am Nordrücken in gestuftem, schrofigem Fels – bestens markiert – hoch zum Westgrat. Links über einen Vorgipfel und auf dem Grat zum Hauptgipfel.

Nützliche Informationen

Anfahrt: Von der Autobahnausfahrt Assergi (bei L'Aquila) auf einer Asphaltstraße über Fonte Cerreto zum Campo Imperatore (29 km).

Ausgangspunkt: *Campo Imperatore* (2115 m). Seilbahn ab Fonte Cerreto (1100 m, 3 km von der Autobahnausfahrt Assergi), erste Fahrt 8.30 Uhr, letzte 17.00 Uhr (Ende Juli bis Ende August 18.00 Uhr), Ermäßigung für CAI-Mitglieder.

Gehzeiten: Aufstieg etwa 3 Std. Campo Imperatore – Sella di Monte Aquila: ¾ Std. Sella di Monte Aquila – Sella del Brecciaio: ¾ Std. Sella del Brecciaio – Conca degli Invalidi: ¼ Std. Conca degli Invalidi – Gipfel: 1 ¼ Std.

Conca degli Invalidi: Links der Nordrücken mit der Normalführe, rechts der Westgrat, eine Alternative für den Auf- oder Abstieg.

Unterkunft: *Ostello Campo Imperatore,* neben der Seilbahnstation, Mehrbettzimmer. Preise 1992: Übernachtung ohne Frühstück 25000 Lire. Halb- und Vollpension (50000 bzw. 55000 Lire) nur bei mindestens einwöchigem Aufenthalt. CAI-Mitglieder 10% Ermäßigung. Tel. 0862/411202. (Im Nebengebäude kleines Museum der 1934 in Betrieb genommenen, 1988 erneuerten Seilbahn.); *Hotel Campo Imperatore,* 1993 neu eröffnet; *Fonte Cerreto*: drei Hotels. Der Autor hat sich im *»Fiordigli«* (Tel. 0862/606171) wohlgefühlt.
Verpflegung: *Selbstbedienungsrestaurant* (verhältnismäßig teuer), im *Ostello Campo Imperatore.* Lebensmittel in Fonte Cerreto.
Camping/Caravaning: Möglich auf dem *Campo Imperatore.* Offizieller Platz bei der Seilbahn-Talstation *Fonte Cerreto* (3 km ab Autobahnausfahrt Assergi), ganzjährig, Tel. 0862/606163.
Bergrettung: Corpo nazionale del soccorso alpino, Stazione di L'Aquila, Tel. 0862/312010, 61830.
Sehenswürdigkeiten der Umgebung: *Assergi* (867 m): 3 km von der gleichnamigen Autobahnausfahrt, 25 km von L'Aquila. Altertümliches Städtchen, 674 Einwohner, angeblich im ersten Jahrhundert n. Chr. für römische Minenarbeiter gegründet. Parkraum an der Umgehungsstraße; Bushaltestelle.
Romanische Pfarrkirche *Santa Maria Assunta,* Fassade 15. Jahrhundert. Dreischiffige Säulenbasilika (Fresken an den rechten Säulen). Teilweise erhaltener Renaissance-Tabernakel. Links vorne eine Holzskulptur des hl. Franco († 1226), der am Gran Sasso als Eremit lebte und wirkte, wovon die Fresken erzählen. Sein vergoldeter Reliquienschrein (1481) in der Krypta, rechts hinter dem Eisengitter. Kirchenschlüssel bei Signora Angela, Via della Chiesa 68.
L'Aquila (714 m): 67348 Einwohner, Provinz- und Regionalhauptstadt, historisches Zentrum der Abruzzen. Infolge des Erdbebens 1703, als fast die Hälfte der Bevölkerung ihr Leben lassen mußte, sind zahlreiche Baudenkmäler verändert worden. Parkraum findet man auf der Piazza Alpini L'Aquila, unweit des Castello; Busbahnhof.
Kastell, vollendet 1549 unter der Herrschaft Karls V. (Wappen über dem Eingangstor). Nationalmuseum der Abruzzen *(Museo Nazionale d'Abruzzo),* werktags 9.00–14.00 Uhr, 15.30–19.30 Uhr, sonntags 9.00–13.00 Uhr, 15.30–19.00 Uhr. – *San Bernardino,* begonnen 1454 auf Veranlassung des hl. Giovanni da Capestrano, einem Freund des hl. Bernhard von Siena († 1444 in L'Aquila); Bernardinos Gebeine wurden 1472 in die große rechte Seitenkapelle überführt. Die Fassade, bestes Renaissancekunstwerk dieser Art in den Abruzzen, entstand zwischen 1524 und 1540, der dreischiffige, 76 Meter lange Innenraum im 18. Jahrhundert. Prächtige geschnitzte und mit Dukatengold gezierte Barockdecke. – Am südwestlichen Altstadtrand, bei der Porta Rivera, sprudelt die ursprünglich 1272 errichtete *»Fontana delle 99 cannelle«.*
Das bedeutendste Kunstwerk L'Aquilas und wichtigste Baudenkmal der Abruzzen steht im Südosten außerhalb der Stadt: *Santa Maria di Collemaggio,* vor 1300 im romanischen Stil errichtet, mit einer der schönsten Fassaden Italiens, die in ihrer Konstruktion bzw. den Farben islamisch beeinflußt scheint. Dreischiffiger Innenraum; Wandfresken 14. bis 16. Jahrhundert. In der rechten, mit Marmor ausgekleideten Chorkapelle das dreigeschossige, im Renaissancestil der Lombardei ausgeführte Grabmal (1517) von Papst Coelestin V., der hier 1294, im Alter von 85 Jahren, gegen seinen Willen gekrönt wurde und nach dreieinhalb Monaten zurücktrat. Der Nachfolger Bonifaz VIII. ließ ihn gefangennehmen und in den Kerker werfen, wo er am 19. Mai 1296 unter ominösen Umständen starb; Heiligsprechung 1313. Seine Ruhestätte erfuhr eine makabre Störung, als 1988 die sterblichen Überreste geraubt wurden. Man fand sie wenige Tage später auf einem Friedhof bei Rieti.
Auskunft: CAI-Sezione L'Aquila, Via XX Settembre 15, I-67100 L'Aquila. Tel. 24342; Azienda Autonoma di Soggiorno, Via XX Settembre 8, I-67100 L'Aquila. Tel. 22306; Ente Provinciale per il Turismo, Piazza Santa Maria di Paganica 5, I-67100 L'Aquila. Tel. 0862/410808.
Wanderkarte: Carta dei Sentieri, Gran Sasso d'Italia 1:25000. Erhältlich u.a. im Ostello Campo Imperatore.
Tourenskizze: Siehe Seite 154.

32 Monte Portella, 2409 Meter

Eingehtour im Gran Sasso

Tourencharakter: Unschwierige Rundwanderung. Trittsicherheit notwendig. Bei Nässe unangenehm.
Höhenunterschied: 350 Meter.
Reine Gehzeit: 2¼ Stunden.
Beste Jahreszeit: Anfang Juli bis Herbst.
Markierung: Vorhanden.

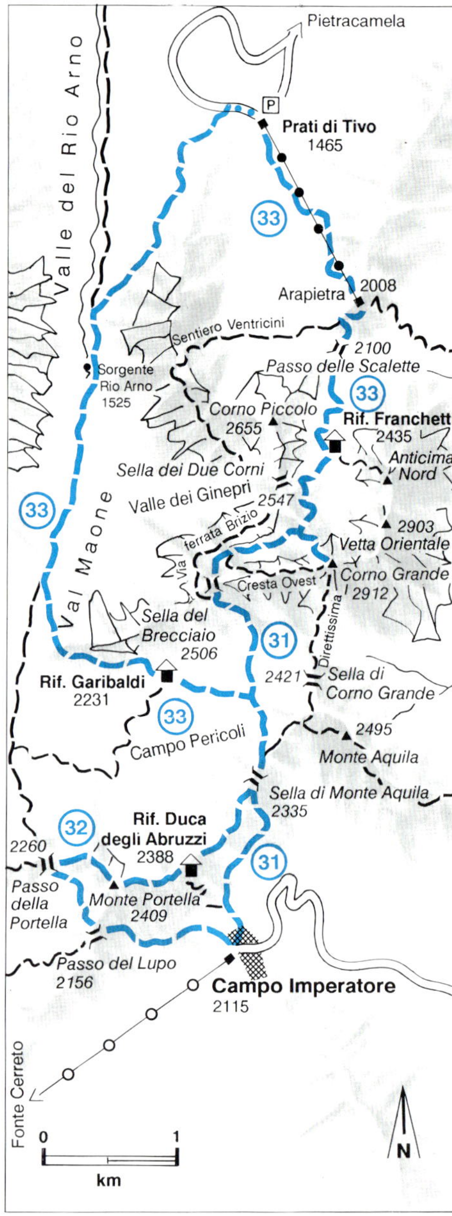

Von der Seilbahnstation und dem Parkplatz Campo Imperatore ist in nordwestlicher Richtung auf der Höhe das Rifugio Duca degli Abruzzi zu sehen – verlockend, Neugierde weckend, wie es dahinter aussieht. Verraten sei: die Umgebung der kleinen Hütte gleicht einer Tribüne, von der aus Interessierte die Tourenmöglichkeiten am Corno Grande erkunden können. Außerdem vermittelt das Panorama lehrreichen Unterricht über die Gestaltung der westlichen Gran-Sasso-Gruppe, ganz besonders der Gipfel jenseits des Val Maone, im Reich von Pizzo Cefalone und Pizzo d'Intermesoli. Überall Schauinsland! Vom Monte Portella schließlich blickt man hinaus über das »Rom der Abruzzen«: l'Aquila, Hauptstadt der größten Provinz in der Region Abruzzen.

Im Westen scheint das stumpfe Horn des Pizzo Cefalone (2533 m) zum Greifen nahe, ungefähr 1½ Gehstunden entfernt, am Gipfelaufbau leichte Kletterei (I-).

Der Wegverlauf

Campo Imperatore: Links am *Observatorium* vorbei und dem breiten Weg folgen, etwa 10 Minuten lang. Dann rechts mit dem *Sentiero Geologico*. Er traversiert die Steilhänge am Westrand des Campo Imperatore und endet für uns 40 Minuten oberhalb des Parkplatzes auf dem Rücken vor der *Sella di Monte Aquila* (2335 m).

Rechts einige Schritte in Richtung des Sattels, dann scharfer *Linksschwenk* in den schmalen Weg. Die erste Erhebung wird auf der Westseite umgangen. Anschließend zieht ein luftiger Kamm zu **Punkt 2422**. Im Nordwesten entdeckt man das Rifugio Garibaldi. Und südwestwärts erwartet den Wanderer das **Rifugio Duca degli Abruzzi** (2388 m). Es

Auf dem Grat vom Monte Portella in den Passo Portella. Links Monte Corvo, rechts Pizzo d'Intermesoli.

Das Rifugio Duca degli Abruzzi, vom Campo Imperatore aus betrachtet.

steht seit 1908 – erweitert 1936 – auf dem Portellograt: ein Magnet für Ausflügler!

Weiter westwärts auf zunächst breitem Weg. Kurz danach links über den grasigen Rücken. Die Spuren senken sich in einen nur leicht ausgeprägten Sattel und erreichen im Gegenanstieg den **Monte Portella** (2409 m), 20 Minuten von der Hütte entfernt. Jetzt nordwestwärts, hinunter in die Einsattelung. Abermals ansteigen zu einer Graterhebung. Den nächsten Kuppen wird in der Südflanke ausgewichen. Absteigend in den **Passo della Portella** (2260 m), eine schmale, felsige Scharte. Sie bildete jahrhundertelang die wichtigste Verbindung zwischen den zwei Seiten im zentralen Gran Sasso und war einst auch üblicher Zugang aus dem Tal zum Corno Grande, heute identisch mit Wegnummer 1. Der sich westlich fortsetzende Grat bzw. die rot-gelben Markierungen leiten zum Pizzo Cefalone.

Unsere Rundwanderung führt nach links spitzwinkelig in die *Südflanke*. Den obersten *Vallone della Portella* queren. Nach ¼ Stunde an der Gabelung links halten. Hinter dem **Passo del Lupo** (2156 m) durchzieht ein Höhenweg die Hänge zum Campo Imperatore.

Nützliche Informationen

Gehzeiten: Insgesamt 2¼ Std. Campo Imperatore – Rifugio Duca degli Abruzzi: 1 Std. Hütte – Passo della Portella: ½ Std. Passo della Portella – Campo Imperatore: 40 Min.
Einkehr unterwegs: *Rifugio Duca degli Abruzzi* (2388 m). CAI-Sezione Roma; bewirtschaftet (Übernachtung) Anfang Juli bis Mitte September. Direkter Zugang vom Campo Imperatore in 35 Min.
Weitere Angaben: Tour 31.

Abstieg zum Rifugio Garibaldi in das Val Maone, das von der Ostwand des Pizzo d'Intermesoli überragt wird.

33 Gran-Sasso-Durchquerung

Vom Campo Imperatore nach Prati di Tivo und zum Rifugio Franchetti

Tourencharakter: Unschwierige Rundwanderung. Trittsicherheit und Schwindelfreiheit notwendig; eine Passage (3 m) mit I-.
Höhenunterschied: 1000 Meter.
Reine Gehzeit: 5½ bis 6 Stunden bei Benützung des Sesselliftes von Prato di Tivo; einschließlich Corno Grande etwa 7½ Stunden.
Beste Jahreszeit: Anfang August bis September.
Markierung: Rot-gelb. Wegnummer 2, 2V.

Die Durchquerung des zentralen Gran Sasso bringt eine unglaubliche Fülle von Eindrükken. Außerdem sind Gipfeltouren, mehr oder weniger steile Eskapaden, gewissermaßen am Rande möglich, wodurch die Tour bei vollem Auskosten des bergsteigerischen Menüs gut und gerne eine Woche füllt.

Der Wegverlauf

Wie bei Wanderung 31 in die **Sella di Monte Aquila** (2335 m). An der Gabelung halblinks noch 5 Minuten mit dem Normalweg zum Corno Grande. Dann links ab, über die Wiesen des von Eiszeitgletschern geformten *Campo Pericoli* – rot-gelbe Nebelpfähle – und schwach rechtshaltend in gut 10 Minuten zum **Rifugio Giuseppe Garibaldi** (2231 m). 1886 hat die CAI-Sektion Roma das Schutzhaus zu Ehren des Freiheitskämpfers (gegen österreichische Besetzung) vier Jahre nach seinem Tode eingeweiht; 1925 wurde es vergrößert.

Rechts (nordwärts) hinunter zum Bach. Jenseits linkshaltend den Wegspuren folgen, zu Füßen des Primo Scrimone. Direkt im Westen die Sella dei Grilli, dahinter der Monte Corvo. Etwa ½ Stunde unterhalb der Hütte hält man sich vor einem felsigen Höcker *rechts* und taucht vollends in das grandiose **Val Maone** ein *(Wegnummer 2)*, wo vor rund 30000 Jahren ein neun Kilometer langer Gletscher strömte. Auf der Talsohle (1790 m) liegen Blöcke, die von einem Bergsturz stammen. Beherrscht wird die Szenerie von der 2,5 Kilometer breiten Ostwand des Pizzo d'Intermesoli: *»Il Duomo«* wird er genannt wegen seiner hochstrebenden Pfeiler. Entlang des Baches erneut durch Blockwerk. Links, an der Felsbasis des Pico Pio XI, bot die *Grotta dell'Oro* einst den Tuchhändlern einen Unterschlupf, wenn sie Wollprodukte aus Pietracamela nach L'Aquila auf den Markt brachten, was sogar zur Winterszeit geschah.

Am Weg sprudelt die *Sorgente Rio Arno* (1525 m): pro Sekunde ca. 160 Liter. Die Wasser bilden talauswärts Fälle, le Cascate di Rio Arno. Vorher biegt man jedoch mit dem *Zeichen 2 V* halb rechts ab, verläßt also die bisherige Wegnummer 2 und damit den Vallone del Rio Arno. Ein breiter Weg durchmißt die *Costa San Giovanni* und führt in ½ Stunde nach **Prati di Tivo** (1465 m). Vom Campo Imperatore 2¾ bis 3 Stunden.

Wer sich unbedingt kasteien möchte, bewältigt die 600 Höhen-Meter nach **Arapietra** (2008 m) zu Fuß, immer parallel zum Sessellift; Betriebszeiten Juni bis September 9.00 bis 17.30 Uhr, August 9.00 bis 18.30 Uhr; Ermäßigung für CAI-Mitglieder.

Anschließend, wie Tour 28, in 65 Minuten zum **Rifugio Carlo Franchetti** (2435 m), von dem es noch 20 Minuten bis zur Einsattelung bei der Sella dei Due Corni sind. (Halb rechts führt ein Geröllpfad zur Via ferrata Guido Brizio; Stellen I-, Drahtseile, Leitern. Obwohl sie die kürzeste Route zum Campo Imperatore bildet, ist davon abzuraten: Firnfeld, Steinschlaggefahr!)

Weiter mit Tour 28 in etwa ½ Stunde an den östlichen Saum der *Conca degli Invalidi*, wo links die Normalführe auf den Corno Grande abzweigt (ca. 1 Stunde). Geradeaus mit dem Geröllpfad und hinunter in die Conca. An ihrem westlichen Rand halb links, stets vorbildlich markiert abwärts, in 10 Minuten in die *Sella del Brecciaio* (2506 m; Mündung der Via Brizio).

Linkshaltend um den Rücken herum und schräg durch den Geröllhang hinab auf den grünen *Campo Pericoli*. Das Weglein durcheilt den oberen Teil des Hochkares und lie-

Prati di Tivo mit Vetta Orientale (links) und Corno Piccolo im Gran-Sasso-Massiv.

fert uns nach 20 Minuten wieder in der vertrauten *Sella di Monte Aquila* ab.

Nützliche Informationen

Gehzeiten: Insgesamt 5½ bis 6 Std. (bei Benützung des Sesselliftes). Campo Imperatore – Rifugio Garibaldi: 1 Std. Rifugio Garibaldi – Sorgente Rio Arno: 1 Std. Sorgente Rio Arno – Prati di Tivo: ¾ Std. Prati di Tivo – Conca degli Invalidi: 1¾ Std. Conca degli Invalidi – Campo Imperatore: 1¼ Std.
Einkehr unterwegs: *Rifugio Garibaldi* (2231 m). Schlüssel bei der CAI-Sektion L'Aquila, Via XX Settembre 15; Tel. 0862/24342; *Rifugio Franchetti*, siehe Tour 28.
Weitere Angaben: Tour 28 und 31.
Tourenskizze: Siehe Seite 154.

Der Weg durch das Vallone delle Cornacchie zum Rifugio Franchetti.

34 Gole di Celano

Riesenschlucht in den Abruzzen

Tourencharakter: Unschwierige Wanderung; an einigen Passagen müssen die Hände zu Hilfe genommen werden. Nach längerem Regen schwillt der Torrente la Foce an und vereitelt das Durchkommen!
Höhenunterschied: 250 Meter.
Reine Gehzeit: Hin- und Rückweg 2½ bis 3 Stunden.
Beste Jahreszeit: Hochsommer; Herbst.

Rund 45 Kilometer südlich des Gran Sasso liegt das Städtchen Celano über der Piana del Fucino. Das Becken war einst das größte Binnengewässer der Apennin-Halbinsel (155 qkm, Tiefen bis 15 m), gesäumt von Pfahlbaudörfern. Siedlungsspuren sowie Funde in Karsthöhlen reichen 12000 Jahre zurück. Es war die Heimat der altitalienischen, seit 300 v. Chr. unfreiwillig mit Rom verbündeten Marser. Da der See keinen Abfluß besaß, dem Imperium aber an seiner Stelle eine Kornkammer vorschwebte, ließ Kaiser Claudius um 40 n. Chr. für die Entwässerung einen Tunnel zum Fiume Liri projektieren, an dessen Bau 30000 Mann elf Jahre lang schufteten. Zur Feier des Durchstiches habe Claudius eine Schlacht inszeniert, bei der sich die beteiligten 19000 Galeerensklaven gegenseitig niedermetzeln mußten. Das Nadelöhr sei durch Schiffstrümmer und Leichen verstopft worden, was den Ablaß verhinderte.

Wahrscheinlich jedoch scheiterten die Ingenieure, wie spätere Generationen, ganz einfach am Problem. Erst im 19. Jahrhundert erhielt der Fucinosee ein Spundloch. Alessandro Torlonia, ein römischer Adelssproß, kaufte die Aktien einer englischen Drainage-Gesellschaft. Sein Motto: »Entweder lege ich den See trocken oder er legt mich trocken.« Torlonia triumphierte 1875.

Kein Mittel wider die Natur gab es am 13. Januar 1915, morgens um 7.25 Uhr: Avezzano, am Nordwestrand der Ebene, wankte im Epizentrum eines Bebens, das es innerhalb weniger Minuten dem Erdboden gleichmachte. Von 13000 Einwohnern überlebten nur 2000. Während die Marser-Metropole (»Marruvium«) bei dem Ort San Benedetto am östlichen Saum der Piana lag, ist heute Celano das Herz der landwirtschaftlich orientierten Marsica. In den fünfziger Jahren wurden die Großgrundbesitzer im Becken enteignet und der Boden an 9100 Bauernfamilien aufgeteilt, von denen jede zwischen einem und vier Hektar bekam.

Celano wurde bereits 1222 unter Kaiser Friedrich II. vollständig zerstört, weil der von ihm inthronisierte Graf Pietro Tommaso auf Seiten des Papstes stand und gegen den Kaiser rebellierte. Nach der Vertreibung durften die Celanesi ihre Stadt 1227 wieder aufbauen. Östlich davon schürfte das Flüßchen La Foce in Jahrtausenden einen rund fünf Kilometer langen Canyon tief in den Fels, der stark zerklüftet ist, braungelb und grau, vielfach bis oben hin dicht bewachsen. Nur die Schlüffe, die eigentlichen Klammwände, stellenweise mit ausgestreckten Armen beiderseits berührbar, sind blank gespült vom ewigen Wasser. Gole di Celano: einmalig im Appennino Centrale!

Der Wegverlauf

La Foce (»Mündung«) heißt der Fleck an dem breiten, von enormen Wänden gebildeten Schlundmaul. Torrente la Foce heißt der Wildbach durch die Schlucht *(gola)*. Die Foce zunächst links, gut 5 Minuten später rechts überschreiten und links die erste Klammenge bewältigen. Danach auf dem Waldweg ansteigen bis zu einem Talboden. Bald verschmälert sich die Gola in dschungelähnlicher Vegetation. Mehrmals die Ufer wechseln. Nach insgesamt etwa 1 Stunde muß rechts ein Hindernis »kraxelnd« geschafft werden. Schwierigkeiten ausweichend, setzt man das Abenteuer in der Kühle des Halbschattens fort, obwohl es vor manchen Krümmungen so scheint, als schnüre sich die Enge vollständig zusammen. Wo der Steig halb links endgültig den Schluchtgrund verläßt (bis Ovindoli 2 Stunden), geht es nach der Gabelung neben dem Bach her, noch 5 Minuten bis zur sagenumwobenen **Fonte degli Innamorati** (»Quelle der Verliebten«) in einer Felsgrotte (1030 m).

Je nach Wasserstand gestaltet sich die abenteuerliche Durchquerung der Celano-Klamm mehr oder weniger feucht für den Wanderer.

Nützliche Informationen

Anfahrt: 4 km von der Ausfahrt Celano der Autobahn Pescara – Rom bzw. L'Aquila. Von Avezzana 13 km, von L'Aquila 47 km (Staatsstraße), von Pescara 94 km, von Pescasseroli (Nationalpark Abruzzen) 52 km. Gute Busverbindungen (u. a. mit L'Aquila), Haltestelle Piazza IV Novembre beim Rathaus; Parkmöglichkeit (Freitag Markt). Zugverbindungen u. a. mit Pescara und Rom. Bahnhof 2 km unterhalb des Zentrums; Busse.
Ausgangsort: *Celano* (857 m): 11 000 Einwohner, am Nordrand der Piana del Fucino, überragt von der 1000 Meter höheren Serra di Celano. Provinz L'Aquila.
Ausgangspunkt/Parkplatz: *La Foce* (787 m), östlich von Celano. Das Zufahrtssträßchen (1,7 km, Schlaglöcher) zweigt 1,8 km unterhalb der Piazza IV Novembre links von der Straße ab; gelbes Hinweisschild.
Gehzeiten: Insgesamt 2½ bis 3 Std. Parkplatz – Fonte degli Innamorati: ca. 1½ Std.
Unterkunft: *Ristorante-Hotel Paradiso*, 1,5 km von der Autobahnausfahrt an der Staatsstraße 5 Richtung Celano; Sonntag Ruhetag, Tel. 0863/791774; Hotels im Luftkurort *Ovindoli* (1375 m), 11 km nördlich von Celano; Busse.
Verpflegung: *Trattoria La Paloma* (Corso Umberto, Zentrum); *Ristorante-Pizzeria Le Mirage* (Via O. Ranelletti, südlicher Stadtrand); *Ristorante la Guerrinuccio* (Via Sardellino, unweit der Zufahrt zum Parkplatz Le Foce).
Sehenswürdigkeiten: *Castello Piccolomini*, erbaut um 1392. Deutscher Informationstext im Innenhof. Prähistorisches Museum; 9.00–14.00 Uhr, Samstag/Sonntag zusätzlich 15.00–19.00 Uhr. Vor der Festung Erinnerungsstätte an *Beato Tommaso da Celano* (ca. 1185–1255), Freund und erster Biograph des hl. Franziskus. Der Selige soll Riccardo von Celano seinen Tod vorausgesagt haben.
Weiterer Tourenvorschlag: *Piana di San Vittorino:* Von der Piazza IV Novembre 400 Meter Richtung Ovindoli. Dann rechts (Tafel: »*Serra di Celano*«). An der Gabelung halb links und zu den obersten Häusern. Hier links, nun den Stationen des 1983 fertiggestellten Kreuzweges folgen. Der betonierte, aussichtsreiche Fahrweg führt in 20 Minuten zur Krieger-Kapelle (»*Chiesetta degli Alpini*«, 1013 m). Anschließend mit *Markierung 11 b (rot-gelb-rot)* noch 100 Meter weiter, dann links hinauf zu den schrofigen Felsen, wo die Farbzeichen leiten. Zunächst schräg links, anschließend rechts und empor zur Piana di San Vittorino. Rechts (nordöstlich) über Wiesen in ¼ Stunde zu einem felsig-grasigen *Höcker* (1324 m), 500 Meter über den Gole di Celano.
Aufstieg: 1½ Std. Im Felsgelände Trittsicherheit notwendig, bei Nässe gefährlich.
Auskunft: Pro Loco, I-67043 Celano.
Wanderkarte: IGM Karte 1:25000, Foglio 146 III N.O. (Celano).
Spezialführer: Stefano Ardito, *A piedi in Abruzzo* (Volume 1). Edizioni ITER, Subiaco 1986.

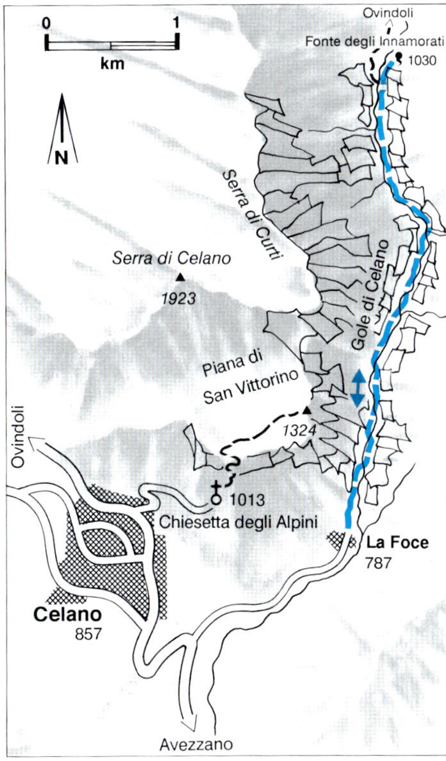

Wie ein Riesenschlund wirkt die Mündung der Gole di Celano, die den Mittelpunkt dieser Tour bilden.

Ausblick vom Parco Nazionale d'Abruzzo nach Norden.

Parco Nazionale d'Abruzzo

Unter Bären und Wölfen

Zugegeben, der Untertitel klingt sensationslüstern, nach Effekthascherei, aber immerhin leben im Nationalpark 80 bis 100 Bären sowie 30 bis 40 Wölfe in freier Wildbahn. Doch seit Einweihung des Reservates 1922 sind keine Angriffe auf Touristen bekannt.

Der Abruzzenbär *(Ursus arctos marsicanus)* ist eine Subspezies des Braunbären (*Ursus arctos*). *L'Orso Bruno Marsicano* kann zwei Meter groß werden und hat sich notgedrungen, wegen schrumpfender Lebensräume, von Fleisch- auf Pflanzenkost umgestellt, was aber nicht ausschließt, daß er hin und wieder ein Schaf reißt (für das der Besitzer entschädigt wird), oft vor der Winterruhe, während der die Bärin Junge wirft.

Die nur im Apennin lebende Unterart der Wölfe, *»Canis lupus italicus«*, garantiert das ökologische Gleichgewicht zwischen kleinen und großen Säugern. Sie greifen gelegentlich Schafherden an, wühlen aber auch schon mal nachts in ortsnahen Müllhalden.

Gewöhnlich fliehen Bär und Wolf vor dem Menschen. Den Spuren von »Meister Petz« werden Sie irgendwo sicherlich begegnen, wenn auf Wegen kleinere Steine und Felsen erkennbar umgedreht liegen. Das war *er* – gelüstig nach Schnecken.

Durch die jüngste Vergrößerung (1990) umfaßt der Park in den Provinzen Abruzzen, Latium, Molise eine Fläche von 44000 Hektar, alpin-geographisch identisch mit der Zentralapennin-Gruppe Monti Marsicani. Als äußere Schutzzone dienen 60000 Hektar Land. Etwa 72 Prozent des Gesamtareals bestehen aus Wald, hauptsächlich Buchen, wie überall im Apennin; oberhalb 1900 Meter wachsen Bergkiefern.

Parkdirektor Professor Dr. Franco Tassi registrierte rund 1200 Pflanzen- und 300 Vogelarten; zwei bis drei Steinadler-Paare. Unter den 40 Säugetierarten sind 500 bis 600 Hirsche, 1000 Rehe, 400 bis 500 Abruzzengemsen (Gehege in Bisegna). Zu den Reptilien, u.a. Streifennatter, Ringelnatter, Aspisviper, zählt die geringfügig giftige, der Kreuzotter ähnliche Orsini-Viper.

Jahr für Jahr drängt sich mehr als eine Million Ausflügler und Urlauber in den Parco Nazionale. Hochsaison: August. Dann ist von einem Besuch abzuraten! Nicht nur weil der Zugang mengenmäßig reglementiert wird, sondern auch wegen der Hitze.

Die insgesamt 150 größtenteils unschwierigen Wanderrouten gehen von 25 über den Park verteilten Eingängen aus. Jeder ist durch einen Buchstaben (A, B, C, usw.) gekennzeichnet. Diese Buchstaben sind Grundlagen der ergänzenden Wegenummern (z.b. A 1, C 5, P 3) und ihrer roten Farbzeichen. In Verbindung mit der offiziellen Wanderkarte gibt es kaum Orientierungsprobleme.

Anfahrt: Von München etwa 1100 km, von Bologna 480 km, von L'Aquila 109 km.

Auskunft: Direzione Ente Autonoma Parco Nazionale d'Abruzzo, Viale Santa Lucia, I-67032 Pescasseroli, Tel. 0863/91315.

Wanderkarte: Carta Turistica del Parco Nazionale d'Abruzzo 1:50000.

Spezialführer: Stefano Ardito, *A piede nel Parco d'Abruzzo* (83 Touren). Edizioni ITER, Subiaco 1988.

Spezialliteratur: Franco Tassi, *Il Parco Nazionale d'Abruzzo.* Firenze 1987.

35 Auf die Roccagipfel

Schönster Höhenweg um Pescasseroli

Tourencharakter: Unschwierige Rundwanderung.
Höhenunterschied: Etwa 900 Meter.
Reine Gehzeit: $5^1/_2$ bis $5^3/_4$ Stunden.
Beste Jahreszeit: Mitte Juni bis Herbst.
Markierung: Rot.

Monte la Rocca heißt die Gebirgskette auf der Westseite des Alta Valle del Sangro um Pescasseroli, genau genommen der Kamm vom Balzo dei Tre Confini schwach südöstlich bis zum Valico di Monte Tranquillo. Picco la Rocca (1869 m) und Monte la Rocca (1924 m) sind die Namengeber und Hauptgipfel, zu denen sich ein halbes Dutzend mehr oder weniger ausgeprägte Erhebungen gesellen. Über ihre Rücken und durch die Flanken führt die Höhentour. Schier unendliche Augenweiden! Und wer Glück hat, hört aus den dichten Buchenwäldern das Brüllen eines Bären. Um Holzschlag und damit Störungen der scheuen Tiere zu vermeiden, hat die Parkverwaltung insgesamt 13000 Hektar gepachtet. Die Gemeinden werden für ihr Holzrecht entschädigt. Man erlebt also einen richtigen Urwald! Auf kleinen Lichtungen blüht lilafarben eine seltene, streng geschützte Schwertlilienart: *Iris marsicana.*

Der Wegverlauf

Auf breitem Schotterweg in den **Vallone Peschio di Iorio.** Nach 40 Minuten, an der Talstation (1365 m) eines Schleppliftes, gabeln sich die Wege (rechts Valico Aceretta – Monte delle Vitelle): geradeaus mit den *roten Farbzeichen (Route B 4).* Etwa 10 Minuten später, wo sich der Schotterweg rechts wendet, führt B 4 erneut geradeaus, hohlwegähnlich im Wald ansteigend, in $^1/_4$ Stunde zu einer kleinen Lichtung. Rechts weiter. Ungefähr 20 Minuten danach wird erstmals das Rifugio di Iorio von einer Wiese aus sichtbar. Kurz danach mündet rechts der Zugang vom Monte delle Vitelle.

Links, 5 Minuten lang durch Wald und anschließend genußvoll in der Ostflanke des Balzo dei Tre Confini vollends empor zum Podium des **Rifugio di Iorio** (1830 m, geschlossen). Manchmal treffen sich hier die Hirten und lassen die Weinflasche kreisen. Vom Parkplatz 1 3/4 Stunden.

Östlich der Hütte zieht ein Kammrücken zum völlig einsamen Monte Pagano (1719 m, hin und zurück 1 1/2 Stunden). Die Höhentour indes strebt dem Süden entgegen. Von der Hüttenveranda leiten Farbzeichen am Grat entlang: *Parkweg C 5*. Der Grat ist Wasserscheide und politische Grenze zwischen dem abruzzesischen Teil des Nationalparkes und den Schutzgebieten des Lazio. Rechts liegen Vallone Cabonara und Vallone Capo d'Acqua, links die Flanken ins Sangrotal um Pescasseroli.

Die Route, ein ausgeprägtes Weglein, entspricht dem Sentiero Lazio (siehe Tour 10). Sie führt in leichtem Auf und Ab zum pyramidenförmigen **Picco la Rocca** (1869 m). Das Panorama umfaßt den Nationalpark und reicht südwestwärts über die »Terra di Lavoro« nach Sora. Östlich lagert der undurchdringliche Vallone Balzo Travaglioso, geschürft durch einen Eiszeitgletscher. Ein Sattel trennt uns von dem nur mehr 25 Minuten entfernten **Monte la Rocca** (1924 m), der auf der Ostseite steil abbricht. Auf seinem Südgrat wird der Vorgipfel *Monte della Strega* (1909 m) erreicht. In einen Sattel (1845 m) und in 5 Minuten zum **Monte Pietroso** (1876 m). Vom Monte la Rocca 20 Minuten.

Die Richtung beibehalten, zunächst am felsbesetzten Grat und links vom Wald in den Sattel *Valico di Monte Tranquillo* (1673 m) am Treffpunkt mehrerer Wanderpfade, u.a. dem von Capo d'Acqua, der früher die Pilger aus den Dörfern des Latium zur Madonna di Tranquillo brachte. Vom Rifugio di Jorio 2 Stunden.

Der Aussichtsgipfel *Monte Tranquillo* (1841 m) kann als Abstecher in 1/2 Stunde erstiegen werden. Sonst gilt *Markierung C 3*: nach Nordosten abwärts, an einem Viehpferch vorbei, über Weideböden in den Buchenwald. Dort wartet das jahrhundertealte **Santuario di Santa Maria di Monte Tranquillo** (1597 m), im Dialekt »Tronchillo« genannt. Es wurde im Zweiten Weltkrieg zerstört, 1956 neu erbaut.

Nun auf dem Schottersträßchen in etwa 1 Stunde zur **Fontana della Difesa** (1230 m), deren köstliches Quellwasser an heißen Ta-

Der Roccakamm, über welchen die Höhenroute verläuft, von Osten. Der Einschnitt links ist der Valico di Monte Tranquillo.

Blick zum Balzo dei Tre Confini am Weg zum Rifugio di Iorio.

gen willkommene Erfrischung bedeutet, ehe man das letzte Wegstück unter die Füße nimmt – fast 1 Stunde: nach 10 Minuten am *Parkeingang C* vorbei und in weiteren 10 Minuten zu den ersten Häusern von Pescasseroli. Linkshaltend durch die *Via Fonte Fracassi.* Vor dem Bächlein bzw. der Staatsstraße 83 geht es links in 20 Minuten zum Parkplatz.

Nützliche Informationen

Anfahrt: Von der Ausfahrt Pescina der Autobahn Pescara – Rom bzw. L'Aquila sind es 40 km auf der Staatsstraße 83. Von Pescara 142 km, von L'Aquila 109 km. Gute Busverbindungen. Günstigste (60 km) Schnellzugstation (Strecke Rom–Pescara) in Avezzano, regelmäßige Busverbindungen. Eilzüge (»Espressi«) halten auch in Pescina (36 km, Busse).
Ausgangsort: *Pescasseroli* (1167 m): 2500 Einwohner, Hauptort des Abruzzen-Nationalparkes.
Ausgangspunkt und Parken: *Parkeingang B* (1193 m), Viale Cabinovia, kurz nach dem Camping »La Panoramica«, nordwestlich (2 km) des Zentrums in Richtung Vitelle-Seilbahn.
Gehzeiten: Insgesamt 5½ bis 5¾ Std. Parkplatz – Rifugio di Iorio: 1¾ Std. Rifugio – Monte la Rocca: 1¼ Std. Monte la Rocca – Valico di Monte Tranquillo: ¾ Std. Von dort zum Ausgangspunkt in knapp 2 Std.
Bei Benützung der Sesselbahn zum Monte delle Vitelle (Talstation 1 km vom Parkeingang B, Betriebszeiten 20. Juli bis Ende September 9.00–17.00 Uhr) und dem Übergang (1 Std.) zum Rifugio di Iorio verkürzt sich die Tour um ½ Std.
Unterkunft: Rund 3000 Betten in Hotels usw. Billig: *Albergo Paradiso* (Via Fonte Fracassi), auch Zimmer ohne Dusche; Tel. 91 04 22. Familiär: *Pepe di Sora* (Via Benedetto Croce), Tel. 91 19 08, 91 22 47. Am teuersten: *Grand Hotel del Parc* (Viale S. Lucia), Tel. 91 27 45.
Camping: *Marsicano*, Tel. 9 14 63; *S. Andrea*, Tel. 91 21 73; *La Panoramica*, Tel. 9 13 50; *Dell'Orso*, Tel. 9 19 55.
Verpflegung: Im *Fast Food* (Viale S. Lucia 11) hat der Autor mit aufgewärmten Pizza-Schnitten schlechte Erfahrungen gemacht;

Das Rifugio di Iorio (1830 m) am Höhenweg über die Berge westlich von Pescasseroli.

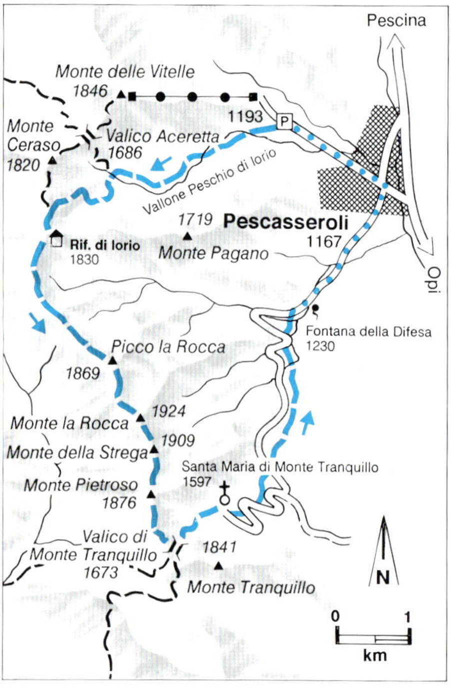

Getränke im Plastikbecher. Empfehlenswert: Spezialitätenlokal *Pepe di Sora* (Via Benedetto Croce). *Ristorante-Pizzeria Il Picchino* (Via Lungo Sangro), mit kleinem überdachten Garten. Abruzzesische Käsespezialitäten: La Bottega del Formaggio (Via della Chiesa 83).

Sehenswürdigkeiten: *Centro di Vista Parco Nazionale d'Abruzzo*, Viale Colle dell'Oro. Sehenswert ist eigentlich nur das Museo Naturalistico. Der zum »Centro« gehörende Zoo spottet jeder artgerechten Tierhaltung und läßt das Herz bluten; geöffnet 10.00–12.00 Uhr, 15.00–18.00 Uhr. – *Sentiero Natura Castel Mancino*, Lehrpfad zur Burgruine, Hin- und Rückweg ¾ Std. Informations-Faltblatt (italienisch) im Ufficio di zona.

Fahrradverleih: Piazza San Antonio 28 a.

Auskunft: Ufficio di zona, Vico Consultore, I-67032 Pescasseroli; Tel. 08 63/9 19 55. Azienda Soggiorno e Turismo, Via Piave; Tel. 08 63/9 14 61.

Wanderkarte: Carta Turistica Parco Nazionale d'Abruzzo 1:50 000. Erhältlich im Ufficio di zona.

Frühsommerliche Verhältnisse herrschen im Naturpark Abruzzen, hier in der Kammregion des Val Fondillo. Im Hintergrund der Monte Marsicano.

36 Wanderparadies Val Fondillo

Monte Amaro – Valico Passaggio dell'Orso – Monte San Nicola

Im Südosten des in antiker Zeit gegründeten Abruzzenortes Opi beginnt das liebliche, bei Wanderern beliebte Val Fondillo, das in der Schutzzone des Nationalparks liegt. Ein Tal wie gemalt. Der Fondillo bewässert grüne Wiesen, plätschert zwischen niedrigen Felsstöcken; Forellen huschen pfeilschnell durch das klare Wasser. Über der Mündung, an der Archäologen vorrömische Gräber entdeckten, wacht der Monte Amaro. Den Talhintergrund bildet die Bergkette zwischen Monte San Nicola und Valico Passaggio dell'Orso.

Das Val Fondillo trennt zwei Untergruppen – Camosciara, Serra delle Gravare – der Monti Marsicani. Früher machten die Schafherden im Mai auf ihrem zweiwöchigen Marsch aus Apulien bzw. Ende Oktober zurück in die Heimat hier Zwischenstation, denn das Parkgebiet war eine der gefragtesten Weiden Mittelitaliens.

Die drei beschriebenen Wanderungen sind von unterschiedlichem Charakter. Die meisten Ersteiger verzeichnet der Monte Amaro, weshalb seine Besucherzahl im August limitiert wird. Am frühesten im Jahr ist die Tour in den Valico Passaggio dell'Orso möglich. Sie sollte, rät Stefano Ardito, »auf Grund der außerordentlichen Schönheit des Landschaftsbildes von jedem Besucher des Parks begangen werden.« Die wenigsten Leute sieht der Monte San Nicola.

Monte Amaro, 1862 Meter

Tourencharakter: Unschwierige Wanderung.
Höhenunterschied: 800 Meter.
Reine Gehzeit: Auf- und Abstieg 3¾ bis 4 Stunden.
Beste Jahreszeit: Anfang Juni bis Spätherbst.
Markierung: F 1.

Der Wegverlauf

Vom Parkplatz links (Richtung Osten), dann rechts um das Gelände des ehemaligen Sägewerkes herum und in das breite **Val Fondillo**. Die numerierten Tafeln informieren über Besonderheiten der Landschaft. Punkt 3 zum Beispiel weist auf etliche stattliche Weiden hin. In den Waldflanken des Monte Amaro auf den Fels *»Capello dell'alpino«*. Punkt 4 verrät ein kleines Feuchtbiotop am Bach. Eine Viertelstunde ist es vom Parkplatz zum *Piazzale di Grotta Fondillo* (1097 m), so benannt nach der Felshöhle rechts.

Links auf der Brücke über den *Fiume Fondillo*. Auf der *Picknickwiese* trifft man auf einen Querweg. Abermals links, vorbei an einer Kalkfelspartie. Bei Punkt 10 wächst Wacholder. Vor der Tafel 12, etwa 5 Minuten nach der Brücke, wendet sich der »Sentiero Natura« halb links (zur Quelle Tornareccia), während wir halbrechts ansteigen *(F 1)*, kehrenreich im Buchenwald. Nach 50 Minuten, bei einem Fels, erste Ausblicke in das Fondillotal und auf die Serra delle Gravare. Etwa 20 Minuten später entschlüpft man dem Wald (1530 m). Und wiederum 20 Minuten später, eine Kuppe rechts umgehend, wird linkshaltend ein grasiger *Sattel* (1690 m) erreicht. Rechts, auf dem stellenweise felsbesetzten Kamm, an dem sich gelegentlich Gemsen tummeln, zum *Vorgipfel* (1850 m), der durch einen Sattel vom Gipfel getrennt ist.

Der **Monte Amaro** bildet den nordwestlichsten Gipfelpunkt der Costa Camosciara. Dahinter, südostwärts, locken Monte Petroso (Tour 38) und Monte Altare im Sottogruppo della Meta. Nordwestlich, jenseits des Sangrotales, herrscht die riesige kahle Masse des

Unweit des Abruzzendorfes Opi liegt das Val Fondillo.

Monte Marsicano. Dort entdeckte man Spuren steinzeitlicher Jäger. Im Nordosten wölbt sich der Monte Godi.

Valico Passaggio dell'Orso, 1672 Meter

Tourencharakter: Unschwierige Wanderung.
Höhenunterschied: 600 Meter.
Reine Gehzeit: Aufstieg 2¼ Stunden, Abstieg 1½ Stunden.
Beste Jahreszeit: Anfang Juni bis Spätherbst.
Markierung: F 2.

Der Wegverlauf

Wie beim Monte Amaro in ¼ Stunde zum **Piazzale di Grotta Fondillo** (1097 m). Weiter talein. Nach 20 Minuten wirft eine mehrhundertjährige Buche, eine *»capitozza«*, wie der Volksmund sagt, ihren Schatten über den Weg. Markierung: *F 2*. An der Gabelung geradeaus. Etwa 45 Minuten nach dem Parkplatz wird der Bach überschritten. Anschließend rechts über die Wiese (Fahrweg-Abkürzung), vorbei an einem gemauerten Häuschen, in 5 Minuten zur **Fonte Sfranatara** (1201 m).

An dieser Wegegabelung links halten, also F 2 im Buchenwald folgen, nun etwas steiler. Knapp ¼ Stunde später, an der Wegeteilung, rechts weiter. Die Route führt an den Bach. Im Frühling nach der Schneeschmelze und Anfang Herbst sei morgens die Begegnung mit Hirschen keine Seltenheit, höre ich, ohne jedoch eines der stattlichen, 1969 nach der Ausrottung wieder eingesetzten Tiere zu sehen. Im Park leben nach neuen Schätzungen ca. 600 Hirsche und rund 300 Rehe. Aber auch Füchse, Wildkatzen, Marder, Stinktiere und Dachse gehören zur seltenen Fauna. Auf Ignoranz bei der Bevölkerung stoßen immer noch die Schutzmaßnahmen für den Abruzzenbär (ca. 100 Exemplare) und den Apenninenwolf (ca. 40 Tiere).

Eine Tafel zeigt rechts, abwärts zur Caverna delle Fate (kleine Quellgrotte). Der Hauptweg führt durch uralten Buchenbestand in den **Valico Passaggio dell'Orso**, zwischen Monte Irto (rechts) und Camosciara. Herrlicher Blick in das südlich gelegene, wäldergesäumte Valle di Canneto. Im Südosten dominieren Monte Petroso – höchster Nationalparkgipfel – und Monte Altare.

Monte San Nicola, 1900 Meter

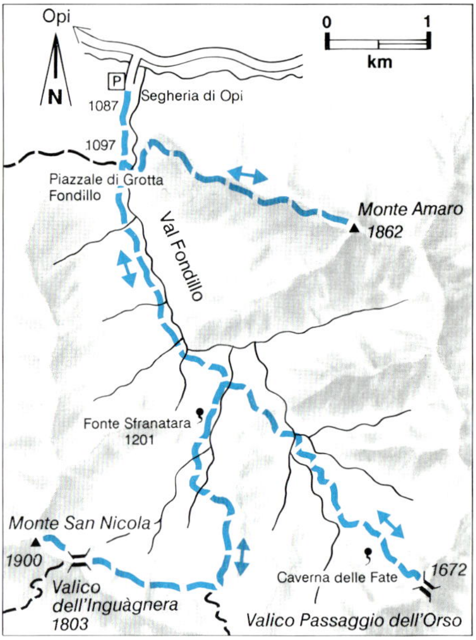

Tourencharakter: Unschwierige Wanderung. Am Gipfelaufbau ist Trittsicherheit ratsam.
Höhenunterschied: 850 Meter.
Reine Gehzeit: Aufstieg 3 Stunden. Rückweg 2 Stunden.
Beste Jahreszeit: Ende Juni bis Spätherbst.
Markierung: F 5, rot, gelb.

Der Wegverlauf

Wie beim Valico Passaggio dell'Orso in 50 Minuten zur **Fonte Sfranatara**. Am Brunnen rechts vorbei bzw. am orographisch rechten Bachufer entsprechend der *Markierung F 5*. Nach 1/4 Stunde, auf einer kleinen Lichtung (1260 m), endet der breite Weg. Halb links, etwas steiler bergan. Gute 5 Minuten später auf breitem Weg bzw. jetzt wieder sicher geleitet von *roten Tupfen*.

Ungefähr 1 Stunde nach dem Brunnen, vor einem Steilaufschwung, wo große Felsbrocken im Wald liegen (1630 m), darf man die sich nach rechts wendenden *gelben Markierungen* nicht übersehen! (F 5 führt geradeaus weiter in einer 3/4 Stunde durch eine eiszeitliche Gletschermulde in den Valico delle Gravare, 1874 m). Gelb dient also unserer Orientierung.

Nach 1/4 Stunde halb links, wenig später ein Stück eben dahin, stellenweise durch Schnee- und Windbruch, mit Hilfe der Farbzeichen die Route suchend. Mäßig ansteigend gewinnt man den **Valico dell'Inguágnera** (1803 m). Offizielle Bezeichnung: Valico di San Nicolo; *»inguágnere«* heißen im Dialekt die Kammfelsen. Aus dem Paßsattel rechts, den Felsen links ausweichend, sind es nur 20 Minuten auf den **Monte San Nicola**.

Nützliche Informationen

Ausgangspunkt/Parkplatz: *Val Fondillo*, Gemeindegebiet Opi: *Parkplatz Segheria di Opi* (1087 m). Die Zufahrt (300 m) zweigt von der Staatsstraße 83 östlich von Opi, zwischen dem Hotel du Parc (1,4 km) und dem Ristorante Vecchio Mulino (500 m) rechts ab.
Unterkunft: Nächstgelegen (1,7 km), an der Staatsstraße 83, 7 km von Pescasseroli: *Hotel du Parc*, großer Parkplatz, Garagen; Tel. 91 24 41 oder 42. In *Opi*: *Genziana*, Tel. 91 21 58, 9 13 52; *La Pieya*, Tel. 91 07 56, 91 07 72.
Camping: Am Parkplatz ist Zelten und Caravaning erlaubt. *Camping Vecchio Mulino*, östlich (800 m) vom Parkplatz, beim gleichnamigen Restaurant an der Staatsstraße, Tel. 9 19 55; *Campeggio le Foci di Opi*, nördlich von Opi, Tel. 91 22 33, 9 16 10; Zufahrt an der Staatsstraße beschildert.
Verpflegung: Der Autor hat gute Erfahrungen mit *La Lanterna* (Pizzeria-Ristorante-Birreria) gemacht, an der Basis von Opi, unweit der Abzweigung von der Staatsstraße 83.
Sehenswürdigkeit: *Opi* (1250 m): 590 Einwohner, prächtig gelegener Ort im Park. Zufahrtstraße (2 km) von der Staatsstraße. Pfarrkirche Santa Maria Assunta, ursprünglich 12. Jahrhundert, nach Zerstörungen durch Erdbeben im 17. Jahrhundert neu erbaut.
Auskunft: Ufficio Turistico Pro Loco, I-67030 Opi, Tel. 08 63/9 16 22; Ente Autonoma Parco Nazionale d'Abruzzo, Viale Santa Lucia, I-67032 Pescasseroli; Tel. 08 63/9 13 15.
Wanderkarte: Carta Turistica Parco Nazionale d'Abruzzo 1:50 000. Erhältlich in den Nationalparkbüros.

37 La Camosciara

Das »Heiligtum« im Nationalpark der Abruzzen

Tourencharakter: Unschwierige Wanderung.
Höhenunterschied: 350 Meter.
Reine Gehzeit: 1½ bis 1¾ Stunden.
Beste Jahreszeit: Mai bis Ende Juli; im Sommer werden die Wasserfälle »mager«. Im August und an Wochenenden viele Ausflügler.

»Santissimo« – Allerheiligstes! So wird die Camosciara gepriesen, der urigste Erdenfleck im Nationalpark, eine amphitheaterähnliche, fast 1000 Meter hohe, stark bewaldete felsige Schlucht, südwestlich von Villetta Barrea am Südrand des Sangrotales.

1972 wurden 2000 Hektar zwischen Val Fondillo und Monte Petroso unter besonderen Schutz gestellt. Flora und Fauna sind vielartig und reich vertreten. Der Name Camosciara rührt von »*Camoscio*« (Gemse) her. Gemeint ist die Abruzzengemse, von der etliche Wissenschaftler sagen, es sei eine eigene Gattung *(Rupicapra ornata)*. Sie habe sich durch die geographische Isolierung nach der

Die Camosciara ist das wilde Herzstück des Nationalparks Abruzzen. Der Name leitet sich von dem* »Camoscio«*, der hier heimischen Gemsenart, ab.

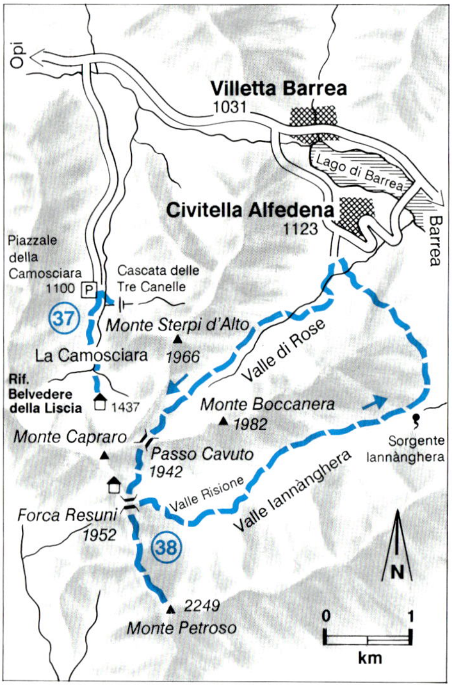

letzten Eiszeit entwickelt: »*Il camoscio più bello del mondo*«! Mit etwas Glück ertastet das Fernglas ein Tier im felsigen Terrain. Am Wildbach stillen Bären frühmorgens und spätabends ihren Durst, suchen nach Schnecken und ähnlichem unter Steinen, die sie geschickt mit den Vordertatzen umdrehen. Achten Sie darauf! Mehr als solche Spuren wird man von den Bären kaum sehen.

Der Wegverlauf

An der Südseite des *Parkplatzes* weist eine Holztafel auf das Rifugio Liscia hin, *Markierung G 6*. Mäßig ansteigen durch hochstämmigen Buchenwald. Im Frühjahr und Frühsommer ist die Luft erfüllt vom Rauschen der Bäche und dem Donnern der Wasserfälle. Hier und dort steht eine Föhrenart, die nur im Nationalpark vertreten ist: *Pini neri di Villetta Barrea*. Endemisch für diesen Teil Italiens ist auch die im Juni und Juli auf feuchten Kalkböden blühende, streng geschützte *Pianella della Madonna*, der Frauenschuh. Ebenso eine Rarität, jedoch in den Buchenwäldern des Apennin angesiedelt: der Blattlose Widerbart *(Epigogium aphyllum)*, hier *Epigogio* genannt, Blüte von Juni bis September.

Nach 10 Minuten begegnet uns der erste kleine Wasserfall. Und schon 10 Minuten später führt ein kurzer Stichweg zur Plattform für die **Cascate delle Ninfe** über senkrechten Felsen. Die Cascate »versinken« im weiteren Verlauf der Tour in schwindelerregende Tiefen. Der Weg führt an einem klammähnlichen Wasserfallkessel vorbei. Manchmal hört man den feinen Gesang der Wasseramsel *(Cinclus cinclus)*, italienisch *Merlo acquaiolo*, die von kleinen Wassertieren lebt.

Paradiesische Rastplätzchen! Enttäuschung hingegen beim geschlossenen **Rifugio Belvedere della Liscia** (1437 m). Es dient dem Personal des Wachdienstes im Nationalpark. Bäume schränken die Aussicht ein, geben nur einen schmalen Spalt frei.

Wieder unten auf dem *Parkplatz*, sollte man noch die **Cascate delle Tre Canelle** besichtigen: auf dem Steg über den Fiume Serto und rechts in knapp 1/4 Stunde zu den Wasserfällen. Dieser Weg ist identisch mit dem »Sentiero Natura Le Cascate«; Informations-Faltblatt mit Erklärungen (italienisch) der numerierten Stationen in den Nationalparkbüros.

Nützliche Informationen

Ausgangspunkt/Parkplatz: *Piazzale della Camosciara* (1100 m): zwei Bars; Gemeindegebiet Civitella Alfedena. Die asphaltierte Zufahrt (3 km) zweigt 3 km westlich von Barrea-Ortsmitte, 12 km von Pescasseroli, von der Staatsstraße 83 südlich ab, bei Parkeingang G; beschildert.
Gehzeiten: Insgesamt 1 1/2 bis 1 3/4 Std. Parkplatz – Cascate delle Ninfe: 20 Min. Ab dort zur Hütte: 35 Min. Rückweg: 40 bis 50 Min.
Unterkunft/Verpflegung: *Villetta Barrea* und *Civitella Alfedena*, siehe Tour 38.
Auskünfte: Tour 38.
Wanderkarte: Carta Turistica del Parco Nazionale d'Abruzzo 1:50000.

Wälder und Berge ohne menschliche Eingriffe bilden in der Camosciara ein Refugium für Gemsen und Bären.

38 Monte Petroso, 2249 Meter

Höchster Gipfel im Nationalpark

Tourencharakter: In die Forcella Resuni unschwierig. Danach wegloses Felsgelände. Am Gipfelgrat stellenweise I. Bei Nebel ab der Forcella Resuni Orientierungsprobleme! Im August werden die Zugänge in das Valle di Rose und Valle Iannàghere bei starkem Andrang zahlenmäßig reglementiert.
Höhenunterschied: 1200 Meter.
Reine Gehzeit: 7¼ bis 7½ Stunden. Ohne Monte Petroso 5 Stunden.
Beste Jahreszeit: Juli bis September.
Markierung: Rot, Steinmänner.

Südlich der Forcella Resuni bzw. des Sottogruppo della Camosciara erstreckt sich die Untergruppe Meta der Monti Marsicani. Sie birgt den höchsten Gipfel des Nationalparkes, was zweifellos eine Herausforderung darstellt und reizt. Wanderer allerdings sollten vernünftigerweise nur bis in die Forcella Resuni gehen. Eventuell kann noch die Kuppe (2049 m) südlich der Scharte erstiegen werden. Der Weiterweg ist schrofig und brüchig, erfordert bereits leichte Kletterei. Wer jedoch den Anforderungen gewachsen ist, wird mit einem prächtigen Gipfel belohnt, umfassender Rundschau, hochalpiner Atmosphäre. Obwohl das Verlassen markierter Wege im Nationalpark verboten ist, duldet das Aufsichtspersonal stillschweigend den Gipfelgang.

Der Wegverlauf

Vom **Nationalparkbüro** ansteigen. Vor der Piazza Plebiscito bzw. dem Tabacchi-Geschäft (etliche Parkplätze) rechts in den im 11. Jahrhundert um eine Burg entstandenen Ort Civitella Alfedena, der mittelalterliches Fluidum bewahrt, obwohl er im frühen 13. Jahrhundert während der Auseinandersetzungen zwischen Kaiser Friedrich II. und Papst Innozenz IV. völlig zerstört wurde.

Gleich nach dem Municipio (Postamt) links, der Tafel »*Valle Rose*« folgen. An der Gabelung nach 150 Metern rechts halten, Steinstufen hoch. *Rote Farbklecksе* zeigen die Route. Kaum sind 20 Minuten vergangen, öffnet sich ein schöner Ausblick über den Lago di Barrea im Sangrotal, das Samniten in vorchristlicher Zeit besiedelten. Derartige »Fenster« machen den Anstieg auch im weiteren Verlauf sehr abwechslungsreich. In der orographisch linken Flanke des Valle di Rose, dessen südlichen Saum schroffe Felsen bilden, gewinnt man langsam an Höhe. Rechts der Monte Sterpi d'Alto, links der Monte Boccanera. Bis zur Waldgrenze sind es von Civitella Alfedena 1¾ Stunden.

Die Spur dringt in einen amphitheaterähnlichen Kessel ein. Meist tummeln sich an den Hängen rudelweise Abruzzengemsen, beäugen neugierig und fast zutraulich die Wanderer beim Aufstieg in den schmalen, felsigen Einschnitt des *Passo Cavuto* (1942 m) am Westrücken des Monte Boccanera. Plötzlich ein ganz anderes Landschaftsbild: rauh, unwirtlich. Erstmals sieht man den Monte Petroso.

Abwärts an den Rand einer schaurig-wilden Schlucht, vor der sich das Weglein links hält und zu Füßen des Monte Capraro die Hänge des Valle Risione quert. Nordöstlich grüßt Barrea, wo der Sangro aus dem Stausee fließt. Der Gegenanstieg bringt uns in 10 Minuten in die **Forcella Resuni** (1952 m). Etwas oberhalb steht das *Hüttchen der Nationalparkverwaltung*; ein Raum an der Westseite ist offen.

Von der Hütte südwärts, zunächst mittels Pfadspuren schräg hoch in die Westflanke des Kammes. Tiefblaue Enziankelche wippen im steten Wind. An der Gabelung geradeaus, geführt von einzelnen *Steinmännern*. Die Spuren verlieren sich im felsig-schrofigen Terrain. Etwa ¼ Stunde nach dem Hüttchen wird der erste brüchige *Tobel* gequert, dem eine zweite *Schluchtrinne* folgt, aus der man schräg rechts den Westrücken des nördlichen Vorgipfels (2171 m) gewinnt. Jenseits durch die Mulde über dem Valle di Canneto.

Die Forcella Resuni am Aufstieg zum Monte Petroso.

Blick von der Diensthütte bei der Forcella Resuni zu einem Vorgipfel des Monte Petroso.

Schwach linkshaltend empor in ein Schärtchen des Nordgrates. Auf ihm sind es rechts noch 20 Minuten zum Gipfel des **Monte Petroso** (2249 m). Südöstlich des Gipfels haben Eiszeitgletscher ihre Spuren in Form ausgeschliffener Mulden hinterlassen. Im Süden erhebt sich als Nachbar der Monte Altare. Von Civitella Alfedena etwa 4 Stunden.

Wieder in der *Forcella Resuni,* geht es rechts (nach Osten) entsprechend der *Markierung K 6* in den Kessel des *Valle Risione,* den obersten Teil des Valle Iannànghera, über dem südlich das markante Trapez des Monte Iamiccio wacht. Richtungsänderungen des Weges sind mit *roten Pfeilen* versehen. Ungefähr ½ Stunde unterhalb der Hütte schluckt uns der dichte Laubwaldgürtel, wo Bären leben. Etwa 20 Minuten später wird eine Lichtung (1455 m) überschritten. An der Gabelung halb rechts, nach 10 Minuten ein trockenes Bachbett queren und nun orographisch links talaus. Hier und dort wurzeln mächtige, uralte Buchen. Bald ist das Rauschen der *Sorgente Iannànghera* (1245 m) hörbar. Am idyllischen *Rastplatz* vertrauen wir uns links dem *Zeichen I 4* an. Nach 100 Metern erneut links halten, aufwärts und dem promenadenähnlichen Hangweg folgen. Etwa ½ Stunde nach dem Rastplatz wendet sich die Route scharf rechts. Wer die *roten Markierungen* beachtet, gelangt ohne »Verhauer« nach Civitella Alfedena.

Nützliche Informationen

Anfahrt: Auf der Staatsstraße 83 bis Villetta Barrea, von dort 2 km. Von Pescasseroli 17 km. Von Pescara 127 km. Nächster Bahnhof (20 km) Alfedena. Busverbindungen.
Ausgangsort: *Civitella Alfedena* (1123 m): 325 Einwohner, kleinste Ortschaft des Nationalparkes, in schöner Hanglage über dem seit 1951 gestauten Lago di Barrea.
Parken: Am besten im unteren Ortsteil, beim Ufficio di zona.
Gehzeiten: Insgesamt 7¼ bis 7½ Std. Civitella Alfedena – Passo Cavuto: 2¼ Std. Passo Cavuto – Forcella Resuni: ½ Std. Forcella Resuni – Monte Petroso: 1¼ Std. Monte Petroso – Forcella Resuni: 1 Std. Forcella Resuni – Sorgente Iannànghera: 1½ Std. Sorgente Iannànghera – Civitella Alfedena: ¾ Std.
Unterkunft: *Hotel Valdirose* (Via Sotto i Ceri), Tel. 0864/89110, 89128. Privatzimmer. In *Villetta Barrea* (2 km) Hotels und Gasthöfe.
Jugendherberge: *La Torre* (Via La Torre), Tel. 0864/89166.
Camping: *Campeggio La Quiete; Wolf.*
Verpflegung: Empfehlenswert u. a. *Pizzeria-Pasticceria Il Forno di Antonio* (Via Nazionale 42). Antonio Rizzi gilt als bester Konditor und einfallsreichster Pizzabäcker weit und breit; *Ristorante Il Camoscio.*
Sehenswürdigkeiten: *Museo Lupo Appennico,* im Gebäude des Ufficio di zona. Unweit davon ein *Wolfsgehege* mit 7 Tieren, die jedoch nur mit viel Glück zu sehen sind, meist bei Sonnenuntergang. In diesem Bereich, um die Chiesa Santa Lucia, verläuft der *Sentiero natura area faunistica del lupo e pineta* (20 Minuten), an dem die einzelnen Stationen durch numerierte Täfelchen gekennzeichnet sind; Informations-Faltblatt auf italienisch im Ufficio di zona. – *Festa di Santa Lucia* (2. Juli-Sonntag). – *Sagra del Surpella* (2. August-Sonntag). – *Markt* (Freitag).
Auskunft: Ufficio di zona, I-67030 Civitella Alfedena, Tel. 0864/89170, geöffnet 9.00–12.00 Uhr, 15.00–19.00 Uhr; Ufficio Turistico, Municipio, I-67030 Civitella Alfedena, Tel. 0864/89144.
Wanderkarte: Carta Turistica del Parco Nazionale d'Abruzzo 1:50000. Erhältlich in den Nationalparkbüros.
Tourenskizze: Siehe Seite 174.

39 Von Scanno in den Vallone delle Masserie

Kleinod am Rande

Tourencharakter: Unschwierige Wanderung.
Höhenunterschied: 500 Meter.
Reine Gehzeit: Knapp 3½ Stunden.
Beste Jahreszeit: Pfingsten bis Herbst.
Markierung: Am Anfang rot-gelb.

Verschachteltes Gewinkel und Gewirr von Gassen, Treppenanlagen, sich unerwartet öffnenden Plätzen, Paläste mit Portalen und Balkonen charakterisieren Scanno. Es gehörte zwischen 1735 und 1861 zum Königreich Neapel-Sizilien, das eine Nebenlinie (Stammvater Philipp V., König von Spanien) des französischen Herrscherhauses Bourbon regierte. Gold- und Kupferschmiedehandwerk sowie das Spitzenklöppeln »*a tombolo*«, auf dem Kissen, haben Tradition in der hiesigen Kultur des Schönen, zu der auch die Frauentrachten zählen. Werktags wird schwarz getragen, mit oder ohne Schürze. Den »*comodino*« (Jäckchen) ziert ein weißer Spitzenkragen; als Hütchen der »*cappellino*«. Üppiger in Pracht und Farbe sieht man die Damen an besonderen Feiertagen sowie zur Hochzeit. Dann schmückt ihr Haupt ein orientalisch anmutendes, gold- und silberdurchwirktes Turbangebinde (»*cappellitto*«). Die »*donne scannesi*« dürfen sich der schönsten Abruzzentracht rühmen! Sie wird alljährlich Mitte August voller Stolz im historischen Hochzeitsumzug (»*corteo nuziale*«) präsentiert.

Scanno erscheint 1067 erstmals in Urkunden, ist aber viel älter, denn die Pfarrkirche Santa Maria della Valle entstand im 13. Jahrhundert auf den Mauerresten eines heidnischen Tempels. Die Ureinwohner waren Samniten, ein kriegerisches, der Sage nach von den Sabinern (und damit von den Umbrern) abstammendes, altitalienisches, im mittleren und südlichen Apennin behaustes Bergvolk. Es mußte sich nach drei verlorenen Kriegen um 300 v. Chr. der Regentschaft Roms beugen. Wurzelt der Ortsname im lateinischen »*scena*«? Das bedeutet »bühnen-

Das malerische Abruzzendorf Scanno ist Ausgangspunkt für die Wanderung in den Vallone delle Masserie.

artiger Aufbau« und trifft zu für die Ansicht von der Umfahrungsstraße. 1447, nach einem Pestjahr, zählte Scanno 302 Einwohner bzw. 46 Familien. Um 1600 sind 2420 Menschen registriert und – 130000 Schafe. Wie Scanno im Mittelalter aussah, zeigt ein Stich in der Pizzeria Vecchio Mulino. Und den Wandel aus den sechziger Jahren bis heute verdeutlichen Postkartenmotive im Café Bazar.

Der Wegverlauf

Vom *Parkplatz* auf der *Strada Porta San Antonio* in die Altstadt zur ehemaligen Karmeliterkirche. Gegenüber zeigt der *Palazzo Mosca* ein schönes Barockportal. An der Kirche rechts vorbei, den *Palazzo Di Rienzo* (19. Jahrhundert) und die Kirche *San Giovanni Battista* (1631) passieren, weiter ansteigen durch Via Silla und Via Ciorla zur *Porta della Croce*; außen eine »Pechnase«. Geradeaus mit der *Strada della Centrale Elettrica* abwärts zum *Torrente Tasso* (970 m). Er wird heutzutage vor dem 1872 errichteten Ponte delle Scalette überschritten.

Gegenanstieg durch den von Felsen begrenzten **Vallone di Iovana**. Aber schon 5 Minuten später geht es fast eben dahin, parallel zu dem mit Geröllrückhaltemauern ge-

Beim Gehöft Iovana im Vallone delle Masserie, wo der hungrige Wanderer freundlich verpflegt wird.

zähmten Iovanabach, der bereits Anfang Juni weitgehend trocken ist. Links im Fels die kleine *Grotta Madonna del Vallone*.

Knapp ³/₄ Stunden nach dem Parkplatz schwenken die *rot-gelben* Farbzeichen zwar links ein, wir indes spazieren geradeaus und erreichen in ¹/₄ Stunde die **Masseria Collafrino** (1115 m). Anschließend merklich steiler aufwärts, geführt von den Schleifen des Almgüter-Fahrweges. Im Vorblick erscheint die Kuppe des grasigen Monte Curio. Links oben die Flanken der Serra Sparvera. Nach einem Quellbrunnentrog ist der höchste Punkt (1323 m) erreicht; rechts steht die **Masseria di Cristo**.

Weiter vorne träumt der weitläufige Hochtalkessel des Vallone delle Masserie. In leichtem Gefälle bringt uns der breite Weg zum *Gehöft Iovana* (1261 m). Liborio Carfagnini, der Bauer, betreibt seit 1988 »Agrituristica«, sozusagen eine Jausenstation: selbstgemachter Bergkäse, einfache Nudelgerichte mit geriebenem Käse, Lamm, Wein, Bier – gemütlich an Holztischen unter Dach. Vom Parkplatz 1³/₄ Stunden.

Nahebei das Kirchlein San Lorenzo aus dem 16. Jahrhundert; Brunnen. Im Südosten verfallen auf der Kuppe die Mauern der Burg Iovana Vecchia, die einst das Tal bewachte, als es die Straße über den Passo Godi noch nicht gab.

Nützliche Informationen

Anfahrt: Aus dem Nationalpark (Villetta Barrea) auf der Staatsstraße 273 über den Passo Godi 27 km. Von der Autobahnausfahrt (Pescara-Avezzano) Cocullo 24 km. Bushaltestelle bei Verkehrsamt an der Piazza Santa Maria della Valle.
Ausgangsort: *Scanno* (1030 m): 2645 Einwohner, Provinz L'Aquila, Fremdenverkehrsort im erweiterten Nationalpark-Schutzgebiet.
Parken: Nordwestlicher Altstadtrand.
Gehzeiten: Insgesamt knapp 3¹/₂ Std. Parkplatz – Ponte delle Scalette: 20 Min. Brücke – Masseria di Cristo: knapp 1¹/₄ Std. Masseria di Cristo – Iovana: ¹/₄ Std. Rückweg: 1¹/₂ Std.
Unterkunft: Hotels und Gasthöfe in allen Preisklassen, zwischen 150 und 50 Mark (DZ ohne Frühstück).
Camping: *I Lupi* (1000 m), Villalago Riviera auf der Westseite des Lago di Scanno, 3,5 km

Spitzenklöppeln »a tombolo« (auf dem Kissen) in Scanno.

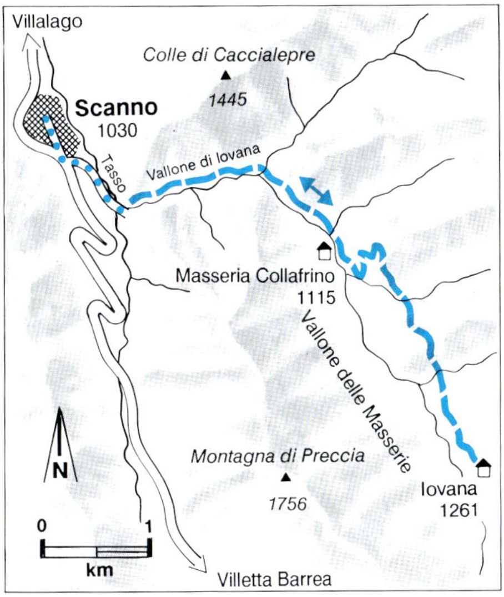

von Scanno, ganzjährig, auch zwei Bungalows für 4 bis 5 Personen. Tel. 740100.
Verpflegung: Populäres Lokal: *Pizzeria-Birreria Vecchio Mulino* (Via Silla 50); *Pizzeria Porta della Croce* (Strada Ciorla 31), Pizza nur abends; *Ristorante Il Caminetto* (Via Napoli 123). Lebensmittelspezialitäten aus den Abruzzen: Largo Chiaffredo Bergia 1. In dieser Straße, Haus Nummer 31/33, das Café Bazar mit »*Liquirizia*« (Lakritz) aus der Gegend von Pescara.
Einkehr unterwegs: *Agrituristica Iovana*; Essenswünsche vorher anmelden, Tel. 74657.
Weiterer Tourenvorschlag: Ab der Seilbahn-Bergstation Monte Rotondo (1615 m, Talstation am Piazzale Seggiovia beim Hotel Millepini, im August in Betrieb) kann der Gipfel *La Terratta* (2208 m) in 2¼ Stunden über den Valico del Carapale bestiegen werden.
Sehenswert in der Umgebung: *Lago di Scanno* (922 m), 2,5 km nördlich von Scanno, Badegelegenheit. Der See entstand durch einen Erdrutsch des Monte Genzana; 1,7 km lang, 700 m breit. Am Südende gebührenpflichtiger Parkplatz; Fahrradverleih.
Auskunft: Azienda Autonoma Soggiorno-Turismo, Piazza Santa Maria della Valle, I-67038 Scanno; Tel. 0864/74317, 747121.
Wanderkarte: Carta Turistica del Parco Nazionale d'Abruzzo 1:50000. Erhältlich in den Nationalparkbüros.

40 Le Mainarde – der Süden des Nationalparks

Monte Forcellone und Monte Cavallo

Die Mainarde, eine Untergruppe der Monti Marsicani, gehören nicht mehr zur Regione Abruzzo, sondern sind Bestandteil des Lazio (Provinz Frosinone) und der östlich benachbarten Provinz Isernia der Region Molise. Letztere erhielt 1990 anläßlich der Erweiterung einen Zipfel des Nationalparkes zugesprochen, hin zu den Ortsrändern von Pizzone und Castelnuovo a Volturno.

Das verhältnismäßig wenig besuchte Bergland stellt den südlichen Teil des Nationalparkes dar, südöstlich des Prato di Mezzo und des Coste dell'Altare bzw. der Meta. Die »Herren« des Gebietes sind Monte Cavallo und Monte Forcellone, umgeben von urwüchsigen Hochtälern, durch die nachts Wölfe streifen, wie ein Parkwächter versicherte.

Westlich sind die Mainarde verkehrsmäßig aus dem Val di Comino erschlossen, von Atina aus, einem Zentrum des sabinischen Samnitenvolkes. Atina sei von Saturn gegründet worden, dem Gott der Aussaat. Es wurde 293 v. Chr. durch Rom erobert. Danach entwikkelte sich »Atina potens« laut Überlieferung des Dichters Vergil zu einer der fünf wichtigsten Städte Italiens und behielt diesen Rang 700 Jahre bei, bis zur völligen Zerstörung nach dem Untergang des Imperiums.

Monte Forcellone, 2030 Meter

Tourencharakter: Unschwierig. Bei Nebel problematische Orientierung.
Höhenunterschied: 640 Meter.
Reine Gehzeit: 4½ Stunden.
Beste Jahreszeit: Ende Juni bis Herbst.
Markierung: Anfangs rot.

Auf dem **Prato di Mezzo** taleinwärts. Nach gut 5 Minuten, bei der Bergstation des *Skiliftes*, steigt man rechts am Waldrand an, unterschreitet einen anderen *Lift* geradeaus und

Le Mainarde heißt der Gebirgszug im Süden des Nationalparks Abruzzen. Ein Tourenziel ist der Monte Forcellone, hier von Nordwesten.

wendet sich dann rechts in ein hohlwegähnliches Tälchen. Die *roten Zeichen* führen etwas später rechts am Saum des Waldes entlang zu einem *Fahrweg*. Auf der Wiese vor dem Geröllhang geht es links in einen *Sattel* (1575 m) zwischen dem Monte Nese und der felsigen Costa della Cigogna. Vor uns liegt ein riesiger Hochtalkessel mit Sekundärmulden, der beherrscht wird vom Monte Forcellone und seinem Trabanten (links), dem zakkenreichen Monte Predicopeglia. Vom Parkplatz ½ Stunde.

An der Gabelung der Markierungen halb links, das heißt mit *N 2* auf der orographisch rechten Seite des Baches und seiner Schlucht. Pfadspuren leiten hinauf zum **Piano di Fonte Fredda**. Geradeaus in Ostrichtung durch eine Zone grauer Kalktrümmer, die auch rechts umgangen werden können. Jetzt erfüllt der Monte Cavallo den Vorblick. Schließlich dem Bächlein folgend direkt zur **Fonte Fredda** (1681 m) unter einem mächtigen Block.

Vor der Quelle rechts, dem Geröll im Linksbogen ausweichen. Etwa 10 Minuten später wieder rechts, mit mageren Spuren empor in die **Sella di Prato Piano** (1827 m).

Südwärts senkt sich das Valle Monacesca,

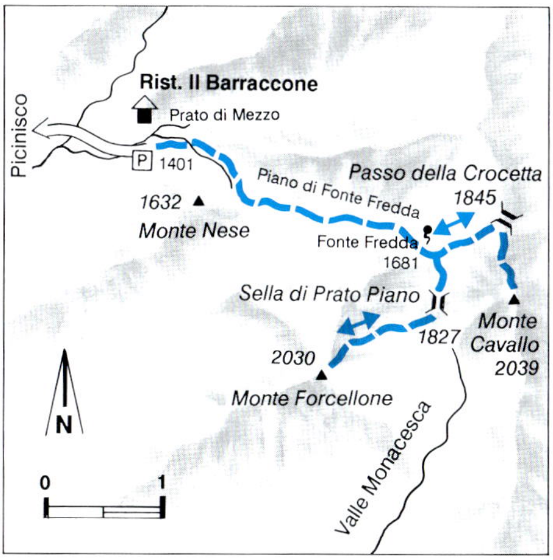

dessen Verlängerung – Valle delle Foci – bei San Biagio Saracinisco mündet, einer im 9. Jahrhundert gegründeten Sarazenensiedlung. Unsere Route schwenkt hingegen in Südwestrichtung ein und steuert damit den Gipfel direkt an, über steile Schrofenrücken, stets links von der großen Mulde, durchgehend weglos, auf den **Monte Forcellone**.

Monte Cavallo, 2039 Meter

Tourencharakter: Am Gipfelstock leichte Kletterei (I+). Bei Nebel Orientierungsschwierigkeiten.
Höhenunterschied: 650 Meter.
Reine Gehzeit: 4 Stunden.
Beste Jahreszeit: Ende Juni bis Herbst.
Markierung: Anfangs rot.

Wie beim Monte Forcellone zunächst 1¼ Stunde zur **Fonte Fredda** (1681 m). Am Felsblock mit der Quelle halb links und anschließend das Geröllfeld links umgehen, weglos. Nächstes Ziel: *Passo della Crocetta*, aus dem sich die grasige Vorkuppe des Monte Cavallo rechts aufschwingt. Kurz vor dem Erreichen des **Passo della Crocetta** (1845 m) rechts halten, etwas unterhalb des Rückens die steilen Grashänge queren in den Sattel vor dem Monte-Cavallo-Gipfelstock. Vom Parkplatz 2 Stunden.

Am sperrenden Felsstock links vorbei. Vereinzelte Trittspuren weisen in Richtung Gipfel. Kurz danach linkshaltend, über den Grat auf den **Monte Cavallo** klettern. Östlich blickt man auf das Valle Venafrana, in dem ein Weg von Ponte Riparossa hochkommt. Am jenseitigen Kamm ist der Passo della Tagliola erkennbar, zwischen Monte Cappello del Prete und Monte Mare. In der Fortsetzung des Monte-Cavallo-Südgrates und eines breiten Sattels erhebt sich der Morrone delle Rose.

Nützliche Informationen

Anfahrt: Von der Abzweigung bei Atina (20 km von Cassino) Asphaltstraße zunächst nach Picinisco (9 km, Bus-Endstation). Von dort 13 km zum Prato di Mezzo. Von Pescasseroli über Forca d'Acero – San Donato 65 km.
Ausgangspunkt/Parken: *Prato di Mezzo* (1401 m, Parkeingang N).
Gehzeiten: *Monte Forcellone:* Insgesamt etwa 4½ Std. Parkplatz – Fonte Fredda: 1¼ Std. Fonte Fredda – Sella di Prato Piano: 25 Min. Sella di Prato Piano – Gipfel: 50 Min. Abstieg knapp 2 Std. *Monte Cavallo:* Insgesamt 4 Std. Parkplatz – Fonte Fredda: 1¼ Std. Fonte Fredda – Gipfel: 1 Std. Abstieg: 1¾ Std.
Unterkunft und Verpflegung: Zeltmöglichkeit auf dem *Prato di Mezzo*; Wasserhahn; *Bar-Ristorante Il Baraccone*, geöffnet zweite Juliwoche bis Sonntag nach Mariä Himmelfahrt (15. August). – *Picinisco: Diana Park-Hotel*; Tel. 66283; *Trattoria-Pizzeria La Ticinella; Trattoria Da Romeo.*
Sehenswürdigkeiten der Umgebung: *Picinisco* (725 m), 1388 Einwohner. Längere Zeit Aufenthaltsort des englischen Romanciers und Lyrikers D.H. Lawrence (1885–1930). Historischer Ortskern. Ruinen einer Burg aus dem 11./12. Jahrhundert. Heimat des Schriftstellers Giustino Ferri (1857–1913).
Atina (490 m): 4800 Einwohner, Provinz Frosinone. Erste nachweisbare Besiedelung durch Volsker, einen vorchristlichen italienischen Volksstamm. Nach Erdbeben im späten 14. Jahrhundert neu errichtet. – *Palazzo Cantelmi* (Piazza Saturno), benannt nach den Palastgründern und Stadtherren im 14. Jahrhundert, weshalb das stattliche Gebäude auch Palazzo Ducale heißt. Heute Rathaus

Der abschließende Gipfelgang auf den Monte Cavallo.

mit integriertem Heimatmuseum, geöffnet an Sonn- und Feiertagen von 9.00–12.00 Uhr und 15.30–18.00 Uhr. – Kirche *Santa Maria Assunta* (Piazza Marconi), erbaut 1725 bis 1746, mit interessanter Doppelturmfassade. Beachtenswerte Ausstattung, u. a. ein hölzernes Taufbecken.

Settefrati (800 m): reizvolles Bergdörfchen, besiedelt seit dem 4. Jahrhundert v. Chr. Kirche *Santa Maria delle Grazie* mit reich verzierter Kassettendecke, Gemälde von Marco di Sangermano.

Montecassino (20 km südlich von Atina): weltberühmte Abtei, Mutterkloster und geistiges Zentrum des Benediktinerordens. 1944 zerstört, 1949 bis 1957 wiederaufgebaut. Geöffnet täglich (außer Montag) 9.00–12.00 Uhr, 15.00–19.00 Uhr.

Auskunft: Associazione Pro Loco, Via G. Ferri, I-03040 Picinisco; Tel. 0776/66014; Azienda Autonoma di Soggiorno Valle di Comino, Corso Munazio Planco 251, I-03042 Atina; Tel. 0776/610979.

Wanderkarte: Carta Turistica del Parco Nazionale d'Abruzzo 1:50000. Erhältlich in den Nationalparkbüros.

Anhang

Nützliche Reiseinformationen

Anschnallen: Pflicht.
Apotheken: Übliche Öffnungszeiten 9.00–13.00 Uhr, 16.00–20.00 Uhr, Samstag geschlossen. Notdienst turnusgemäß (Anschlag).
Auskünfte: Regione dell'Umbria, Azienda di Promozione Turistica, Via Mazzini 21, I-06100 Perugia, Tel. 075/25341, 25342. – Regione Abruzzo, Assessorato al Turismo, Viale G. Bovio, I-65100 Pescara, Tel. 085/7671.
Autobahnen: Mautpflichtig. Bei der Einfahrt die Mautkarte nach Knopfdruck aus dem Automat ziehen, bei der Ausfahrt bezahlen. Praktischer ist die VIACARD, eine Art Scheckkarte zu 50000 oder 90000 Lire; erhältlich beim ADAC. Dafür sind mancherorts Ausfahrten *(»uscite riservato VIACARD«)* reserviert.
Banken: Öffnungszeiten allgemein 8.20–13.30 Uhr, 14.30–15.45 Uhr; Samstag geschlossen. Ungünstigerer Kurs in Wechselstuben und Reisebüros.
Benzin: Diesel etwa 30 Prozent billiger als Super. Bleifreie Tankstellen *(»benzina senza piombo«)* siehe ADAC-Information.
1993 keine Benzingutscheine. Seit Mai 1993 keine Preisbindung mehr; vorgesehen sind höhere Preise an Sonn- und Feiertagen sowie nachts.
Botschaften in Rom: *Deutschland*: Tel. 06/860341/5. *Österreich*: 864241. *Schweiz*: 8036415.
Busfahrkarten: Verkaufsstellen siehe »Tabacchi«.
CAI: Club Alpino Italiano; Sektionen in allen größeren Städten. *Perugia*: Via della Gabbia 9, Tel. 075/23327, Geschäftszeiten 8.30–13.30 Uhr, 16.00–19.00 Uhr. *Spoleto*: Vicolo Pianciani 11, Freitag 17.30–19.00 Uhr. *L'Aquila*: Via XX Settembre 15, Tel. 0862/24342.
Coperto: Beim Essen zusätzlicher Preis für das Gedeck und Brot.
Euroscheck: Wird nahezu überall angenommen.
Geschäfte: Allgemein 9.00–13.00 Uhr, 16.00–20.00 Uhr offen.
Helm: Pflicht für Motorradfahrer.
Krankenschein: Internationaler Krankenschein gültig; wird jedoch erfahrungsgemäß von den Ärzten abgelehnt. Reise-Krankenversicherung abschließen!
Kreditkarten: Annahme in größeren Hotels, Restaurants; auch an Tankstellen.
Netzspannung: Fast überall 220 Volt.
Notruf: Telefon 113.
Pannenhilfe: Telefon 116 (ACI, Automobile Club d'Italia). – ADAC-Notrufdienst Rom, Tel. 06/4440404.
Pizza al Taglio: Pizza-Schnitten, am besten ofenfrisch.
Porchetta: Spanferkel, im Ofen gebacken, gefüllt mit Fleisch und Kräutern; preiswerte »Brotzeit«. Standverkauf an Straßen, in Städten und Metzgereien.
Post- und Telegrafenämter: Öffnungszeiten 8.00–13.25 Uhr. Hauptpostämter in größeren Städten 8.10–19.25 Uhr. Telegrafenämter sonn- und feiertags 8.10–13.45 Uhr.
Tabacchi: Ein schwarzes Schild mit weißem »T« kennzeichnet die offiziellen Verkaufsstellen für Tabakwaren, Busfahrkarten, Telefonmünzen und -karten sowie Briefmarken; auch Zeitungen, Zeitschriften, Schreibwaren etc.
Tankstellen: Außer an Autobahnen üblicherweise 12.30–15.00 Uhr geschlossen; an Wochenenden im allgemeinen reduzierte Bereitschaft.
Telefon: Vorwahl nach Westdeutschland 0049, anschließend Ortsnummer ohne erste 0; Ostdeutschland 00493, Österreich 0043, Schweiz 0041. Gespräche von öffentlichen

Apparaten mit Telefonmünzen (*gettoni*, à 200 Lire) oder üblichen Münzen oder Telefonkarte (*carta telefonica*, à 5000 und 10 000 Lire). In Bars etc. »*telefono a scatti*« (Zähler). Ermäßigter Nachttarif 22.00–8.00 Uhr, ermäßigter Tagestarif Montag bis Freitag 18.30–22.00 Uhr, Samstag 13.00–22.00 Uhr, Sonn- und Feiertage ab 8.00 Uhr. Hotels berechnen meist doppelten Tarif!

Tempolimit: Entsprechend Hubraum, z. B. über 1100 ccm außerorts 90, Autobahn 130, Pkw mit Anhänger 80 bzw. 110 km/h. Bei Überschreitung hohe Geldbußen, auch Führerscheinentzug.

Versicherungskarte: Grüne Versicherungskarte *(carta verde)* ist Pflicht.

Wanderkarten sind erhältlich in: *Perugia*: Eliografica di Gradassi Francesco, Via delle Streghe 11 (westseitig der Piazza della Repubblica über Stufen abwärts), 9.00–13.00 Uhr, 16.00–19.30 Uhr, Samstag 9.00–12.30. *Foligno*: Libreria Luna, Via Gramsci 41 (nahe Piazza della Repubblica). Öffnungszeiten wie Perugia. Auch Sortiment aller italienischen Wanderführer. *L'Aquila*: Libreria Colacchi, Via A. Bafile 17 (Zentrum), 9.30–13.30 Uhr, 15.30–20.00 Uhr, Samstagvormittag.

Literatur

ADAC: Camping-Führer Europa, Band 1. Erscheint jedes Jahr neu

Agricola Slow Food (Hrsg.): Osterie d'Italia. Edition Spangenberg, München. (Sehr zu empfehlen, da überwiegend preiswerte Lokale mit guter regionaler Küche aufgenommen werden.)

APA-Guides: Umbrien. RV Reise- und Verkehrsverlag, München 1992

Ardito, Stefano: Ferentillo climbs. In Rivista della montagna, 5/89, S. 64–71. Mailand 1989. – Italien. Wanderhandbuch. Conrad Stein Verlag, Kiel 1988. – A piedi in Umbria. Edizioni ITER, Subiaco 1989. – A piedi in Abruzzo, Band 1 (Nordteil, u. a. Gran Sasso) und Band 2 (Südteil). Edizioni ITER, Subiaco 1990. – Magico Appennino. Verlagsanstalt Athesia, Bozen 1993

Ardito/Ercolani: Appennino bianco. Edizioni ITER, Subiaco 1985

Berge: Heft 58/1993, Die Abruzzen. Olympia Verlag, Nürnberg

Bernabei, Tullio: Monte Cucco. In Zeitschrift ALP, Nr. 53, 9/89, S. 69–78. Turin 1989

Ciato/Pennisi/Vitale: Gran Sasso. Le più belle ascensioni dal 3° al 7° grado. Edizioni Mediterranee, Rom 1986

De Santis/Romano: Sentiero Italia. Tratto Abruzzese. In La Rivista. Club Alpino Italiano. Juli/August 1989, S. 60–67

Fischer, Heinz-Joachim: Umbrien. Prestel-Verlag, München 1989

Gabelentz, G.: Römische Bergfahrten. In Jahrbuch des SAC, 1895/96, S. 235–245. Bern

Grazzini/Abate: Gran Sasso d'Italia. Guida dei Monti d'Italia, Bd. 58. Club Alpino Italiano, Touring Club Italiano, Mailand 1992

Gröteke, Friedhelm: Etruskerland. Kohlhammer Kunst- und Reiseführer, Stuttgart 1983

Hennig, Christoph: Umbrien. Landschafts- und Erlebnisführer. Oase Verlag, Badenweiler 1990

Hesse, Hermann: Italien. Suhrkamp Taschenbuch, Frankfurt 1983

Jung, Georg: Wanderungen in den Abruzzen. Verlag J. Berg, München 1991

Kadereit, Michael: Toskana/Umbrien (interessanteste Hintergrundinformationen im deutschsprachigen Schrifttum). Reihe »Anders reisen«. Rowohlt Taschenbuchverlag, Reinbek 1990

Kauffmann, Georg: Reclams Kunstführer Italien, Band 4. Emilia Romagna – Marken – Umbrien. Philipp Reclam, Stuttgart 1987

Landi Vittorj, Carlo: Appennino centrale. Guida dei Monti d'Italia, Band 1. Mailand 1989

Ligges, Ulf: Umbrien (Bildband). DuMont Buchverlag, Köln 1990

Merian: Heft 4/1992, Umbrien. Hamburg

Michelin: Hotel-Führer Italien. Erscheint jedes Jahr neu

Morton, H. V.: Wanderungen in Süditalien. Societäts-Verlag, Frankfurt 1969
Passerini, Lucio: Auf den Spuren der Etrusker durch Italien. Droemersche Verlagsanstalt, München 1987
Poeschke, Joachim: Die Kirche San Francesco in Assisi und ihre Wandmalereien. Hirmer Verlag, München 1985
Prandi, Adriano: Romanisches Umbrien. Echter Verlag, Würzburg 1981
Reclams Kunstführer: siehe Kauffmann
Rieck/Schäfer: Mittelitalien per Rad. Verlag Wolfgang Kettler, Berlin 1989
Rossi-Brunori, Ignazio: I Monti Sibillini. La fauna, la natura, l'escursionismo. Gianni Moroni Editori, Ripatransone 1987
Rotta, Linda: Der Teufel und das Paradies. Umbrische Legenden. Verlag Herder, Freiburg 1989
Stephinger, Wolfgang: Traumberge südlich der Alpen. Leopold Stocker Verlag, Graz–Stuttgart 1983
Suttner, K.: Die eiszeitliche Vergletscherung des Zentralapennins. Zürich 1939
Touring Club Italiano: Toskana – Umbrien – Marken (Band 1). Rom – Abruzzen – Molise – Sardinien (Band 4). Beide Verlag Kümmerly + Frey, Bern 1985
Veronelli, Luigi: Restaurants in Italien. Verlag Kammerer & Unverzagt, Hamburg. Erscheint jedes Jahr neu
Willemsen, Roger: Die Abruzzen. DuMont Kunst-Reiseführer, Köln 1990
World Wildlife Fund: Il Cammina Umbria (28 Wanderwege). Arcadia Edizioni, Turin 1990
Zimmermanns, Klaus: Umbrien. DuMont Kunst-Reiseführer, Köln 1989

Register

Die gerade stehenden Ziffern verweisen auf die Textseiten, die *kursiven* auf die Seiten mit Abbildungen; Zusatz »R« bei den Radtouren.